中國學術思想研究輯刊

二二編

林慶彰主編

第3冊

虞翻易學的氣論思想研究（下）

黃嘉琳著

花木蘭文化出版社

國家圖書館出版品預行編目資料

虞翻易學的氣論思想研究（下）／黃嘉琳 著 — 初版 — 新北市：花木蘭文化出版社，2015〔民 104〕

目 14+220 面；19×26 公分

（中國學術思想研究輯刊 二二編；第 3 冊）

ISBN 978-986-404-360-6（精裝）

1.（漢）虞翻 2. 易學 3. 學術思想

030.8　　104014674

ISBN- 978-986-404-360-6

中國學術思想研究輯刊

二二編 第三冊　　ISBN：978-986-404-360-6

虞翻易學的氣論思想研究（下）

作　　者 黃嘉琳

主　　編 林慶彰

總 編 輯 杜潔祥

副總編輯 楊嘉樂

編　　輯 許郁翎

出　　版 花木蘭文化出版社

社　　長 高小娟

聯絡地址 235 新北市中和區中安街七二號十三樓

電話：02-2923-1455 ／傳真：02-2923-1452

網　　址 http://www.huamulan.tw 信箱 hml 810518@gmail.com

印　　刷 普羅文化出版廣告事業

封面設計 劉開工作室

初　　版 2015 年 9 月

全書字數 472406 字

定　　價 二二編 22 冊（精裝）新台幣 40,000 元

虞翻易學的氣論思想研究（下）

黃嘉琳　著

目次

上冊

第一章　緒　論 …… 1
第一節　研究動機與目的 …… 1
第二節　研究方法 …… 13
第三節　文獻回顧 …… 15
第二章　虞翻生平及著述 …… 19
第一節　虞翻生平 …… 19
一、虞翻家學溯源 …… 19
（一）五世傳《易》 …… 19
（二）後代子嗣 …… 20
二、虞翻生平事蹟 …… 24
（一）幼年爲學 …… 24
（二）仕宦功曹 …… 25
（三）從奉孫權 …… 27
（四）交州講學 …… 28
三、虞翻生卒年考 …… 30
（一）漢桓帝延熹六年至吳大帝嘉禾元年（163～232） …… 30
（二）漢桓帝延熹七年至吳大帝嘉禾二年（164～233） …… 31

（三）漢靈帝建寧三年至吳大帝赤烏二年（170～239）……32
（四）漢靈帝熹平元年至吳大帝赤烏四年（172～241）……33
第二節　虞翻著述……34
一、專門著述……34
（一）《周易日月變例》……34
（二）《周易集林律曆》……34
（三）《易律曆》……35
（四）《虞翻集》……35
二、注解之作……36
（一）《周易》注……36
（二）《孝經》注……36
（三）《論語》注……37
（四）《國語》注……37
（五）《太玄經》注……37
（六）《老子》注……38
（七）《周易參同契》注……38
第三章　虞翻《易》學思想背景……39
第一節　《易》學源流……39
一、孔傳《易》學之考……39
二、「田何」爲漢初《易》學第一人……40
三、「田何」後學簡述……41
（一）王同……41
（二）周王孫……43
（三）丁寬……43
（四）服生……45
（五）項生……45
第二節　秦火與《易》經博士……46
一、《易》學與秦之焚書……46
二、今文經、古文經之別……48
三、《易》學與五經博士……51
第三節　漢代《易》學流派……52
一、西漢占驗派象數《易》學……53

（一）孟喜……53
1. 四正卦主四時、值二十四節氣……55
2. 六十卦以配候及六日七分說……58
3. 十二辟卦配十二月……62
4. 爵位說……64
（二）焦延壽……65
1. 六十四卦卦變……67
2. 六十卦值日……67
（三）京房……69
1. 八宮卦……71
2. 世應說……73
3. 爵位說……73
4. 世建說……74
5. 納甲說……75
6. 納十二支說……76
7. 納五行說……78
8. 納六親說……81
9. 飛伏說……83
10. 互體說……85
11. 六十四卦值日法……85
二、東漢注經派象數《易》學……86
（一）鄭玄……86
1. 爻辰說……87
2. 爻體說……88
（二）荀爽……89
1. 乾升坤降說……90
2. 陽升陰降說……91
（三）虞翻……93
三、漢末《易》學與丹道融合……93
第四章　漢代氣論思想……103
第一節　儒家之氣……103
一、《春秋繁露》……103
（一）「元者爲萬物之本」……104
（二）「天者萬物之祖，萬物非天不生」……105

（三）「元氣之流皮毛腠理」 …………………105
（四）「有陰陽之氣，常漸人者」…………107
（五）「陽陰之氣，因可以類相損益也」‥107
二、《白虎通義》 …………………………………108
（一）氣始太初之元氣論 ……………………109
（二）陰陽二氣具體展現於五行……………109
（三）氣生人之情性……………………………111
第二節　道家之氣 …………………………………111
一、《淮南子》 …………………………………111
（一）陰陽氣化之道體觀 ……………………112
（二）氣化生人之精氣說 ……………………114
（三）「同氣相動」之感應說 ………………116
（四）養神、和氣、平形之修養論 …………118
二、《老子指歸》 ………………………………119
（一）「不無不有，乃生無有」之道 ………119
（二）「德」、「神明」、「太和」含氣 ………122
（三）「含囊陰陽」之太和 …………………126
第三節　道教之氣 …………………………………128
一、《太平經》 …………………………………128
（一）天、道、神之「三合相通」 …………128
（二）元氣三名「太陽、太陰、中和」 ……131
（三）「一」爲天之綱、道之根、氣之始‥134
（四）精神氣「三氣共一」 …………………135
二、《周易參同契》 ……………………………136
（一）元氣之精…………………………………136
（二）十二消息卦之卦氣說 …………………138
（三）含精養神，正氣常存 …………………141
第四節　自然之氣 …………………………………142
一、《論衡》 ……………………………………142
（一）天體施氣 …………………………………142
（二）自然之元氣論……………………………143
（三）自爲自生之氣……………………………146
（四）天人相異，氣性不相感…………………147
（五）「用氣爲性，性成命定」 ……………147

二、《潛夫論》 …… 149
（一）「莫制莫御」之元氣論 …… 150
（二）「道」爲氣之變化規律 …… 151
（三）氣成三才 …… 151
第五節　《易》家之氣 …… 153
一、《京氏易傳》 …… 153
（一）「天地運轉，氣在其中」之卦爻陰陽 …… 153
（二）八卦卦氣說 …… 154
（三）六子卦氣說 …… 154
（四）蒙氣說 …… 155
二、《太玄經》 …… 156
（一）「玄」爲氣化本體 …… 157
（二）潛存陽氣之玄 …… 159
（三）氣應相感 …… 160
三、《易緯》 …… 162
（一）「氣形質具」之氣化宇宙論 …… 163
（二）八卦卦氣說 …… 164
（三）《易》數之氣變 …… 167

中　冊

第五章　虞翻之《易》學基礎建構 …… 169
第一節　「互體」、「連互」之說 …… 169
一、互體說 …… 169
（一）思想源流 …… 170
1. 《左傳》 …… 170
2. 京房 …… 171
（二）虞翻之互體說 …… 172
1. 二三四爻之互體 …… 172
2. 三四五爻之互體 …… 178
二、連互說 …… 185
（一）思想源流 …… 186
1. 焦延壽 …… 186
2. 鄭玄 …… 186

（二）虞翻之連互說……186
1. 四爻連互……186
2. 五爻連互……191
第二節　「互反」、「旁通」之說……198
一、互反說……198
（一）思想源流……198
1.《雜卦傳》……198
2. 焦延壽……200
（二）虞翻之互反說……200
1. 以「反」稱「互反」者……200
2. 未言「反」，實爲「互反」關係……201
二、旁通說……201
（一）思想源流……202
1. 焦延壽……202
2. 京房……202
3. 荀爽……204
（二）虞翻之旁通說……204
1. 稱以「旁通」之名……204
2. 不稱「旁通」之名，實爲「旁通」關係……205
3. 以「變」稱旁通者……206
4. 以「反」稱旁通者……207
5. 以「通」、「變通」、「亨」稱旁通者……208
6. 未稱「旁通」，亦未言「卦名」者……208
（三）震巽之特變……208
1. 虞翻取「震巽特變」之因……208
2. 震巽之特變……209
3. 特變之疑議……211
第三節　「半象」、「兩象易」之說……215
一、半象說……215
（一）思想源流……215
1. 焦延壽……215
2. 京房……216
（二）虞翻之半象說……216

1.「某象半見」……217
2. 體某卦……219
3. 以「半」稱「半見」……222
4. 無其名稱，實爲「半象」……223
（三）「約象說」之辨議……224
二、兩象易說……225
（一）思想源流……226
1.《繫辭下傳》……226
（二）虞翻之兩象易說……226
1.「大壯卦」與「无妄卦」之兩象易……226
2.「大過卦」與「中孚卦」之兩象易……227
3.「夬卦」與「履卦」之兩象易……228
第四節　其它《易》學體例……232
一、中……232
（一）以二爻爲「中」……232
（二）以五爻爲「中」……233
（三）以三、四爻爲「中」……235
二、伏……236
（一）陽爻與陰爻之伏……236
（二）三爻畫之伏……238
三、承……239
（一）陰爻上「承」陽爻……239
（二）陰陽爻需經「變」而相承……240
（三）陰陽爻位「相隔」而承……243
（四）以「順」稱陰陽相承……243
（五）名爲「承」、「順」，實則非也……244
四、據……245
（一）陽爻下「據」陰爻……245
（二）經「變易」爻性而相據……246
（三）「一個陽爻」據「多個陰爻」……246
（四）名爲「據」，實則非也……247
五、乘……248
（一）陰爻下「乘」陽爻……248
（二）經「變動」而乘……250

（三）「數個陰爻」乘「數個陽爻」……252
（四）名爲「乘」，實則非也……252
（五）名不爲「乘」，實爲「乘」者……253
六、應……254
（一）上下爻位相應……254
（二）經「變」而上下相應……258
（三）上下爻相應於「某象」中……262
（四）應於某爻下所「伏」之爻……263
（五）上下相應爻位而「不應」……264
（六）相應多個爻位……267
（七）爻位不相對之應……268
（八）名爲不應，實爲相應……269
七、數……269
（一）天地之數……270
（二）蓍策之數……272
（三）卦爻之數……273
（四）卦氣之數……274
（五）月體納甲之數……276
（六）六虛之數……277
第六章　虞翻之「至神謂易」論……279
第一節　易有太極，是生兩儀……279
一、「《易》有太極，是生兩儀」……279
二、「太極，太一也」……281
三、「至神謂易」……282
四、易之道……284
第二節　乾始開道，以陽通陰……287
一、乾陽坤陰……287
（一）「乾陽物也，坤陰物也」……287
（二）乾天坤地……289
（三）乾易坤簡……290
（四）乾坤之特色質性……291
1. 乾之特色質性……291
2. 坤之特色質性……294
二、始生乾而終於坤……297

（一）「幾者，神妙也」 297
（二）「始生乾而終於坤」 298
三、陰極陽生 300
（一）「所由來漸」 300
（二）陰極陽生 300
四、乾坤氣交以相與 301
（一）「乾坤氣交以相與」 301
（二）「往來不窮謂之通」 303
（三）「剛柔相摩，八卦相盪」 303
（四）在陽稱變，在陰稱化 307
五、方以類聚，物以群分 308
（一）「陰陽施行，以生萬物」 308
（二）「同氣相求」 310
（三）「品物流形」 312
（四）「方以類聚，物以群分」 313
第三節　五行 314
一、五行 314
二、五德終始說 319
第四節　三才之象 321
一、天道 324
二、地道 324
三、人道 325

下　冊

第七章　虞翻之「乾坤生六子」論 327
第一節　卦變說 327
一、思想源流 327
（一）焦延壽「六十四卦卦變」 328
（二）京房「八宮說」 328
（三）荀爽「升降說」 329
二、虞翻之「乾升坤降說」 331
三、虞翻之「往來說」 331
四、虞翻之「乾坤生六子」 337
五、虞翻之「消息卦生雜卦」 341

（一）一陰或一陽之卦 …… 346
1. 一陽五陰之卦 …… 346
2. 一陰五陽之卦 …… 347
（二）二陰或二陽之卦 …… 347
1. 二陽四陰之卦 …… 347
2. 二陰四陽之卦 …… 348
（三）三陰或三陽之卦 …… 350
1. 三陽之卦 …… 350
2. 三陰之卦 …… 351
（四）四陰或四陽之卦 …… 353
1. 四陽二陰之卦 …… 353
2. 四陰二陽之卦 …… 354
（五）變例之卦 …… 355
1. 中孚卦 …… 355
2. 小過卦 …… 355
（六）卦皆乾、坤而來 …… 356
第二節　卦氣說 …… 360
一、思想源流 …… 360
（一）孟喜「卦氣說」 …… 360
（二）《易緯》「卦氣說」 …… 360
二、虞翻之「四正卦主四時、值月」 …… 363
（一）四正卦主四時 …… 363
（二）四正卦值月 …… 366
三、虞翻之「四正卦外之諸卦值月」 …… 368
四、虞翻之「十二消息卦值月」 …… 369
（一）十二消息卦 …… 369
1. 息卦 …… 373
（1）復卦 …… 373
（2）臨卦 …… 374
（3）泰卦 …… 375
（4）大壯卦 …… 375
（5）夬卦 …… 375
（6）乾卦 …… 376
2. 消卦 …… 376

（1）姤卦 …… 376
（2）遯卦 …… 377
（3）否卦 …… 378
（4）觀卦 …… 378
（5）剝卦 …… 379
（6）坤卦 …… 379
（二）十二消息卦值月 …… 379
第三節　月體納甲說 …… 381
一、思想源流 …… 381
（一）京房「八宮納甲說」 …… 381
（二）魏伯陽「月體納甲說」 …… 382
二、虞翻之「日月爲易」 …… 383
三、虞翻之「日月在天成八卦之象」 …… 386
四、虞翻之「八卦配對天干、方位」 …… 390
五、虞翻之「八卦配對季節」 …… 393
第四節　逸象說 …… 394
一、思想源流 …… 395
二、虞翻之逸象「乾」 …… 395
（一）逸象總目 …… 395
（二）逸象詮釋 …… 402
三、虞翻之逸象「坤」 …… 408
（一）逸象總目 …… 408
（二）逸象詮釋 …… 416
四、虞翻之逸象「震」 …… 423
（一）逸象總目 …… 423
（二）逸象詮釋 …… 429
五、虞翻之逸象「巽」 …… 435
（一）逸象總目 …… 435
（二）逸象詮釋 …… 439
六、虞翻之逸象「坎」 …… 441
（一）逸象總目 …… 441
（二）逸象詮釋 …… 448
七、虞翻之逸象「離」 …… 452
（一）逸象總目 …… 452

(二) 逸象詮釋 ……………………………… 455
八、虞翻之逸象「艮」 …………………… 458
(一) 逸象總目 ……………………………… 458
(二) 逸象詮釋 ……………………………… 462
九、虞翻之逸象「兌」 …………………… 466
(一) 逸象總目 ……………………………… 466
(二) 逸象詮釋 ……………………………… 468

第八章 虞翻之「以乾通坤，進德脩業」論 ……… 471

第一節 易道主變 ……………………………… 471
一、九六相變 ……………………………… 471
二、陰陽爻變 ……………………………… 473
三、蓍策之變 ……………………………… 476
四、卦原之變 ……………………………… 476
五、互反之變 ……………………………… 477
六、旁通之變 ……………………………… 477
七、始於初爻之變 ………………………… 478
八、權變 …………………………………… 479
第二節 成既濟定 ……………………………… 479
一、失位 …………………………………… 479
二、動而得正 ……………………………… 482
三、成既濟定 ……………………………… 483
第三節 與時偕行 ……………………………… 485
一、變通趨時 ……………………………… 485
二、陰陽之爻時 …………………………… 487
三、「月體納甲說」之時 ………………… 489
四、「卦氣說」之時 ……………………… 489
(一) 虞翻之「後天八卦方位」 ………… 489
(二) 虞翻之「卦以配候」 ……………… 491
(三) 虞翻之「十二月消息卦」 ………… 492
(四) 虞翻之「八卦卦氣方位」 ………… 493
第四節 爻位貴賤吉凶說 ……………………… 494
一、初爻之位 ……………………………… 494
二、二爻之位 ……………………………… 494
三、三爻之位 ……………………………… 495

四、四爻之位 ……………………………………………… 496
五、五爻之位 ……………………………………………… 497
六、上爻之位 ……………………………………………… 499
第五節　人事貴賤爻位說 ……………………………………… 501
一、二爻：「大夫之位」 ………………………………… 501
二、三爻：「三公之位」 ………………………………… 501
三、四爻：「諸侯之位」 ………………………………… 503
四、五爻：「天子之位」 ………………………………… 503
五、上爻：「宗廟之位」 ………………………………… 506
第六節　道德修養 ……………………………………………… 507
一、以乾通坤，進德脩業 ……………………………… 507
二、乾坤直方之源：持敬行義 ………………………… 508
三、「居寬行仁，德博而化」 ………………………… 509
四、「天之所助者順，人之所助者信」 ……………… 510
五、「无咎者善補過」 ………………………………… 511
六、「乾道變化，各正性命」 ………………………… 512
七、「保合大和」 ……………………………………… 513
八、「聖人與天地合德，鬼神合吉凶」 ……………… 514
第九章　虞翻對後代《易》學之影響 ……………………… 519
第一節　張載之「乾起知於易，坤效法於簡」 ……… 519
第二節　邵雍之「先天易之卦氣」 …………………… 521
第三節　王夫之之「乾坤陰陽即太極實體」 ………… 523
第四節　惠棟之「氣變」與「卦氣說」 ……………… 527
第十章　虞翻《易》學氣論思想之價值與特色 ………… 531
第一節　易即太極 ……………………………………………… 532
第二節　「太極生兩儀」中有「乾元」 ……………… 533
第三節　「四象」與「八卦」同時而成 ……………… 534
第四節　「卦變說」爲《易》之大義 ………………… 534
第五節　重視時空對應 ………………………………………… 535
第六節　積善成聖 ……………………………………………… 536
引用文獻 ……………………………………………………… 537

第七章　虞翻之「乾坤生六子」論

第一節　卦變說

一、思想源流

「卦變說」闡明卦象是由何卦變化而至之學說，廣義的「卦變說」爲卦爻經變動而產生新的卦象，可溯源於《左傳》、《國語》，《左傳・莊公二十二年》筮公子完生而得「遇觀之比」〔註1〕，觀卦上爻由陽變陰而成比卦，《左傳・閔公二年》筮季友生而得「大有之乾」〔註2〕，大有卦五爻由陰變陽而成乾卦，《國語・晉語四》重耳筮得國而得「貞屯悔豫，皆八也。」〔註3〕、《國語・周語下》晉筮成公歸國而得「遇乾之否」〔註4〕，以上爲卦變的初步態樣。

《彖傳》「往來說」已開啓「卦變說」之先，而黃宗羲《易學象數論・卦變一》中曰：「卦變之說，由『泰』、『否』二卦彖辭『小往大來』、『大往小來』而見之，而夫子《彖傳》所以發明卦義者，於是爲多，顧《易》中一大節目也。」〔註5〕一別卦之六爻，「往」係內卦至外卦或一爻由下而上的變

〔註1〕〔周〕左丘明傳；〔晉〕杜預注；〔唐〕孔穎達疏：《左傳》（臺北：藝文印書館《十三經注疏》，2001年），卷9，頁163。

〔註2〕同註1，卷11，頁190。

〔註3〕徐元誥撰；王樹民、沈長雲點校：《國語集解》（北京：中華書局，2002年），頁340。

〔註4〕同註3，頁90。

〔註5〕〔清〕黃宗羲撰；譚德貴校注：《易學象數論》（北京：九州出版社，2007年），卷2，頁65。

化，「來」係外卦至內卦或一爻由上而下之移動，如隨卦（䷐）《彖傳》云：「剛來而下柔。」〔註 6〕謂隨卦係由否卦（䷋）而來，否卦上爻之陽從上而下，來至初爻之位，故隨卦乃成。而孟喜的卦氣說深深影響漢代思想，卦爻與節氣彼此相互應對，使卦爻有所變易轉化，此即漢代卦變之起源，如焦延壽「六十四卦卦變」及京房「八宮說」，而荀爽乃於《彖傳》「往來說」的基礎上提出了「升降說」。

（一）焦延壽「六十四卦卦變」

焦延壽，字贛，「其書以一卦變六十四，六十四卦之變共四千九十有六，各繫以詞，皆四言韻語。」〔註 7〕《焦氏易林》中以「四字言」說明「六十四卦卦變」，每一卦與六十四卦相互配應，結果有四千九十六種變化、變卦。

《焦氏易林》「六十卦値日」，以四正卦震、離、兌、坎對應二至二分，以震値春分、離値夏至、兌値秋分、坎値冬至，此四卦各値一日，其餘六十卦則每卦各値六日，筮卜之際則以値日之卦爲「本卦」，而所占卜之卦爲「之卦」，故有六十四組不同値日之卦，以闡明吉凶禍福，故知焦延壽認爲「六十四卦卦變」並非眞正存有卦變思想，目的乃是爲了筮卜占驗之用，故王新春認爲以卦變角度切入爲解讀之誤，〔註 8〕但《焦氏易林》對於卦變的啓發亦有一定的影響力，故焦延壽門生京房即提出與卦變說相關之「八宮說」。

（二）京房「八宮說」

京房，字君明，京房創立「八宮卦」，以乾、震、坎、艮、坤、巽、離、兌爲八純卦，稱爲「上世」，以八純卦爲本而爻位由下至上開始變化，初爻變易稱「一世卦」，變至二爻稱「二世卦」，變至三爻稱「三世卦」，變至四爻稱

〔註 6〕〔魏〕王弼、〔晉〕韓康伯注；〔唐〕孔穎達正義：《周易正義》（臺北：藝文印書館《十三經注疏》，2001 年），卷 3，頁 56。

〔註 7〕〔漢〕焦延壽撰：《焦氏易林》（臺北：新文豐出版社《叢書集成新編》，1985 年），頁 3。

〔註 8〕「在某一本卦所值之日內行占，筮遇何卦，查閱《焦氏易林》中該本卦之所筮遇之卦林辭，就可『判明』筮問事項的具體吉凶禍福情狀了。因此，《焦氏易林》中，64 卦各卦所統攝的 64 卦的整體系列中，統攝 64 卦的整體系列的本卦，其與所統攝的另 63 卦間，並非卦變意義上的一爲本卦、一爲變卦的關系，由此可見，《焦氏易林》根本不存在一卦變 64 卦、64 卦變 4096 卦的問題，從卦之變的視角切入解讀《焦氏易林》，在解讀的開始就進入了嚴重的誤區，所得結論的有效性如何，自然也就不言而喻了。」王新春撰：《易學與中國哲學》（北京：人民出版社，2012 年），頁 212。

「四世卦」，變至五爻稱「五世卦」，但不變至上爻，因倘若變至上爻則乾卦為坤卦，八純卦則再次重複，故返回四爻而變，稱「游魂卦」，以游魂卦為主，變易內卦三個爻位而成「歸魂卦」，歸魂卦與八純卦僅於五爻陰陽相易，此為京房創立的一套六十四卦變易法則，可參考「漢代《易》學流派」中「京房」一文。王新春認為虞翻對京房卦與卦之派生關係當為熟稔，促使虞翻在兩漢宇宙論發達的氛圍下，創立一套完整的卦變思想。〔註9〕

（三）荀爽「升降說」

荀爽，字慈明，一名諝。荀爽持己以正，且好學深思，虞翻曾言荀爽、馬融、鄭玄、宋衷四家易學之失，文中略貶荀爽，但此四家豈不是與一般俗儒相異且有其見地才被虞翻論記。《三國志・虞翻傳》注引《翻別傳》曰：

> 自漢初以來，海內英才，其讀《易》者，解之率少。至孝靈之際，潁川荀諝號為知《易》，臣得其注，有愈俗儒，至所說「西南得朋，東北喪朋」，顛倒反逆，了不可知。……又南郡太守馬融，名有俊才，其所解釋，復不及諝。……若乃北海鄭玄，南陽宋忠，雖各立注，忠小差玄，而皆未得其門，難以示世。〔註10〕

綜觀虞翻《易》注中，多次提及荀爽屢稱「荀公」，足見對荀爽多為尊重。又李鼎祚《周易集解》引三十五家注《易》者，其中以「荀爽」、「虞翻」兩家最多，可見荀爽在漢代《易》學中的地位為甚。荀爽解《易》分別提出「乾升坤降說」及「陽升陰降說」等卦變思想，此可參考「漢代《易》學流派」中「荀爽」一文。

《易緯・乾鑿度》曰：「陽動而進，陰動而退。……陽變七之九，陰變八

〔註9〕「在京房的八宮64卦系列中，八純卦為本原之卦，其他56卦則為由八純卦所派生之卦。由一個本原之卦為首，統攝另外七卦，組成一宮，該本原之卦即稱該宮的本宮卦。八個純卦各領起一宮之八卦，於是就有了八宮64卦。每一宮中，本宮卦與另外七卦間的關係，就是一為本原、一為派生的卦變關係。京房所構設的八宮64卦系列中卦與卦之間的這種本原與派生的關係，也為東漢之後注《易》之家借用來銓釋《周易》經傳。對於京房所揭示的八宮64卦系列中卦與卦之間的這種本原與派生關係，虞翻必定也是熟諳的，但是他並沒有吸納借用來詮釋《周易》經傳。然而，此種卦與卦之間的本原與派生關係，必定深深刺激過虞翻的學術心靈，促發他在兩漢宇宙論的哲學主潮下，以卦氣說的易學視野，深入探究《周易》64卦相關卦的來源問題，從而創立完整的卦變學說。」同註8，頁212。

〔註10〕〔晉〕陳壽撰；〔宋〕裴松之註：《三國志》（臺北：藝文印書館，1955年），卷12，頁852。

之六。……陽氣升上，陰氣欲承。」〔註 11〕陰陽之運動常律爲陽動常進，陰動常退，陽氣上升，陰氣相承而下降，陰陽常變，陽由少陽之七變而爲老陽之九，陰由八之少陰變而爲六之老陰，正如《繫辭下傳》曰：「《易》之爲書也不可遠，爲道也屢遷，變動不居，同流六虛，上下无常，剛柔相易，不可爲典要，唯變所適。」〔註 12〕《易》以變動爲常，陰陽爻於六位之中常變動不已，剛柔相易，爻位由下至上爲進，由上至下爲退，陰陽爻相易一進則一退，故荀爽依此道建立「陽升陰降」之說來注《易》。

荀爽升降說中以九二升居九五之位、六五降居六二之位爲常，特別重視二、五兩爻，陽爻以五爲最尊，陰爻以二爲最尊，因此二、五爻位之升降爲荀爽最常易動之位，除此常例之外，尚有其他變格，甚而有陰升陽降之例，如坤卦《彖傳》：「含弘光大。」〔註 13〕《周易集解》荀爽注曰：「坤初居乾四，爲光，乾四居坤初，爲大也。」〔註 14〕荀爽爲了解經，常依經文而自變其例，有以此爲不成熟之升降說〔註 15〕，更有以此爲升降說的靈活性與辯證性之反映〔註 16〕，筆者以爲荀爽爲注經而勇於創立新的易學理則，雖不能有系統性、統一性之理路，但站在發展創造上是當給予正向的評價。

〔註 11〕《易緯八種》，卷 2，頁 60～63。

〔註 12〕《周易正義》，卷 8，頁 173～174。

〔註 13〕同註 12，卷 1，頁 18。

〔註 14〕〔唐〕李鼎祚輯：《周易集解》（臺北：臺灣商務印書館，2004 年），卷 2，頁 26。

〔註 15〕「荀爽原想在升降的法則下，使六十四卦能得到通解，但這一法則始終建立不起來，有許多處不得不在經文之下，團團打轉，我們只可以稱他的易學是不成熟的升降說。但他銳意創新，想以一個新法則爲六十四卦建立通解的心志是可嘉的，他在當時得享盛名以及虞翻稱揚他的原因，大概是在此吧！」高懷民撰：《兩漢易學史》（桂林：廣西師範大學出版社，2007 年），頁 138。

〔註 16〕「荀氏在重視陽升的基礎上，注《易》時又采取陽降的原則。對此，有些學者認爲，荀氏既講陽升，而同時又講陽降，似乎是荀氏爲了附會經文而不得已自違其陽升之例。我們認爲這種看法有些不妥，因爲荀氏升降說的原則本來就具有多樣性。其雖重視陽升的原則但其陽降說，也是其升降說的原則之一，而并非是自違其升降之例。……荀氏卦變意義上的升降固然无有爻位的明確準則，但綜上所述，姑且不論其卦變意義上的陰降无定則，僅就狹義的陰降說，可知與陽升一般皆是升居九五不同的是，陰降則无定位。荀氏雖然重視六五降居六二，但六五同時又根據經文的具體情況，又可降居六四等。……這正反映了荀氏升降說的靈活性與其辯證性。」劉玉建撰：《兩漢象數易學研究》（南寧：廣西教育出版社，1996 年），頁 533、538、540。

二、虞翻之「乾升坤降說」

依循荀爽之「升降說」，虞翻亦藉乾升、坤降來注解《周易》經傳，乾卦《文言傳》「《易》曰：『見龍在田，利見大人。』君德也。」注曰：

> 陽始觸陰，當升五爲君。時舍於二，宜利天下。直方而大，德无不利。明言「君德」。地數始二，故稱「易曰」。〔註17〕

「陽始觸陰」係立於十二月陰陽消息而言，乾陽息至二爻而消陰，但二爻爲陰位，故曰「陽始觸陰」，五爻爲君位，當以陽爻居之，二爻爲臣位，當以陰爻居之，君子登居九五之尊而其位既中且正，當能行其正道，臣民居六二之位爲中正，當能承順其君、守護其德，故二爻之陽當升至五爻之君位，曰「當升五爲君」，二、五之爻又爲相應之位，故常以兩爻位來闡明乾陽當升、坤陰當降之關係。泰卦六四爻「不戒以孚」注曰：

> 謂坤邑人不戒，故使二升五，信來孚邑，故「度戒以孚」。二上，體坎，中正，《象》曰：「中心願也。」與比「邑人不戒」同義也。〔註18〕

泰卦二爻爲陽，故二爻之陽當升居五爻之位，以此博得城邑者心中的誠服，二爻之陽上升至五爻而上卦爲坎，五爻既中且正，變易而卦成既濟。《雜卦傳》「萃聚，而升不來也。」注曰：

> 坤眾在內，故「聚」。升五不來之二，故「不來」；之內曰「來」也。〔註19〕

升卦六五之爻以陰居陽位而本該降至二爻之位，但五爻之陰不來二爻之位，故曰「不來」。上述三例皆以二、五爻位立說，以二爻當居陰、五爻當居陽，若二、五爻位陰陽不對位，則二爻之陽升而至五爻之位，五爻之陰降而至二爻之位。

三、虞翻之「往來說」

「往」係爲內卦之爻至外卦之爻，或爻位較低者往爻位較高者移動，故虞翻常以「之外」、「在外」稱「往」，屯卦卦辭「勿用有攸往；利建侯。」注曰：

〔註17〕《周易集解》，頁11。

〔註18〕同註17，頁78～79。

〔註19〕同註17，頁442。

之外稱往。初震得正，起之欲應，動而失位，故「勿用有攸往」。震爲侯，初剛難拔，故利以建侯。老子曰：「善建者不拔」也。〔註20〕

屯卦下卦爲震，震初爻爲陽，得正，若起而欲應四爻之位，則動而失位，故曰「勿用有攸往」，此處「之外稱往」即爲內卦初爻欲應外卦四爻而向外前進之「往」，屯卦六四《小象傳》注曰：「之外稱『往』」〔註21〕、大過卦卦辭「棟橈，利有攸往，亨。」注曰：「之外稱往」〔註22〕皆爲此例。「之外」亦稱「在外」，如履卦初九爻《小象傳》注曰：「……初已得正，使四獨變，在外稱往……」〔註23〕、无妄卦初九爻注曰：「謂應四也；……在外稱『往』也。」〔註24〕，以「往」稱「之外」者，如蹇卦初六爻「往蹇，來譽。」注曰：

譽謂「二」，二多譽也；失位應陰，往歷坎險，故「往蹇」；變而得位，以陽承二，故來而譽矣。〔註25〕

蹇卦初六失位，初爻以應四爻，若應則需經歷二至四爻互體之坎，坎即險，故曰「往歷坎險」，雖不言「之外」、「在外」，但實際爲內卦向外卦前進而相應。又如屯卦六三爻注曰：「三應於上，之應歷險，不可以往。動如失位，故不如舍之，往必吝窮矣。」〔註26〕、无妄卦六二爻注曰：「得位應五，…『往』，應五也。」〔註27〕、恆卦卦辭注曰：「初利往之四」〔註28〕、蹇卦《彖傳》注曰：「二往應五」〔註29〕、損卦上九爻注曰：「謂三往之上，故『利有攸往』。」〔註30〕、益卦卦辭注曰：「二利往坎應五，故『利有攸往』」〔註31〕、夬卦初九爻注曰：「剛以應剛，不能克之，往如失位，故『往不勝爲咎』。」〔註32〕、夬卦初九爻《小象傳》注曰：「往失位，應陽，故『咎』

〔註20〕《周易集解》頁38。
〔註21〕同註20，頁41。
〔註22〕同註20，頁145。
〔註23〕同註20，頁70。
〔註24〕同註20，頁135。
〔註25〕同註20，頁193。
〔註26〕同註20，頁41。
〔註27〕同註20，頁135。
〔註28〕同註20，頁163。
〔註29〕同註20，頁192。
〔註30〕同註20，頁203。
〔註31〕同註20，頁204。
〔註32〕同註20，頁213。

矣。」〔註 33〕、巽卦卦辭注曰：「二失位，利正，往應五」〔註 34〕、節卦九五爻注曰：「『往』謂二，二失正，變往應五」〔註 35〕上述皆爲內卦之爻與外卦相應之爻位，往而應之。但虞翻亦將「往」運用於不相應之兩爻，萃卦卦辭「亨，王假有廟；利見大人，亨，利貞；用大牲吉；利有攸往。」注曰：

> 觀上之四也；觀乾爲王，「假」至也，艮爲廟，體觀享祀，故通上之四，故「假有廟」，致孝享矣。「大人」謂五，三、四失位，利之正，變成離，離爲見，故「利見大人，亨，利貞」，聚以正也。坤爲牛，故曰「大牲」；四之三折坤得正，故「用大牲吉」；三往之四，故「利有攸往」，順天命也。〔註 36〕

萃卦三、四爻失位，兩爻互易而得正，「四之三折坤得正」、「三往之四」係指三、四爻互換其位，三爻由內卦前進至外卦而曰「往」，但其「往」非前進相應之爻位，於虞翻《易》注中常出現其例，如萃卦《象傳》注曰：「三往之四」〔註 37〕、漸卦卦辭注曰：「否三之四，『女』謂四，『歸』嫁也，坤三之四承五，進得位，往有功。」〔註 38〕、豐卦六二爻注曰：「四往之五，得正成坎」〔註 39〕，三爻往之四爻，以內卦進至外卦，四爻往之五爻，以外卦內部前進上升爻位者，爻位之「往」爲其位較低之爻上升至較高之爻，即爲「往」。此外亦有名爲「往」，而實際與「往」無關者，如小畜卦《象傳》注曰：「『密』小也，兌爲密。需坎升天爲雲，墜地爲雨；上變爲陽，坎象半見，故『密雲不雨』，上往也。」〔註 40〕謂雲之往上、上升，泰卦九三爻注曰：「『往』謂消外」〔註 41〕謂坤陰消陽於外，蠱卦六四爻《小象傳》注曰：「往失位」〔註 42〕、睽卦六五爻注曰：「往得位」〔註 43〕此兩「往」皆爲變動之意。

〔註 33〕《周易集解》，頁 213。
〔註 34〕同註 33，頁 278。
〔註 35〕同註 33，頁 293。
〔註 36〕同註 33，頁 221。
〔註 37〕同註 33，頁 222。
〔註 38〕同註 33，頁 259。
〔註 39〕同註 33，頁 270。
〔註 40〕同註 33，頁 66。
〔註 41〕同註 33，頁 78。
〔註 42〕同註 33，頁 107。
〔註 43〕同註 33，頁 190。

外卦下降至內卦，或爻位較上者降至爻位較下者，稱之爲「來」。咸卦九四爻「貞吉，悔亡。憧憧往來，朋從爾思。」注曰：

……之內爲來，之外爲往，欲感上隔五，感初隔三，故「憧憧往來」矣。……〔註 44〕

由內卦上往外卦，稱爲「往」，由外卦下至內卦，稱爲「來」。《雜卦傳》「萃聚，而升不來也。」注曰：

坤眾在內，故「聚」。升五不來之二，故「不來」；之內曰「來」也。〔註 45〕

升卦外卦五爻之陰不來內卦二爻之位，而曰「不來」，若來至二爻則稱「來」。虞翻《易》注中僅於上述之例以「之內稱來」說明爻位由外卦向內卦移動，而其它《易》注「在內稱來」、「之內稱來」則用以解說所指之爻在內卦即稱來，如比卦初六爻注曰：「在內稱『來』也」〔註 46〕、復卦卦辭注曰：「在內稱來」〔註 47〕、坎卦六三爻注曰：「坎在內稱『來』」〔註 48〕、震卦卦辭注曰：「之內曰來也」〔註 49〕、豐卦六五爻注：「在內稱『來』」〔註 50〕。但外卦來至內卦則多以相應之爻位互易，蒙卦六三爻「勿用取女，見金夫，不有躬，无攸利。」注曰：

謂三。誡上也。「金夫」謂二。初發成兑，故三稱「女」。兑爲見，陽稱金，震爲夫；三逆乘二陽，所行不順，爲二所淫，上來之三陟陰，故曰「勿用娶女，見金夫」矣。……〔註 51〕

此爻乃警誡上爻之陽所代表之君子，「金夫」謂二爻，蒙卦初爻變動而下卦成兌，三爻之陰稱女，兌爲見，陽稱金，蒙卦二至四爻互體而爲震，震爲夫，三爻之陰逆道而乘初爻、二爻兩陽之上，其行不順正道，故三爻之女被二爻之男所淫，又外卦上爻之陽來至內卦三爻之陰，但三爻陰女已被二爻陽男所淫，故曰「勿用娶女，見金夫」。如上之例亦有觀卦上九爻《小象傳》注曰：

〔註 44〕《周易集解》，頁 161。
〔註 45〕同註 44，頁 442。
〔註 46〕同註 44，頁 63。
〔註 47〕同註 44，頁 129。
〔註 48〕同註 44，頁 151。
〔註 49〕同註 44，頁 250。
〔註 50〕同註 44，頁 272。
〔註 51〕同註 44，頁 45～46。

「上來之三」〔註 52〕、遯卦九三爻注曰：「上來之三」〔註 53〕、遯卦九五爻《小象傳》注曰：「上來之三成坎」〔註 54〕、益卦《彖傳》注曰：「上來益三」〔註 55〕、益卦六二爻注曰：「謂上從外來益三」〔註 56〕、益卦六二爻《小象傳》注曰：「乾上稱外，來益三也。」〔註 57〕、益卦六三爻注曰：「上來益三得正」〔註 58〕、益卦上九爻《小象傳》注曰：「『外』謂上，上來之三」〔註 59〕、漸卦《彖傳》注曰：「上來反三」〔註 60〕、豐卦卦辭注曰：「而豐三從噬嗑上來之三」〔註 61〕、小過卦六五爻注曰：「上來之三」〔註 62〕、《繫辭上傳》「子曰：『君子居其室，出其言善，則千里之外應之……』」注曰：「『君子』謂初也，二變五來應之，……謂二變則五來應之」〔註 63〕、《繫辭上傳》「德言盛，禮言恭」注曰：「三從上來同之」〔註 64〕、《繫辭上傳》「盜思奪之矣」注曰：「五來之二成坎，坎爲盜，『思奪之矣』」〔註 65〕、《繫辭下傳》「斷木爲杵」注曰：「晉上之三也，艮爲小木，上來之三斷艮，故『斷木爲杵』」〔註 66〕、《繫辭下傳》「……何不利之有」注曰：「三待五來之二，弓張矢發，動出成乾，貫隼入大過死，兩坎象壞，故『何不利之有』」〔註 67〕、《雜卦傳》「未濟，男之窮也。」注曰：「否艮爲男位，否五之二，六爻失正，而來下陰」〔註 68〕。外卦之爻來至內卦之位，以相應兩爻位爲易動準則，但亦有以「來」說明外卦之爻至內卦之爻的變動，或爻位上者移至下之爻位，但其移動爻位並沒有相應關係，訟卦卦辭「有孚，窒惕，中吉。」注曰：

〔註 52〕《周易集解》，頁 115。
〔註 53〕同註 52，頁 169。
〔註 54〕同註 52，頁 169。
〔註 55〕同註 52，頁 205。
〔註 56〕同註 52，頁 206。
〔註 57〕同註 52，頁 206。
〔註 58〕同註 52，頁 207。
〔註 59〕同註 52，頁 209。
〔註 60〕同註 52，頁 259。
〔註 61〕同註 52，頁 268。
〔註 62〕同註 52，頁 301。
〔註 63〕同註 52，頁 327。
〔註 64〕同註 52，頁 330。
〔註 65〕同註 52，頁 332。
〔註 66〕同註 52，頁 366。
〔註 67〕同註 52，頁 374。
〔註 68〕同註 52，頁 446。

遯三之二也。「孚」謂二。「窒」，塞止也。「惕」，懼二也。二失位，故不言「貞」。遯將成否，則子弒父，臣弒君；三來之二得中，弒不得行，故「中吉」也。〔註69〕

謂訟卦來自於遯卦，遯卦三爻來至二爻而成訟卦，訟卦二爻失位則不貞，遯卦初、二兩爻皆為陰，若持續陰息則成否卦，遯卦下卦為艮，上卦為乾，否卦下卦為坤，上卦為乾，艮子乾父，坤臣乾君，有子殺父、臣殺君之象，但遯卦三爻之陽至二爻之位則終止其殺戮。又訟卦《大象傳》注曰：「三來變坤為作事」〔註70〕、隨卦卦辭注曰：「否上之初，剛來下柔」〔註71〕、賁卦卦辭注曰：「泰上之乾二，乾二之坤上，柔來文剛」〔註72〕、復卦《彖象》注曰：「剛陽不從上來反初，故不言剛自外來」〔註73〕、无妄卦卦辭注曰：「遯上之初……剛來交初〔註74〕」、解卦六三爻注曰：「五來寇三時」〔註75〕、艮卦九三爻注曰：「五來之三」〔註76〕、《繫辭上傳》「上慢下暴，盜思伐之矣。慢藏誨盜，冶容誨淫。」注曰：「五來寇三，……則五來奪之」〔註77〕、《繫辭下傳》「危以動，則民不與也；懼以語，則民不應也」注曰：「來下之初成益，……上來之初」〔註78〕、《繫辭下傳》「困以寡怨」注曰：「坤為怨，否弒父與君，乾來上折坤二。」〔註79〕皆言不相應之「來」。此外虞翻以「來」為一般義之「來去」，如否卦卦辭注曰：「陰來滅陽」〔註80〕、臨卦卦辭注曰：「乾來交坤」〔註81〕、漸卦上九爻《小象傳》注曰：「上來正坤」〔註82〕。泰卦卦辭「小往大來，吉，亨。」注曰：

陽息坤，反否也。坤陰詘外，為「小往」；乾陽信內，稱「大來」。

〔註69〕《周易集解》，頁51。
〔註70〕同註69，頁53。
〔註71〕同註69，頁101。
〔註72〕同註69，頁119。
〔註73〕同註69，頁130。
〔註74〕同註69，頁133。
〔註75〕同註69，頁197。
〔註76〕同註69，頁256。
〔註77〕同註69，頁332。
〔註78〕同註69，頁382。
〔註79〕同註69，頁389。
〔註80〕同註69，頁80。
〔註81〕同註69，頁108。
〔註82〕同註69，頁263。

天地交，萬物通，故「吉亨」。〔註83〕

泰卦爲陽息至三爻，反則爲否卦。泰卦中坤陰屈於外卦，坤陰爲小，故曰「小往」，乾陽伸長於內卦，故曰「大來」。又《繫辭下傳》「日往則月來，月往則日來，日月相推而明生焉」注曰：

謂咸初往之四，與五成離，故「日往」，與二成坎，故「月來」；之外「日往」，在內「月來」，此就爻之正者也。初變之四，與上成坎，故「月往」；四變之初，與三成離，故「日來」者也。既濟體兩離、坎象，故「明生焉」。〔註84〕

咸卦初爻之陰往外卦四爻之位移動，而三至五爻互體而成離，離爲日，稱爲「日往」，二至四爻互體而成坎卦，坎爲月，以四爻角度而觀，向內卦至二爻互體爲坎，曰「月來」，故稱「之外『日往』，在內『月來』」，又咸卦初爻與四爻相易，而以四爻爲主，上卦爲坎，係由爻位較低至爻位較高延伸，故曰「月往」，以三爻爲主，與二爻、初爻爲離，故曰「日來」，故知虞翻之往來說運用於乾坤陰陽之爻位移易中，藉著成既濟卦、旁通之卦、與爻位相應的變動，詮釋變易的正當性。

總合以觀，「之外曰往」或「在外曰往」是虞翻依循「往來說」的規範，以內卦至外卦而曰「往」，但「之內曰來」或「在內曰來」虞翻在解釋上有多處違離體例，兩爻之間的「往」或「來」，有相應之往來，亦有不相應之往來，《易》注中亦見有「往」、「來」之名而實不爲「往來說」之例，此說可作兩解，一則爲虞翻《易》注體例不夠嚴謹，另爲《易》注用語之多樣性，筆者則認爲虞翻以象數之道來詮釋《周易》經傳，重視卦爻之間相互關係之連結，故常以旁通之卦、由來之卦等益助注解經傳，若固守「往」即爲內卦之爻往相應的外卦之爻移動，「來」爲外卦之爻往相應的內卦之爻移動，可用以詮說之文即大大縮減，此爲虞翻《易》注之難處，但客觀以論，如此則構成體例不嚴謹的現象，故此兩解爲一體兩面之說。

四、虞翻之「乾坤生六子」

虞翻卦變說以「乾升坤降說」、「往來說」爲基礎，而乾坤爲生卦之原，消息卦爲雜卦之原，「乾、坤生六子」始見於《說卦傳》曰：

〔註83〕《周易集解》，頁75。
〔註84〕同註83，頁370。

> 乾，天也，故稱乎父；坤，地也，故稱乎母。震一索而得男，故謂之長男；巽一索而得女，故謂之長女。坎再索而得男，故謂之中男；離再索而得女，故謂之中女。艮三索而得男，故謂之少男；兌三索而得女，故謂之少女。〔註85〕

乾爲天、爲父，坤爲地、爲母，震爲長男，巽爲長女，坎爲中男，離爲中女，艮爲少男，兌爲少女，男女皆爲父母所生，故震、巽、坎、離、艮、兌之六卦皆爲乾坤所生。《繫辭上傳》「乾道成男，坤道成女。」荀爽注曰：

> 男，謂乾，初適坤，爲震。二適坤，爲坎。三適坤，爲艮。以成三男也；女，謂坤，初適乾，爲巽。二適乾，爲離。三適乾，爲兌，以成三女也。〔註86〕

荀爽以乾坤爲其它六卦之原，乾卦之陽至坤卦之初而成震，至坤卦二爻而成坎，至坤卦三爻而成艮，此爲長男、中男、少男，坤卦之陰至乾卦之初而成巽，至乾卦二爻而成離，至乾卦三爻而成兌，此爲長女、中女、少女，有以乾坤爲生子之義。《繫辭下傳》「吉凶悔吝者，生乎動者也；剛柔者，本立者也；變通者，趣時者也；吉凶者，貞勝者也。」虞翻注曰：

> 「動」謂爻也，爻者，效天下之動者也，爻象動內，吉凶見外，吉凶生而悔吝著，故「生乎動」也。乾剛坤柔，爲六子父母，乾天稱父，坤地稱母，本天親上，本地親下，故「立本者也」。變通配四時，故「趣時者也」。「貞」正也，「勝」滅也；陽生則吉，陰消則凶者也。〔註87〕

乾陽之性剛，爲天、爲父，坤陰之性柔，爲地、爲母，本於天者親附於上，本於地者親附於下，乾坤爲六卦之本原，故曰「爲六子父母」。又《繫辭下傳》「如臨父母」注曰：「『臨』見也，言陰陽施行，以生萬物；『无有師保』，生成之者；萬物出生，皆如父母，孔子曰：『父母之道天地。』乾爲父，坤爲母。」〔註88〕臨即見，天地陰陽施行而生萬物，生成萬物者即爲父母，孔子亦曰：「父母之道天地。」以乾天爲父、坤地爲母，乾坤父母乃爲生成萬物者。而《繫辭下傳》「其稱名也小，其取類也大；其旨遠，其辭文；其言

〔註85〕《周易正義》，卷9，頁185。
〔註86〕《周易集解》，頁312。
〔註87〕同註86，頁359～360。
〔註88〕同註86，頁390。

曲而中，其事肆而隱；因貳以濟民行，以明失得之報。」注曰：

> 謂乾坤與六子，俱名八卦，而小成，故「小」；復小而辯於物者矣。
>
> 謂乾陽也，爲天、爲父，觸類而長之，故「大」也。……〔註89〕

乾坤與六子並列而爲八卦，屬小成，復卦初爻一陽之生而能辨別事物，乾陽代表天，蘊示父，觸動同類之物而使其生長，故稱大。《繫辭下傳》「將叛者，其辭慚；中心疑者，其辭枝；吉人之辭寡；躁人之辭多；誣善之人，其辭游；失其守者，其辭屈。」注曰：

> 坎人之辭也；近而不相得，故「叛」，坎爲隱伏，「將叛」，坎爲心故「慚」也。離人之辭也；火性枝分，故枝疑也。艮人之辭也。震人之辭也；震爲決躁，恐懼虩虩，笑言啞啞，故「多辭」。兌人之辭也；兌爲口舌，誣乾，乾爲善人也。巽人之辭也；巽詰詘，陽在初守，巽初陽入伏陰下，故「其辭詘」。此六子也，離上坎下，震起艮止，兌見巽伏。上經終坎、離，則下經終既濟、未濟；上《繫》終乾、坤，則下《繫》終六子；此《易》之大義者也。〔註90〕

「將叛者，其辭慚」爲坎人之辭，「中心疑者，其辭枝」爲離人之辭，「吉人之辭寡」爲艮人之辭，「躁人之辭多」爲震人之辭，「誣善之人，其辭游」爲兌人之辭，「失其守者，其辭屈」爲巽人之辭，以坎、離、艮、震、兌、巽爲六子，而《周易》上經以坎、離爲終，下經以既濟、未濟爲終，《繫辭上傳》以乾、坤爲終，《繫辭下傳》則終於六子，此排列次序即《易》之大義。《繫辭上傳》「是故剛柔相摩，八卦相盪」注曰：

> 乾以二、五之摩坤成震、坎、艮；坤以二、五摩乾成巽、離、兌。〔註91〕

摩即旋轉、互動，乾陽二、五兩爻入於坤卦，則成一別卦坎，坎卦二至四爻互體而爲震，上、下卦皆爲坎，三至五爻互體而爲艮，坤陰二、五兩爻入於乾陽，而成一別卦離，離卦二至四爻互體而成巽，上、下卦爲離，三至五爻互體而爲兌，故震、坎、艮、巽、離、兌，皆爲乾坤兩卦相盪相摩而成。又《繫辭上傳》「是故《易》有太極，是生兩儀，兩儀生四象，四象生八卦，八卦定吉凶，吉凶生大業。」注曰：

〔註89〕《周易集解》，頁384～385。
〔註90〕同註89，頁400～401。
〔註91〕同註89，頁312。

「太極」太一也，分爲天地，故「生兩儀」也。「四象」四時也，「兩儀」謂乾坤也；乾二、五之坤成坎、離、震、兑，震春兑秋，坎冬離夏，故「兩儀生四象」，歸妹卦備，故《彖》獨稱「天地之大義也」。乾二、五之坤，則生震、坎、艮；坤二、五之乾則生巽、離、兑，故「四象生八卦」。……〔註 92〕

虞翻本體思想以「易」、「太極」爲本，太極分而成天地、乾坤，天地而生四時，乾二、五之爻至坤卦，亦爲坤二、五之爻至乾卦，而成別卦之坎、離，一別卦之坎中有經卦之坎、震、艮，一別卦之離中有經卦之離、兌、巽，震爲春，離爲夏、兌爲秋，坎爲冬，四季之象方成，如《繫辭下傳》「定天下之吉凶」注曰：「謂乾二、五之坤，成離日、坎月，則八卦象具，八卦定吉凶，故能『定天下之吉凶』」〔註 93〕、《繫辭下傳》「八卦以象告，爻、彖以情言，剛柔雜居而吉凶可見矣。」注曰：「在天成象，乾二、五之坤則八卦象成，兌口、震言，故『以象告』也。乾二之坤成坎，坤五之乾成離，故『剛柔雜居』；艮爲居。離有巽、兌，坎有震、艮，八卦體備，故『吉凶可見』也。」〔註 94〕、《說卦傳》「觀變於陰陽而立卦」注曰：「謂立天之道，曰陰與陽，乾坤剛柔立本者，『卦』謂六爻，陽變成震、坎、艮，陰變成巽、離、兌，故立卦」〔註 95〕上述之例皆以乾坤爲本而生六子。

虞翻常以六子之卦爲乾坤所生，以乾、坤兩卦爲注解，如坎卦《大象傳》「水洊至，習坎；君子以常德行，習教事。」注曰：

「君子」謂乾五，在乾稱大人，在坎爲君子；坎爲習、爲常，乾爲德，震爲行，巽爲教令，坤爲事，故「以常德行，習教事」也。〔註 96〕

乾卦二、五之爻至坤而成坎，乾卦曰大人，而乾之子爲坎，則稱君子，坎之象爲習、爲常，坎卦之本原爲乾，乾之象爲德，坎卦所來亦爲坤卦，坤之象爲事，又如坎卦六四爻注曰：「……坤爲缶……坤爲戶」〔註 97〕、坎卦九五爻注曰：「艮止坤安」〔註 98〕、坎卦上六爻注曰：「……乾爲歲，五從乾來」

〔註 92〕《周易集解》，頁 349。
〔註 93〕同註 92，頁 397。
〔註 94〕同註 92，頁 398～399。
〔註 95〕同註 92，頁 404。
〔註 96〕同註 92，頁 150。
〔註 97〕同註 92，頁 152。
〔註 98〕同註 92，頁 152。

〔註99〕以乾、坤兩卦來注解其文，其因即爲此兩卦皆爲生成坎卦者。而離卦亦爲乾坤所生六子之一，離卦卦辭「利貞，亨，畜牝牛吉。」注曰：

坤二、五之乾，與坎旁通；於爻，遯初之五；柔麗中正，故「利貞，亨」。「畜」，養也；坤爲牝牛，乾二、五之坤成坎，體頤養象，故「畜牝牛吉」。俗說皆以離爲牝牛，失之矣。〔註100〕

坤卦二、五之爻至乾卦，而成離卦，離卦與坎卦旁通，以爻之角度而觀，遯卦初爻之陰與五爻之陽相易亦可成離卦，因離卦爲乾坤而來，「坤二、五之乾」相對地會形成「乾二、五之坤」，故成坎，如離卦《彖傳》注曰：「乾二、五之坤成坎、震」〔註101〕、離卦《大象傳》注曰：「乾五之坤成坎，坤二之乾成離，離坎」〔註102〕坎卦二爻至五爻經「四爻連互」而成頤，頤爲養也，離卦爲乾坤之生，坤爲牝牛，故曰「畜牝牛吉」。而大壯卦《彖傳》「大壯『利貞』，大者正也；正大，而天地之情可見矣。」注曰：

謂四，進之五乃得正，故「大者正也」。「正大」爲四之五，成需，以離日見天，坎月見地，故「天地之情可見」也矣。〔註103〕

大壯卦以四爻前進至五爻，四、五兩爻皆得正，而爲新之卦象「需」，需卦上卦爲坎，三至五爻互體爲離，坎爲月，離爲日，坎卦爲「乾二、五之坤」而來，以坤爲主，坤爲地，故「坎月見地」，離卦爲「坤二、五之乾」，以乾爲主，乾爲天，故「離日見天」。此處有所疑問，即「乾二、五之坤」、「坤二、五之乾」爲乾坤兩卦之相雜，有以何卦爲主之說？以「乾二、五之坤」中可觀，係乾卦二爻、五爻移動前往坤卦，坤卦實爲不動，換言之，即以坤卦爲主體，而乾卦之兩爻來變易坤卦，故筆者曰「乾二、五之坤」係以坤卦爲主，而「坤二、五之乾」係以乾卦爲主，上述多例可知，六子爲乾坤所生，故於詮解文意，常引用乾坤之象，可證乾坤與六子之關係相切。

五、虞翻之「消息卦生雜卦」

十二消息卦所生之雜卦，以消息卦一爻易變爲主，即消息卦一爻與另爻有位置上之變動，但以一爻之變爲主，另爻則依循其變而動，乃處於被動之

〔註99〕《周易集解》，頁152。
〔註100〕同註99，頁153。
〔註101〕同註99，頁154。
〔註102〕同註99，頁154。
〔註103〕同註99，頁171。

姿，以此原則而將雜卦分有「一陰一陽之卦」、「二陰二陽之卦」、「三陰三陽之卦」、「四陰四陽之卦」與「變卦」，部份卦體於分析之別則可歸屬於兩類之中。黃宗羲將虞翻卦變體系列成「古卦變圖」〔註 104〕，所示如下：

一陰一陽之卦各六皆自復姤而變

卦		卦	
復		姤	
師	初之二	同人	初之二
謙	初之三	履	初之三
豫	初之四	小畜	初之四
比	初之五	大有	初之五
剝	初之六	夬	初之六

二陰二陽之卦各九皆自臨遯而變

卦		卦	
臨		遯	
升	初之三	无妄	初之三
解	初之四	家人	初之四
坎	初之五	離	初之五
蒙	初之上	革	初之上
明夷	二之三	訟	二之三

〔註 104〕〔清〕黃宗羲撰；譚德貴校注：《易學象數論》（北京：九州出版社，2007 年），頁 73～78。

震	二之四	巽	二之四
屯	二之五	鼎	二之五
頤	二之上	大過	二之上

三陰三陽之卦各十皆自泰否而變

泰		否	
恆	初之四	益	初之四
井	初之五	噬嗑	初之五
蠱	初之上	隨	初之上
豐	初之四	渙	二之四
既濟	二之五	未濟	二之五
賁	二之上	困	二之上
歸妹	三之四	漸	三之四
節	三之五	旅	三之五
損	三之上	咸	三之上

四陰四陽之卦各九皆自大壯觀而變

大壯		觀	
重大過	初之五	重頤	初之五

重鼎	初之上	重屯	初之上
重革	二之五	重蒙	二之五
重離	二之上	重坎	二之上
兌	三之五	艮	三之五
睽	三之上	蹇	三之上
需	四之五	晉	四之五
大畜	四之上	萃	四之上

變例之卦二

中孚

小過

凡變卦皆從乾坤來

乾

坤

且黃宗羲《易學象數論・卦變二》曰：

> 古之言卦變者，莫備於虞仲翔，後人不過踵事增華耳。一陰一陽之卦各六，皆自復、姤而變；二陰二陽之卦各九，皆自臨、遯而變；三陰三陽之卦各十，皆自否、泰而變；四陰四陽之卦各九，皆自大壯、觀而變。中孚、小過爲變例之卦，乾、坤爲生卦之原，皆不在數中。其法以兩爻相易，主變之卦，動者止一爻。四陰四陽，即二陰二陽之卦也，其變不收於臨、遯之下者，以用臨、遯生卦，則主

變者須二爻皆動，而後餘卦可盡，不得不別起觀、壯。有四陰、四陽而不用五陰五陽之夬、剝者，以五陰五陽之卦已盡於姤、復，無所俟乎此也。中孚、小過爲變例之卦，何也？中孚從二陰之卦，則遯之二陰皆易位；從四陽之卦，則大壯三、四一時俱上。小過從二陽之卦，則臨之二陽皆易位；從四陰之卦，則觀三、四一時俱上。所謂主變之卦以一爻升降者，至此而窮，故變例也。猶反對之卦，至乾、坤、坎、離、頤、大過、中孚、小過而亦窮也。虞氏之卦變，脈絡分明如此，當時所著《周易注》、《周易集林》，今既不傳，其見於李鼎祚《易解》中者，語焉不詳。朱漢上據之以定虞氏卦變，〔註 105〕遂有此然彼否之異，无怪趙汝楳謂其錯雜无統也。某追尋其緒，而後知漢上之誤。然四陰四陽與二陰二陽，畢竟相錯，不能不有重出之卦。此八卦者（注：重於大壯者，爲大過、鼎、革、離；

〔註 105〕補充朱震《漢上易傳》對虞翻卦變說明：「始虞氏卦變，乾坤生坎離，乾息而生復、臨、泰、大壯、夬；坤消而生姤、遯、否、觀、剝。自復來者一卦（豫），自臨來者四卦（明夷、解、升、震），自泰來者九卦（蠱、賁、恆、損、升、歸妹、豐、節、既濟），自大壯來者六卦（需、大畜、大過、睽、鼎、兑），自夬來者一卦（同人），自遯來者五卦（訟、无妄、家人、革、巽），自否來者八卦（隨、噬嗑、咸、益、困、漸、渙、未濟），自觀來者五卦（晉、蹇、頤、萃、艮），自剝來者一卦（謙）。而屯生於坎，蒙生於艮，比生於師，頤、小過生於晉，睽生於大壯，咸生於无妄，旅生於賁，咸生於噬嗑，中孚生於訟。小畜變需，上履變訟初，姤无生卦，師、同人、大有、兑四卦闕。李鼎祚取蜀才盧氏之書，補其三卦（大有闕），而頤卦虞以爲生於晉，侯果以爲生於觀。今以此圖考之，其合於圖者，三十有六卦，又時有所疑。不合者，二十有八卦。夫自下而上，謂之升；自上而下，謂之降。升者，上也，息也；降者，消也。陰生陽，陽生陰，陰復生陽，陽復生陰，升降消息，循環無窮，然不離於乾坤。一生二，二生三，至於三，極矣。故凡卦五陰一陽者，皆自復來。復一爻五變，而成五卦（師、謙、豫、比、剝）。凡卦五陽一陰者，皆自姤來。姤一爻五變，而成五卦（同人、履、大畜、大有、夬）。凡卦四陰二陽者，皆自臨來。臨五復五變而成十四卦（明夷、震、屯、頤、升、解、坎、蒙、小過、萃、觀、蹇、晉、艮）。凡卦四陽二陰者，皆自遯來。遯五復五變而成十四卦（訟、巽、鼎、大過、无妄、家人、離、革、中孚、大畜、大壯、睽、需、兑）。凡卦三陰三陽者，皆自泰來。泰三復三變而成九卦（歸妹、節、損、豐、既濟、賁、恆、井、蠱）。凡卦三陽三陰者，皆自否來。否三復三變而成九卦（漸、旅、咸、渙、未濟、困、益、噬嗑、隨）。乾、坤，大父母也；復、姤，小父母也。坎、離得乾、坤之用者也，頤、大過、小過、中孚得坎離者也。故六卦不反對，而臨生坎，遯生離，臨生頤、小過，遯生大過、中孚。」〔宋〕朱震撰：《漢上易傳》（北京：九州出版社，2012 年），頁 314。

重於觀者，爲頤、屯、蒙、坎），其主變屬之臨、遯乎？屬之大壯、觀乎？抑兼屬之乎？其說有時而窮也。以《彖傳》證之，如无妄之「剛自外來」（注：遯之初三相易，皆在內卦，非外來。），晉之「柔進上行」（注：觀之四五相易，皆在上卦。），睽之「柔進上行」（注：大壯三上相易，柔爲下行。），蹇「往得中」（注：觀三上相易，不得爲中。），皆不能合，此虞氏之短也。〔註 106〕

黃宗羲提出虞翻卦變原則以「兩爻相易，主變之卦，動者止一爻。」，因此「中孚卦」、「小過卦」爲變例之卦，而乾、坤兩卦爲生卦之原，又「四陰四陽」即爲「二陰二陽」之卦，因若不以此爲分別則「主變者須二爻皆動」，而違反卦變「動者止一爻」之原則，但兩者在歸屬上仍有重出者，如坎卦、蒙卦、屯卦、頤卦重出於「二陽四陰之卦」及「四陰二陽之卦」，離卦、革卦、鼎卦、大過卦重出於「二陰四陽之卦」及「四陽二陰之卦」，故曰「其主變屬之臨、遯乎？屬之大壯、觀乎？抑兼屬之乎？」此處筆者於後有其說解。另外所謂「虞氏之短」，如「无妄之『剛自外來』」而无妄卦卦辭注曰：「遯上之初」係指遯卦上爻之陽來至初爻之位，而其餘五爻皆往上位移，上爻之陽爲剛且自外卦來至內卦，故曰「剛自外來」，而非「遯卦之初三相易」，「晉之『柔進上行』」而晉卦卦辭注曰：「觀四之五」觀卦四爻之陰上行之五爻之位，雖四、五爻位皆在外卦，然以爻位相較，仍可稱之爲爻位上行，「睽之『柔進上行』」而睽卦卦辭注曰：「大壯上之三；在《繫》蓋取无妄二之五也。」睽卦來有二，而「无妄二之五」即爲无妄卦二爻之陰由內卦而至外卦五爻，故稱「柔進上行」，另「蹇『往得中』」而蹇卦卦辭注曰：「觀上反三也」此處筆者則與黃宗羲之見亦同，觀卦上爻與三爻相易，不爲得中也。

（一）一陰或一陽之卦

1. 一陽五陰之卦

一陽五陰之卦有六，爲復卦、師卦、謙卦、豫卦、比卦、剝卦。復卦、剝卦爲十二月消息卦、十二月辟卦，復卦卦辭注曰：「陽息坤，……十二消息」〔註 107〕、剝卦卦辭注曰：「陰消乾也。」〔註 108〕，而另外四卦爲「雜卦」，其中唯師卦虞翻之注有缺。

〔註 106〕《易學象數論》，頁 67。
〔註 107〕《周易集解》，頁 129。
〔註 108〕同註 107，頁 123。

謙卦卦辭注曰：「乾上九來之坤。」〔註 109〕乾卦上九爲陽極之位，上爻與三爻相應，因此，返回來至坤卦之三爻，謙卦卦體而成。

豫卦卦辭注曰：「復初之四。」〔註 110〕復卦一陽之初，初爻與四爻相應，故豫卦係由復卦初爻之陽上升至四爻之位。

比卦卦辭注曰：「師二上之五。」〔註 111〕說明比卦由師卦而來，二爻與五爻相應，故師卦二爻之陽上升至五爻之位，則比卦卦體而成。

2. 一陰五陽之卦

一陰五陽之卦共有六，爲姤卦、同人卦、履卦、小畜卦、大有卦、夬卦。其中姤卦、夬卦爲十二月消息卦，姤卦卦辭注曰：「消卦也，……陰息剝陽。」〔註 112〕、夬卦卦辭注曰：「陽決陰，息卦也，……陽息動復，剛長成夬。」〔註 113〕，而「雜卦」爲同人卦、履卦、小畜卦、大有卦，但同人卦與大有卦虞翻之注有闕。

履卦卦辭注曰：「謂變訟初爲兌也。」〔註 114〕說明履卦是由訟卦而來，訟卦初爻爲陰，變而爲陽，下卦由「坎」變爲「兌」，則履卦卦體乃成。

小畜卦卦辭注曰：「需上變爲巽。」〔註 115〕說明小畜卦係由需卦而來，需卦上卦爲坎，上爻由陰變成陽，需卦上卦「坎」變成「巽」，則小畜卦卦體乃成。

以上一陰一陽之卦中，總共有十二個卦，除了四個消息卦、辟卦之外，尚有八個雜卦，但三卦不見其注，其餘五卦中，僅豫卦符合卦變原則，故知虞翻爲了注《易》而改動卦變原則，致使後人認爲卦體由來之體例紊亂，亦足見虞翻注《易》之不易。

（二）二陰或二陽之卦

1. 二陽四陰之卦

二陽四陰之卦共有九，爲臨卦、升卦、解卦、坎卦、蒙卦、明夷卦、震卦、屯卦、頤卦。僅臨卦爲十二消息卦，臨卦卦辭注曰：「陽息至二，與遯旁

〔註 109〕《周易集解》，頁 91。
〔註 110〕同註 109，頁 96。
〔註 111〕同註 109，頁 61。
〔註 112〕同註 109，頁 216。
〔註 113〕同註 109，頁 211。
〔註 114〕同註 109，頁 69。
〔註 115〕同註 109，頁 66。

通，剛浸而長，乾來交坤。」〔註 116〕，其餘八個皆爲「雜卦」。

升卦卦辭注曰：「臨初之三。」〔註 117〕臨卦初爻之陽上升至三爻之位，三爻之陰下降至初爻之位，而升卦卦體乃成。

解卦卦辭注曰：「臨初之四。」〔註 118〕臨卦初爻之陽上升至四爻之位，四爻之陰下降至初爻之位，而解卦卦體乃成。

坎卦卦辭注曰：「乾二、五之坤，……於爻，觀上之二。」〔註 119〕乾卦的二爻、五爻之陽皆至坤卦，而形成一別卦「坎卦」。另從「爻」之角度而觀，二陽四陰之卦，又爲四陰二陽之卦，四陰二陽之卦中有「觀卦」，觀卦的上爻之陽與二爻之陰相易，亦可得坎卦。

蒙卦卦辭注曰：「艮三之二。」〔註 120〕說明蒙卦係由艮卦而來的，艮卦三爻之陽下降至二爻之位，二爻之陰上升至三爻之位，則蒙卦卦體乃成。

明夷卦卦辭注曰：「臨二之三。」〔註 121〕說明明夷卦係由臨卦而來，臨卦二爻之陽上升至三爻之位，三爻之陰下降至二爻之位，則明夷卦卦體乃成。

震卦卦辭注曰：「臨二之四。」〔註 122〕說明震卦則由臨卦而來，臨卦二爻之陽上升至四爻之位，四爻之陰下降至二爻之位，則震卦卦體乃成。

屯卦卦辭注曰：「坎二之初。」〔註 123〕說明屯卦係由坎卦而來，坎卦二爻之陽下降至初爻之位，初爻之陰上升至二爻之位，則屯卦卦體乃成。

頤卦卦辭注曰：「晉四之初。」〔註 124〕說明頤卦係由晉卦而來，晉卦四爻之陽下降至初爻之位，初爻之陰上升至四爻之位，則頤卦卦體乃成。

2. 二陰四陽之卦

二陰四陽之卦共有九，爲遯卦、无妄卦、家人卦、離卦、革卦、訟卦、巽卦、鼎卦、大過卦。其中只有遯卦爲十二消息卦、辟卦，遯卦卦辭注曰：「陰消姤二也。」〔註 125〕，另外八個皆爲「雜卦」。

〔註 116〕《周易集解》，頁 108。
〔註 117〕同註 116，頁 225。
〔註 118〕同註 116，頁 195。
〔註 119〕同註 116，頁 148。
〔註 120〕同註 116，頁 42。
〔註 121〕同註 116，頁 177。
〔註 122〕同註 116，頁 250。
〔註 123〕同註 116，頁 37。
〔註 124〕同註 116，頁 141。
〔註 125〕同註 116，頁 166。

无妄卦卦辭注曰：「遯上之初。此所謂四陽、二陰，非大壯則遯來也。」〔註 126〕說明无妄卦係由遯卦而來，遯卦上爻之陽下降至初爻之位，使原本初至五之爻皆上升一個爻位，則无妄卦卦體乃成。

家人卦卦辭注曰：「遯初之四也。」〔註 127〕說明家人卦係由遯卦而來，遯卦初爻之陰上升至四爻之位，四爻之陽下降至初爻之位，則家人卦卦體乃成。

離卦卦辭注曰：「坤二、五之乾。……於爻，遯初之五。」〔註 128〕坤卦二、五爻之陰至乾卦二、五爻之位，則離卦卦體乃成。另外以「爻」的角度詮釋，又言遯卦初爻之陰上升至五爻之位，五爻之陽下降至初爻之位。

革卦卦辭注曰：「遯上之初。」〔註 129〕說明革卦係由遯卦而來，遯卦上爻之陽下降至初爻之位，初爻之陰上升至上爻之位，則革卦卦體乃成。

訟卦卦辭注曰：「遯三之二也。」〔註 130〕說明訟卦係由遯卦而來，遯卦三爻之陽下降至二爻之位，二爻之陰上升至三爻之位，則訟卦卦體乃成。

巽卦卦辭注曰：「遯二之四。」〔註 131〕說明巽卦係由遯卦而來，遯卦二爻之陰上升至四爻之位，四爻之陽下降至二爻之位，則巽卦卦體乃成。

鼎卦卦辭注曰：「大壯上之初。」〔註 132〕說明鼎卦是由大壯卦而來，「二陰四陽之卦」又爲「四陽二陰之卦」，此處說明鼎卦係「四陽二陰之卦」而來，大壯卦上爻之陰下降至初爻之位，初爻之陽上升至上爻之位，則鼎卦卦體乃成。

大過卦卦辭注曰：「大壯五之初，或兌三之初。」〔註 133〕說明大過卦卦體有二種由來，一爲大壯卦，二爲兌卦。一、由「四爻之陽」的大壯卦而來，爲大壯卦五爻之陰下降至初爻之位，初爻之陽上升至五爻之位，則大過卦卦體乃成。二、由兌卦而來，兌卦三爻之陰下降至初爻之位，初爻之陽上升至三爻之位，亦爲大過卦。

上述言二陰、二陽之卦總共有十八個卦，除去臨卦、遯卦兩個消息卦，

〔註 126〕《周易集解》，頁 133。
〔註 127〕同註 126，頁 183。
〔註 128〕同註 126，頁 153。
〔註 129〕同註 126，頁 240。
〔註 130〕同註 126，頁 51。
〔註 131〕同註 126，頁 278。
〔註 132〕同註 126，頁 245。
〔註 133〕同註 126，頁 145。

則雜卦有十六個。其十六個雜卦之中，完全符合於二陰、二陽卦變之例的有升卦、解卦、明夷卦、震卦、家人卦，革卦、訟卦、巽卦。坎卦與離卦則皆有兩源，一則皆爲乾、坤兩卦所來，另則兩卦在爻位的解釋又與卦體相異，坎卦爻位解釋說明是爲「四陰之卦」之觀卦而來，離卦爻位解釋符合「二陰之卦」的遯卦而來，大過卦亦有二源。无妄卦雖由「二陰之卦」遯卦而來，但爻位互易方式迥異。鼎卦由「四陽之卦」大壯而來。違反卦變之例的有蒙卦、屯卦、頤卦三卦。

（三）三陰或三陽之卦

三陰三陽之卦總共有二十個，以泰卦爲名「三陽之卦」有十，爲泰卦、恆卦、井卦、蠱卦、豐卦、既濟卦、賁卦、歸妹卦、節卦、損卦，以否卦爲名「三陰之卦」有十，爲否卦、益卦、噬嗑卦、隨卦、渙卦、未濟卦、困卦、漸卦、旅卦、咸卦。

1. 三陽之卦

在「三陽之卦」中，除了泰卦爲消息卦，其餘九卦皆爲「雜卦」，泰卦卦辭注曰：「陽息坤。」〔註 134〕

恆卦卦辭注曰：「乾初之坤四。」〔註 135〕係指泰卦上卦與下卦而言，非爲乾卦初爻之陽至坤卦四爻之位，換言之，其意爲「泰初之四」，泰卦下卦初爻之陽上升至四爻之位，四爻之陰下降至初爻之位，而恆卦卦體乃成。

井卦卦辭注曰：「泰初之五也。」〔註 136〕說明井卦係由泰卦而來，泰卦初爻之陽上升至五爻之位，五爻之陰下降至初爻之位，則井卦卦體乃成。

蠱卦卦辭注曰：「泰初之上。」〔註 137〕說明蠱卦係由泰卦而來，泰卦初爻之陽上升至上爻之位，上爻之陰下降至初爻之位，則蠱卦卦體乃成。

豐卦卦辭注曰：「此卦三陰三陽之例，當從泰二之四，而豐三從噬嗑上來之三」〔註 138〕其言豐卦係「三陰三陽之例」，由泰卦二爻之陽上升至四爻之位，四爻之陰下降至二爻之位，則豐卦卦體乃成，但其後又言豐卦由噬嗑卦而至，係噬嗑卦上爻之陽下降至三爻之位，三爻之陰上升至上爻之位，亦

〔註 134〕《周易集解》，頁 75。
〔註 135〕同註 134，頁 162。
〔註 136〕同註 134，頁 235。
〔註 137〕同註 134，頁 105。
〔註 138〕同註 134，頁 268。

可構建豐卦卦體。

既濟卦卦辭注曰：「泰五之二。」〔註 139〕說明既濟卦係由泰卦而來，泰卦五爻之陰下降至二爻之位，二爻之陽上升至五爻之位，則既濟卦乃成。

賁卦卦辭注曰：「泰上之乾二，乾二之坤上。」〔註 140〕說明賁卦係由泰卦而來，此所言「乾」、「坤」乃指泰卦上卦與下卦，其意爲「泰上之二」，泰卦上爻之陰下降至二爻之位，二爻之陽上升至上爻之位，則賁卦卦體乃成。

歸妹卦卦辭注曰：「泰三之四。」〔註 141〕說明歸妹卦係由泰卦而來，泰卦三爻之陽上升至四爻之位，四爻之陰下降至三爻之位，則歸妹卦卦體乃成。

節卦卦辭注曰：「泰三之五。」〔註 142〕又《繫辭上傳》注曰：「節本泰卦」，說明節卦係由泰卦而來，泰卦三爻之陽上升至五爻之位，五爻之陰下降至三爻之位，則節卦卦體乃成。

損卦卦辭注曰：「泰初之上。」〔註 143〕說明損卦係由泰卦而來，泰卦初爻之陽上升至上爻之位，但其餘五爻則皆下降一個爻位，則損卦卦體乃成。

2. 三陰之卦

「三陰之卦」中，除了否卦爲消息卦，否卦卦辭注曰：「陰消乾」〔註 144〕，其餘九卦皆爲「雜卦」。

益卦卦辭注曰：「否上之初也。」〔註 145〕說明益卦係由否卦而來，否卦上爻之陽下降至初爻之位，而原本初爻、二爻、三爻，四爻、五爻則皆上升一個爻位，故益卦卦體乃成。又《繫辭上傳》「備物致用，立成器以爲天下利，莫大乎聖人」、《繫辭下傳》「斲木爲耜，揉木爲耒，耒耨之利，以教天下，蓋取諸益。」虞翻皆注曰：「否四之初。」〔註 146〕說明益卦係由否卦四爻與初爻相異而成，故益卦由來有二說。

噬嗑卦卦辭注曰：「否五之坤初，坤初之五。」〔註 147〕說明噬嗑卦係由否卦而來，此處之「坤」乃指否卦下卦之坤，故其意爲「否五之初」，否卦五

〔註 139〕《周易集解》，頁 302。
〔註 140〕同註 139，頁 119。
〔註 141〕同註 139，頁 263。
〔註 142〕同註 139，頁 290。
〔註 143〕同註 139，頁 199。
〔註 144〕同註 139，頁 80。
〔註 145〕同註 139，頁 204。
〔註 146〕同註 139，頁 350、364。
〔註 147〕同註 139，頁 115。

爻之陽下降至初爻之位，初爻之陰上升至五爻之位，則噬嗑卦卦體乃成。

隨卦卦辭注曰：「否上之初。」〔註 148〕說明隨卦係由否卦而來，否卦上爻之陽下降至初爻之位，初爻之陰上升至上爻之位，則隨卦卦體乃成。

渙卦卦辭注曰：「否四之二。」〔註 149〕說明渙卦係由否卦而來，否卦四爻之陽下降至二爻之位，二爻之陰上升至四爻之位，則渙卦卦體乃成。

未濟卦卦辭注曰：「否二之五也。」〔註 150〕說明未濟卦係由否卦而來，否卦二爻之陰上升至五爻之位，五爻之陽下降至二爻之位，則未濟卦卦體乃成。

困卦卦辭注曰：「否二之上。」〔註 151〕說明困卦係由否卦而來，否卦二爻之陰上升至上爻之位，上爻之陽下降至二爻之位，則困卦卦體乃成。又《繫辭下傳》:「《易》曰：困於石，據於蒺藜，入於其宮，不見其妻，凶。」虞翻注曰：「困本咸。」說明困卦係從咸卦而來，咸卦三爻之陽與二爻之陰互易其位，則爲困卦，故困卦其源有二。

漸卦卦辭注曰：「否三之四。」〔註 152〕說明漸卦係由否卦而來，否卦三爻之陰上升至四爻之位，四爻之陽下降至三爻之位，則漸卦卦體乃成。

旅卦卦辭注曰：「賁初之四；否三之五，非乾、坤往來也。」〔註 153〕說明旅卦係由賁卦而來，賁卦初爻之陽上升至四爻之位，四爻之陰下降至初爻之位，則旅卦卦體乃成。但旅卦亦可由否卦三爻之陰與五爻之陽互易其位而成，「非乾、坤往來也」，否卦下卦爲「坤」，上卦爲「乾」，虞翻認爲旅卦係由賁卦而至，非上、下卦之乾坤相易之否卦而來。

咸卦卦辭注曰：「坤三之上成女，乾上之三男。」〔註 154〕此處「坤」、「乾」皆指否卦之上卦和下卦，說明咸卦係由否卦而來，「坤三之上成女」指否卦三爻之陰上升至上爻之位，上卦爲兌，兌爲長女，爲女，「乾上之三男」指上爻之陽下降至三爻之位，下卦爲艮，艮爲長男，爲男，則咸卦卦體乃成。

在上述「三陰三陽之卦」之二十個卦中，除了「泰卦」、「否卦」兩卦爲

〔註 148〕《周易集解》，頁 101。
〔註 149〕同註 148，頁 287。
〔註 150〕同註 148，頁 306。
〔註 151〕同註 148，頁 229。
〔註 152〕同註 148，頁 259。
〔註 153〕同註 148，頁 274。
〔註 154〕同註 148，頁 159。

十二月消息卦之外，其餘十八個卦皆爲「雜卦」。其中符合卦變之例的有十四個卦，爲恆卦、井卦、蠱卦、既濟卦、賁卦、歸妹卦、節卦、噬嗑卦、隨卦、渙卦、未濟卦、漸卦、咸卦。損卦雖爲「三陰三陽之卦」之所來，但互易爻位方式與卦變常例略爲不同，豐卦、益卦、困卦有兩源之說，豐、困兩卦其一說符合卦變，另一說則違反卦變，完全違背卦變常例者爲旅卦。

（四）四陰或四陽之卦

此「四陰四陽之卦」即前所述「二陰二陽之卦」。「四陰二陽之卦」即爲「二陽四陰之卦」，藉由陰爻陽爻之升降、往來互動而得其不同之結果，使有些卦歸之於「四陰二陽之卦」的觀卦統攝，有些卦則歸於「二陽四陰之卦」的臨卦來統攝，其中頤卦、屯卦、蒙卦、坎卦等四卦，既可歸於「四陰二陽之卦」亦可歸於「二陽四陰之卦」，故於兩者中皆有，卦亦重複其中。

「四陽二陰之卦」即爲「二陰四陽之卦」，亦因陰陽爻位上下、升降而造成不同結果，使有些卦以「四陽二陰之卦」的大壯卦爲卦之由來，有些卦以「二陰四陽之卦」的遯卦爲卦之所由，另外有大過卦、鼎卦、革卦、離卦等四卦，可歸於「四陽二陰之卦」也可屬「二陰四陽之卦」，於是在兩體系之中皆重複出現。

1. 四陽二陰之卦

「四陽二陰之卦」總共有九，爲大壯卦、大過卦、鼎卦、革卦、離卦、兌卦、睽卦、需卦、大畜卦。除了大壯卦爲十二消息卦之外，大壯卦卦辭曰：「陽息泰也」〔註 155〕，其餘八個卦皆爲「雜卦」。而其中四卦，於「二陰四陽之卦」中已論述，此四卦爲大過卦、鼎卦、革卦、離卦。

兌卦卦辭注曰：「大壯五之三也。」〔註 156〕說明兌卦係由大壯卦而來，大壯卦五爻之陰下降至三爻之位，三爻之陽上升至五爻之位，則兌卦卦體乃成。

睽卦卦辭注曰：「大壯上之三；在《繫》蓋取无妄二之五也。」〔註 157〕說明睽卦所由有二。一爲由大壯卦而來，大壯卦上爻之陰下降至三爻之位，三爻之陽上升至上爻之位，則睽卦卦體乃成。二係於《繫辭下傳》中曰：「弦木爲弧，剡木爲矢，弧矢之利，以威天下，蓋取諸睽。」虞翻注曰：「无妄五

〔註 155〕《周易集解》，頁 170。
〔註 156〕同註 155，頁 282。
〔註 157〕同註 155，頁 186。

之二也。」〔註 158〕說明睽卦係由无妄卦而來，无妄卦五爻之陽下降至二爻之位，二爻之陰上升至五爻之位，此亦可形成睽卦卦體。

需卦卦辭注曰：「大壯四之五。」〔註 159〕說明需卦係由大壯卦而來，大壯卦四爻之陽上升至五爻之位，五爻之陰下降至四爻之位，則需卦卦體乃成。

大畜卦卦辭注：「大壯初之上。」〔註 160〕說明大畜卦係由大壯卦而來，大壯卦初爻之陽上升至上爻之位，而原本二爻、三爻、四爻、五爻、上爻皆下降一個爻位，則大畜卦卦體乃成。

2. 四陰二陽之卦

「四陰二陽之卦」有九，爲觀卦、頤卦、屯卦、蒙卦、坎卦、艮卦、蹇卦、晉卦、萃卦。除了觀卦之外，其餘八個卦皆爲「雜卦」。但有四卦於「二陽四陰之卦」中已論述。

艮卦卦辭注曰：「觀五之三也。」〔註 161〕說明艮卦係由觀卦而來，觀卦五爻之陽下降至三爻之位，三爻之陰上升至五爻之位，則艮卦卦體乃成。

蹇卦卦辭注曰：「觀上反三也。」〔註 162〕說明蹇卦係由觀卦而來，觀卦上爻之陽反回三爻之位，三爻之陰也反至上爻之位，此「反」與「之」爲同義，則蹇卦卦體乃成。

晉卦卦辭注曰：「觀四之五。」〔註 163〕說明晉卦係由觀卦而來，觀卦四爻之陰上升至五爻之位，五爻之陽下降至四爻之位，則晉卦卦體乃成。

萃卦卦辭注曰：「觀上之四也。」〔註 164〕說明萃卦係由觀卦而來，觀卦上爻之陽下降至四爻之位，四爻之陰上升至上爻之位，則萃卦卦體乃成。

歸屬於四陰、四陽之卦有十八個，除其大壯卦與觀卦兩者爲十二消息卦外，餘十六卦皆爲雜卦。其中全然符合卦變常例者有鼎卦、兌卦、需卦、艮卦、蹇卦、晉卦、萃卦等七卦，有些微變其例者爲大畜卦，違其卦變者爲革卦、頤卦、屯卦、蒙卦等四卦，卦之由來有二說者爲大過卦、睽卦，而坎卦、離卦係由卦與爻分別論之。

〔註 158〕《周易集解》，頁 367。
〔註 159〕同註 158，頁 47。
〔註 160〕同註 158，頁 137。
〔註 161〕同註 158，頁 254。
〔註 162〕同註 158，頁 191。
〔註 163〕同註 158，頁 174。
〔註 164〕同註 158，頁 221。

（五）變例之卦

黃宗羲歸納虞翻之卦變基本規則為「其法以兩爻相易，主變之卦，動者止一爻」〔註 165〕，說明一卦之兩爻相易，以一爻為主而變動之，另一爻是依其爻而與之相易其位，換言之，兩爻中的一爻是主動變易其位，另一爻僅為依著主動變位之爻與之互易爻位，係處被動式之變易。

上述各個「雜卦」或符合卦變常例，或稍微改變其例，或違其例者，或有二說由來者，皆與黃宗羲之卦變規則相合，唯有「中孚卦」、「小過卦」不循其卦變規則。

1. 中孚卦

中孚卦為四陽二陰，可視為「四陽二陰之卦」由大壯卦而來，亦可為「二陰四陽之卦」從遯卦而來。

假若由「四陽二陰之卦」的大壯卦而來，則大壯卦之上爻、五爻需與三爻、四爻相互易位，而不能只是一爻主變其爻位，另一爻隨其易位。若由「二陰四陽之卦」的遯卦而來，遯卦之初爻、二爻需與三爻、四爻互換其爻位，同樣出現不符合卦變的互易規則，黃宗羲《易學象數論．卦變二》曰：「中孚從二陰之卦，則遯之二陰皆易位；從四陽之卦，則大壯三、四一時俱上。」〔註 166〕上述「則遯之二陰皆易位」、「則大壯三、四一時俱上」皆說明中孚卦不論由「四陽二陰之卦」由大壯卦而來，或由「二陰四陽之卦」從遯卦而來，都需二個爻位與另外二個爻位相互易位，實處卦變規則之外，故曰「變例之卦」。

虞翻對於中孚卦之由來，其曰「訟四之初也。……，此當從四陽二陰之例，遯陰未及三，而大壯陽已至四，故從訟來。」〔註 167〕說明中孚卦是由訟卦而來，非「四陽二陰之卦」的大壯卦或「二陰四陽之卦」的遯卦而來，訟卦四爻之陽下降至初爻之位，初爻之陰上升至四爻之位，而中孚卦卦體乃成。

2. 小過卦

小過卦為四陰二陽，既可歸於「四陰二陽之卦」從觀卦而來，亦可歸於「二陽四陰之卦」從臨卦而來。

若由「四陰二陽之卦」的觀卦而至，則觀卦上爻、五爻兩爻之陽需與三

〔註 165〕《易學象數論》，頁 67。
〔註 166〕同註 165，頁 67。
〔註 167〕《周易集解》，頁 294。

爻、四爻之陰互易其位。倘從「二陽四陰之卦」的臨卦而變，則臨卦初爻、二爻之陽皆需與三爻、四爻之陰相易爻位，但黃宗羲曰：「小過從二陽之卦，則臨之二陽皆易位；從四陰之卦，則觀三、四一時俱上。」〔註 168〕其所言「則臨之二陽皆易位」「則觀三、四一時俱上」係言一卦之中二爻與另外二爻要同時互易其爻位，方能得到小過卦，但此卦變原則已與其他「雜卦」之卦變規則迴然而異，故將小過卦歸之於「變例之卦」。

虞翻對於小過卦的由來曰：「晉上之三。當從四陰二陽臨、觀之例，臨陽未至三，而觀四已消也，又有飛鳥之象，故知從晉來。」〔註 169〕說明小過卦是由晉卦而來，而非「四陰二陽之卦」的觀卦或「二陽四陰之卦」的臨卦，晉卦上爻之陽下降至三爻之位，三爻之陰上升至上爻之位，則大過卦卦體乃成。

（六）卦皆乾、坤而來

《繫辭下傳》：「物相雜，故曰文」虞翻注曰：

> 乾陽物，坤陰物，純乾、純坤之時，未有文章，陽物入坤，陰物入乾，更相雜，成六十四卦，乃有文章。〔註 170〕

虞翻認爲「乾」爲陽物，「坤」爲陰物，「純乾、純坤之時」乃爲純陽、純陰或全陽、全陰，實爲卦之乾坤，於純乾、純坤之際，萬物未有章采，直至「陽物入坤」、「陰物入乾」陰陽相雜、乾坤相混時，則成六十四卦。

上述文字敘述中，「乾」與「坤」共出現三次，又言「陽」、「陰」，其兩者之關係爲何？此有二種不同解釋。其一，文中的「乾」與「坤」可看爲別卦之「乾」、「坤」，如一別卦之乾爲陽物，一別卦之坤爲陰物，純陽之別卦乾與純陰之別卦坤，係未有文采之時，直到陽入別卦之坤，陰入於別卦之乾，方始有完整之六十四卦，六十四卦之文采乃全然展現。其二，文中的「乾」與「坤」係指陽爻與陰爻，如乾之陽爻爲陽物，坤之陰爻爲陰物，但處於純乾之陽爻、純坤之陰爻時，未見文采，直至陽爻入於坤陰之爻中，陰爻入於乾陽之爻中時，六十四乃成，此時文采甫見。此兩種說法皆能詮釋其文，總而觀之，不論採何種詮說方法，「乾」與「坤」皆爲建構《周易》中六十四卦的基礎，六十四卦皆由「乾」與「坤」所遞嬗而成，故筆者繪製下列表格

〔註 168〕《易學象數論》，頁 67。
〔註 169〕《周易集解》，頁 298。
〔註 170〕同註 169，頁 395。

以完整歸納表現消息卦生雜卦之圖。

圖表 15：消息卦生雜卦圖

<table>
<tr><td rowspan="4">一陰一陽之卦</td><td rowspan="2">一陽五陰之卦</td><td>消息卦</td><td>復</td><td>剝</td><td></td><td></td><td></td><td></td></tr>
<tr><td>雜卦</td><td>師</td><td>謙</td><td>豫</td><td>比</td><td></td><td></td></tr>
<tr><td rowspan="2">一陰五陽之卦</td><td>消息卦</td><td>姤</td><td>夬</td><td></td><td></td><td></td><td></td></tr>
<tr><td>雜卦</td><td>同人</td><td>履</td><td>小畜</td><td>大有</td><td></td><td></td></tr>
<tr><td rowspan="6">二陰二陽之卦</td><td rowspan="3">二陽四陰之卦</td><td>消息卦</td><td>臨</td><td></td><td></td><td></td><td></td><td></td></tr>
<tr><td rowspan="2">雜卦</td><td>升</td><td>解</td><td>坎</td><td>蒙</td><td>明夷</td><td>震</td></tr>
<tr><td>屯</td><td>頤</td><td></td><td></td><td></td><td></td></tr>
<tr><td rowspan="3">二陰四陽之卦</td><td>消息卦</td><td>遯</td><td></td><td></td><td></td><td></td><td></td></tr>
<tr><td rowspan="2">雜卦</td><td>无妄</td><td>家人</td><td>離</td><td>革</td><td>訟</td><td>巽</td></tr>
<tr><td>鼎</td><td>大過</td><td></td><td></td><td></td><td></td></tr>
</table>

三陰三陽之卦	三陽之卦	消息卦	泰					
		雜卦	恆	井	蠱	豐	既濟	賁
			歸妹	節	損			
	三陰之卦	消息卦	否					
		雜卦	益	噬嗑	隨	渙	未濟	困
			漸	旅	咸			
四陰四陽之卦	四陽二陰之卦	消息卦	觀					
		雜卦	（重複）	頤	屯	蒙	坎	
			（未重複）	艮	蹇	晉	萃	
	四陰二陽之卦	消息卦	大壯					
		雜卦	（重複）	大過	鼎	革	離	
			（未重複）	兌	睽	需	大畜	

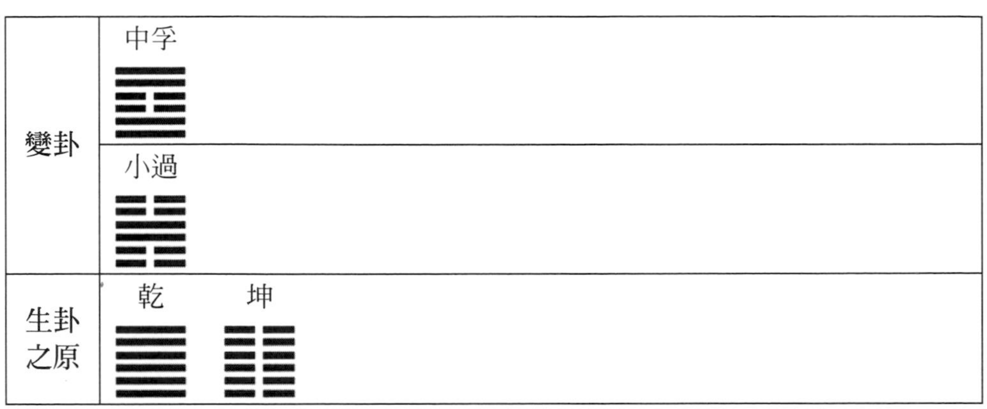

變卦	中孚
	小過
生卦之原	乾　坤

歸納虞翻「卦變說」中值得注意之處與提出己見，以總歸其文。一、謙卦、坎卦、離卦爲乾坤兩卦之來，此三卦對於虞翻是否有特殊用意，或尤重此三卦。二、卦體之原其來有兩說者，一以卦爲主，一以爻爲主，如坎卦：「乾二、五之坤，……於爻，觀上之二。」離卦：「坤二、五之乾，……於爻，遯初之五。」三、一陰五陽之卦中，履卦、小畜卦爲變易卦爻陰陽而來，履卦：「謂變訟初爲兌。」小畜卦：「需上變爲巽。」此兩卦不以某卦兩爻相易，而是以某卦某爻之陰陽相變而至。四、卦原有二者，豐卦注曰：「此卦三陰三陽之例，當從泰二之四，而豐三從噬嗑上來之三，折四于坎獄中而成豐。」、益卦注曰：「否上之初也。」又《繫辭下傳》「蓋取諸益」注曰：「否四之初。」、困卦注曰：「否二之上」又《繫辭下傳》「《易》曰：困於石。」注曰：「困本咸」、睽卦注曰：「大壯上之三；在《繫》蓋取无妄二之五也。」大過卦卦辭注曰：「大壯五之初，或兌三之初。」上述卦原有兩說，其中至少一說與卦變原則相合，但益卦兩說之原皆爲否卦，唯與初爻相易爻位者不同。五、旅卦卦辭注中明白指出「賁初之四；否三之五，非乾、坤往來也。」旅卦本當歸屬三陰之卦以否卦爲原，但注解中說旅卦非否卦之上下、乾坤往來而成，係「賁初之四」而至。六、卦體爻位相易，非兩爻互易，以一爻爲主，另一爻被動而移位，而是一爻至某卦之初爻，其他五爻皆上升一爻位，或一爻至某卦之上爻，其他五爻皆下降一爻位，如「无妄卦」、「損卦」、「益卦」、「大畜卦」。七、除上述眾卦以外，尚有「比卦」、「蒙卦」、「屯卦」、「頤卦」違反卦變原則。八、「師卦」、「同人卦」、「大有卦」三卦缺其注文。九、「頤卦、屯卦、蒙卦、坎卦」重複於「二陽四陰之卦」及「四陰二陽之卦」，「大過卦、鼎卦、革卦、離卦」重複於「二陰四陽之卦」及「四陽二陰之卦」，筆者認爲離卦其原有二，一爲乾坤、一爲遯，故可歸於「二陰四陽」之「遯

卦」，革卦亦由遯卦而來，故歸「二陰四陽」之中，而鼎卦、大過卦則其原皆有大壯，故可歸於「四陽二陰」之「大壯卦」，坎卦其原有二，一為乾坤、一為觀卦，故可歸於「四陰二陽」之「觀卦」，蒙卦之原為艮、屯卦之原為坎、頤卦之原為晉，艮卦、晉卦歸「四陰二陽」之「觀卦」，坎卦於爻亦歸「觀卦」，因此若以卦與卦所生之原的相近度來論這三卦之歸屬，則此三卦可歸於「四陰二陽」之「觀卦」。

第二節　卦氣說

一、思想源流

（一）孟喜「卦氣說」

孟喜，字長卿，西漢東海蘭陵（今山東棗莊東南）人，生卒年不詳。孟喜、施讎、梁丘賀皆從田王孫。〔註 171〕孟喜「卦氣說」即將《周易》六十四卦與節氣及構成節氣之陰陽二氣相互配合，以六十四卦之不同爻畫和陰陽二氣之消息，詮釋一年節候之變化過程，前文論述「漢代《易》學流派」中已說明孟喜之「四正卦主四時、值二十四節氣」、「卦以配侯及六日七分說」、「十二辟卦配十二月」等卦氣思想，請參考前文所述。

（二）《易緯》「卦氣說」

《易緯》對孟喜、京房之《易》有其遞嬗的作用，朱伯崑在《易學哲學史》中曰：

> 緯書已失傳。關于《易緯》部分，後人輯有逸文。其中有《乾鑿度》、《乾坤鑿度》、《稽覽圖》、《通卦驗》、《是類謀》、《坤靈圖》等。其它緯書，如《河圖緯》等，也有解說《周易》的。(以上見《黄氏逸書考》)《易緯》乃孟京易學的發展，出于孟京之後，或劉歆《三統曆》之後，《乾鑿度》乃《易緯》解易的代表著作。〔註 172〕

〔註 171〕見《漢書．儒林傳》曰：「喜好自稱譽，得《易》家候陰陽災變書，詐言師田生且死時，枕喜鄰，獨傳喜。諸儒以此耀之。同門梁丘賀疏通證明之，曰：『田生絕於施讎手中，時喜歸東海，安得此事？』」〔漢〕班固撰；〔唐〕顏師古注；〔清〕王先謙集解：《漢書》（臺北：藝文印書館，1996 年），卷 88，頁 1546。

〔註 172〕朱伯崑撰：《易學哲學史》（臺北：藍燈文化事業股份有限公司，1991 年），第 1 卷，頁 181。

《易緯》有《乾鑿度》、《乾坤鑿度》、《稽覽圖》、《通卦驗》、《是類謀》、《坤靈圖》等，出現時間約於孟喜、京房及劉歆《三統歷》之後，其中又以《乾鑿度》最可作爲《易緯》之書的代表。朱伯崑又曰：

> 孟京皆以章句解易，並以卦象占風雨寒溫。而《易緯》則發展了孟京的卦氣說，特別是京房易學。並且吸收了西漢的元氣說、陰陽五行學說以及董仲舒和今文經學的神學目的論，將卦氣說從理論上作了一次總結。同京房易學相比，《易緯》解易有兩點較爲突出：一是將《周易》神秘化，或者說神學化；一是以象數解易，並將其理論化。〔註 173〕

孟喜、京房以章句解《易》，而《易緯》在吸收西漢時期的「元氣說」、「陰陽五行說」等，進而將《周易》神秘化，或以象數來解《易》理。鍾肇鵬在《讖緯論略》中甚至以《易緯》爲孟喜、京房《易》學之一派。〔註 174〕《乾元序制記》已將「卦氣」思想應用於「四正卦」中，其曰：

> 坎初六冬至廣莫風，九二小寒，六三大寒，六四立春條風，九五雨水，上六驚蟄。震初九春分明庶風，六二清明，六三穀雨，九四立夏溫風，六五小滿，上六芒種。離初九夏至景風，六二小暑，九三大暑，九四立秋涼風至，六五處暑，上九白露。兑初九秋分閶闔風，九二寒露，六三霜降，九四立冬始冰不周風，九五小雪，上六大雪也。〔註 175〕

坎卦初六值「冬至」、「廣漠風」，六四「立春」、「條風」，震卦初九值「春分」、「明庶風」，九四值「立夏」、「溫風」，離卦初九值「夏至」、「景風」，九四值「立秋」、「涼風」，兌卦初九值「秋分」、「閶闔風」，九四值「立冬」、「不周風」。《乾元序制記》中將「四正卦」、「二十四節氣」、「八風」等相互應對。其「八風」之名於《呂氏春秋・有始覽》已可見：

> 何謂八風？東北曰炎風，東方曰滔風，東南曰熏風，南方曰巨風，

〔註 173〕《易學哲學史》，第 1 卷，頁 182。

〔註 174〕鍾肇鵬曰：「孟京《易》學雖早已失傳，但我們從《易緯》中還可以看出其主要內容。清末吳翊寅作《易漢學考》，他說：『《易緯・乾鑿度》爲孟喜所述，《稽覽圖》、《通卦驗》皆京房所述。』（《易漢學考一・易緯考上》）其說主名雖未必是，但是《易緯》爲孟京《易》學一派則是可以肯定的。」鍾肇鵬撰：《讖緯論略》（臺北：洪葉文化出版社，1993 年），頁 135。

〔註 175〕〔漢〕鄭玄注：《易緯八種》（臺北：新興書局，1966 年），頁 256～257。

> 西南曰淒風，西方曰飂風，西北曰厲風，北方曰寒風。〔註 176〕

又《淮南子・墬形》曰：

> 何謂八風？東北曰炎風，東方曰條風，東南曰景風，南方曰巨風，西南曰涼風，西方曰飂風，西北曰麗風，北方曰寒風。〔註 177〕

《呂氏春秋》時已有「八風」之名，後《淮南子》中又見其名，與《易緯》之八風有三處相同，分別為「條風」、「景風」、「涼風」，足見《易緯》「八風」係承襲前學，再將卦與氣融合為一個整體宇宙圖式。

西漢末年讖緯之學盛興，《易緯》於此風氣下產生，《易緯》中有許多卦氣說，和虞翻的卦氣有相當的關連，如《易緯・乾鑿度》所言為「八卦卦氣說」〔註 178〕，此可參見「漢代氣論思想」中「《易》家之氣」，此說法和《說卦傳》中的「後天八卦方位」和孟喜的卦氣說有所遞嬗相關，《易緯・乾鑿度》將八卦、方位、時間及在宇宙萬物間所持掌的特性一併結合道出。又《稽覽圖》曰：

> 冬至日在坎，春分日在震，夏至日在離，秋分日在兑；《易緯・是類謀》以此四正之卦，卦有六爻，爻主一氣。餘六十卦，卦主六日七分，八十分日之七，正歲三歲六十五日四分日之一，六十而一周。〔註 179〕

《易緯・稽覽圖》也提出了「坎」、「震」、「離」、「兌」四正之卦的說法，分別代表冬至、春分、夏至、秋分，而四正卦共有二十四爻，又每爻主一節氣。除四正卦外之六十卦，每一卦又主六日七分，平均分配到一年十二月、三百六十五日四分日之一。上述《易緯・是類謀》之文字與孟喜所論之卦氣說內容相同。

《易緯・通卦驗》〔註 180〕將八卦之氣與自然界的陰陽、六律、風雨、五

〔註 176〕陳奇猷著：《呂氏春秋校釋》（臺北：華正書局，2004 年），卷 13，頁 658。

〔註 177〕〔漢〕劉安撰：《淮南子》（臺北：臺灣商務印書館《四部叢刊》初編子部據上海涵芬樓景印劉泖生影寫北宋本，1979 年），卷 4，頁 25～26。

〔註 178〕《易緯・乾鑿度》曰：「震生物於東方，位在二月；巽散之於東南，位在四月；離長之於南方，位在五月；坤養之於西南方，位在六月；兑收之於西方，位在八月；乾制之於西北方，位在十月；坎藏之於北方，位在十一月；艮終始之於東北方，位在十二月。」《易緯八種》，卷 2，頁 55。

〔註 179〕《易緯八種》，卷 6，頁 178。

〔註 180〕《易緯・通卦驗》曰：「凡《易》八卦之氣，驗應各如其法度，則陰陽和，六律調，風雨時，五穀成熟，人民取昌，此聖帝明王所以致太平法。故設卦觀象

穀，人世之弘昌，國家之太平，總合聯繫在一起。故《易緯》以不同連結方式將卦與時間、空間、人事盛衰一併結合，其中不難發現「卦氣」的存在。

二、虞翻之「四正卦主四時、值月」

《說卦傳》中有「文王後天八卦方位」，以震、離、兌、坎四正卦來代表春、夏、秋、冬四時，孟喜及《易緯》之卦氣說，亦用四正卦以表四時。東漢末之虞翻亦受卦氣說影響將四正卦主四時之思想，用於解釋《周易》經傳之理。

（一）四正卦主四時

震、離、兌、坎之四卦用以表徵四季，乾卦《文言傳》「與鬼神合其吉凶；先天而天弗違，後天而奉天時。」注曰：

> 謂乾神合吉，坤鬼合凶，以乾之坤，故「與鬼神合其吉凶」。乾爲天、爲先，大人在乾五，乾五之坤五，天象在先，故「先天而天弗違」。「奉」承行，乾四〔註 181〕之坤初成震，震爲後也；震春，兌秋，坎冬，離夏，四時象具，故「後天而奉天時」，謂承天時，行順也。〔註 182〕

「乾五之坤五」謂乾卦五爻與坤卦五爻相易，而成比、大有兩卦，「乾四〔註 183〕之坤初成震」爲乾卦四爻與坤卦初爻互易，則成復、小畜兩卦，復卦下卦爲震，小畜卦二至四爻互體爲兌，比卦上卦爲坎，大有卦上卦爲離，故謂「震春，兌秋，坎冬，離夏」，王新春曰：「虞氏蓋繼以十二月陰陽消息說言之。復卦形成後，陽氣繼續息而消陰。陽息至二，下體成兌而卦成臨（時值十二月丑），兌象出現。今謂乾卦九五爻，則陽息至五而消坤陰，夬卦形

以知有亡。夫八卦繆亂，則綱紀壞敗，日月星辰失其行，陰陽不和，四時易政，八卦氣不效，則災異氣臻，八卦氣應失常。」《易緯八種》，卷下，頁 213。

〔註 181〕孫堂作「乾三之坤初成震」，不論是《周易集解》「乾四之坤初成震」或孫堂「乾三之坤初成震」，皆不影響此段所要表達之意，且四爻與初爻在爻位上相應，故此處採用《周易集解》之文。〔清〕孫堂撰：《虞翻周易注》（臺北：成文出版社《求無備齋易經集解》，1976 年），頁 472。

〔註 182〕《周易集解》，頁 21。

〔註 183〕孫堂作「乾三之坤初成震」，不論是《周易集解》「乾四之坤初成震」或孫堂「乾三之坤初成震」，皆不影響此段所要表達之意，且四爻與初爻在爻位上相應，故此處採用《周易集解》之文。〔清〕孫堂撰：《虞翻周易注》（臺北：成文出版社《求無備齋易經集解》，1976 年），頁 472。

成（時値三月辰），夬之上體亦爲兌。夬卦失位的二、四兩爻動變之正，卦成既濟定後，下離、上坎，於是震、兌、坎、離四象畢具。」〔註 184〕以十二月消息卦立說，乾四爻至坤初之位而成復卦，復卦陽息至二爻成臨卦，陽息至五爻而成夬卦，立基於夬卦而二、四兩爻之正而成既濟，雖虞翻《易》注中常以既濟卦爲終極變易之卦體，但此處並未言臨卦、夬卦與既濟卦，「乾五之坤五」、「乾四之坤初成震」所形成四個卦體以象徵春夏秋冬之震離兌坎。隨卦《彖傳》「隨，剛來而下柔，動而說，隨。大亨貞无咎，而天下隨時。隨時之義大矣哉！」注曰：

> 否乾上來之坤初，故「剛來而下柔」。「動」震，「說」兑也。乾爲天，坤爲下，震春，兑秋；三、四之正，坎冬，離夏，四時位正，時行則行，故「天下隨時」矣。〔註 185〕

隨卦上卦爲兌，下卦爲震，變易三、四兩爻而成既濟，既濟卦上卦爲坎，下卦爲離，以此比喻春夏秋冬四時位正，隨著四時、四季轉移行走而移動，藉此說明依時而行、順時而作。損卦《彖傳》「損剛益柔有時，損益盈虛，與時偕行。」注曰：

> 謂冬夏也；二、五已易成益，坤爲柔，謂損益上之三成既濟，坎冬離夏，故「損剛益柔有時」。乾爲盈，坤爲虛，損剛益柔，故「損益盈虛」；謂泰初之上，損二之五，益上之三，變通趨時，故「與時偕行」。〔註 186〕

損卦二、五兩爻互易而成益卦，益卦又透過三與上爻互易而成既濟卦，既濟卦上卦爲坎冬，下卦爲離夏，又損卦來自泰卦，泰、損、益三卦之卦爻變易輔以說明變通趨時，「時」乃言四時，卦體由消息卦之泰卦變通而成雜卦之損，損旁通益而終以既濟爲鵠的，以卦爻變易象徵四時轉移，而當與時偕行，可知虞翻變易之道不是依經附會，雜以象數之理來闡明《周易》經傳，係依順時序進而變化，此變通乃合於天地之道趨時而行。升卦《彖傳》注曰：「震兌爲春秋，二升坎離爲冬夏，四時象正」〔註 187〕、革卦《彖傳》注曰：「震春、兌秋，四之正坎冬、離夏，則四時具，坤革而成乾，故『天地革而四時

〔註 184〕王新春撰：《周易虞氏學》（臺北：頂淵文化事業有限公司，1999 年），頁 240。
〔註 185〕《周易集解》，頁 101。
〔註 186〕同註 185，頁 201。
〔註 187〕同註 185，頁 226。

成』也。」〔註 188〕、歸妹卦九四爻注曰：「震春、兌秋、坎冬、離夏，四時體正」〔註 189〕、賁卦《彖傳》注曰：「泰震春，兌秋；賁坎冬，離夏」〔註 190〕皆以震離兌坎四卦闡明四時象成，四時其位之正且備，對天地宇宙依其道而行。又恆卦《彖傳》「日月得天而能久照，四時變化而能久成，聖人久於其道而天下化成；觀其所恆，而天地萬物之情可見矣。」注曰：

> 動初成乾，爲天；至二離爲日，至三坎爲月，故「日月得天而能久照」也。春夏爲變，秋冬爲化；變至二離夏，兑秋，至三震春，至五坎冬〔註 191〕，故「四時變化而能久成」，……〔註 192〕

恆卦初爻變動而下卦成乾，變至二爻而下卦成離，離爲夏，三至五爻互體而成兌，兌爲秋，動至三爻而下卦成震，震爲春，三至五爻互體而成坎，坎爲冬，以四正卦說明四時之象係由轉變互易中方能取得，即使爲既濟之卦亦只有坎離兩象，故強調變化之道爲常道，需藉四時變化而道方能長久，若僅固守一個道理，有如天地中僅存一個時節，乾陽坤陰不能藉由時間、空間轉移而產生其意，此道必不能綿延長久，故知虞翻強調四時變化爲時空具體存在之證明，《易》道之太極乾坤亦依循時空之理而行，其道乃得以展現，此爲宇宙氣化眞實呈現之表徵。

漢代常以四時與方位、八卦相對，《易緯・乾鑿度》「震生物於東方」〔註 193〕、「離長之於南方」〔註 194〕、「兌收之於西方」〔註 195〕、「坎藏之於北方」〔註 196〕，以震爲東、離爲南、兌爲西、坎爲北，益卦《彖傳》注曰：「震爲出生，萬物出震」〔註 197〕即「震生物於東方」，又如升卦卦辭注曰：

〔註 188〕《周易集解》，頁 241。
〔註 189〕同註 188，頁 266。
〔註 190〕同註 188，頁 120。
〔註 191〕《周易集解》原文爲：「變至二離夏，至三兑秋，至四震春，至五坎冬。」然張惠言《周易虞氏義》云：「此誤。應云變至二離夏、兑秋，至三震春，至五坎冬。」〔清〕張惠言撰：《張惠言易學十書》（臺北：廣文書局，1977 年），頁 151。恆卦之初爻、二爻變動後爲豐卦，豐卦下卦爲「離」三爻、四爻及五爻互體爲「兑」；又初爻、二爻及三爻皆變動後成震卦，下卦與上卦皆體「震」；由初爻變化至五爻成屯卦，屯卦上卦爲「坎」。故當從張惠言之說也。
〔註 192〕同註 188，頁 164。
〔註 193〕《易緯八種》，頁 55。
〔註 194〕同註 193，頁 55。
〔註 195〕同註 193，頁 55。
〔註 196〕同註 193，頁 55。
〔註 197〕同註 188，頁 205。

「離南方卦」〔註 198〕、震卦上六爻注曰:「震東兌西」〔註 199〕、中孚卦六四爻注曰:「兌西,震東」〔註 200〕、《說卦傳》注曰:「震東方」〔註 201〕、小畜卦九五爻注曰:「兌西震東」〔註 202〕、小畜卦上九爻注曰:「兌西震東,日月象對,故『月幾望』。」〔註 203〕、泰卦六四爻注曰:「兌西震東」〔註 204〕、離卦《大象傳》注曰:「震東兌西,離南坎北,故曰『照于四方』。」〔註 205〕、歸妹卦六五爻注曰:「坎月、離日、兌西、震東,日月象對,故曰『月幾望』」〔註 206〕。又歸妹卦《彖傳》「歸妹,天地之大義也」注曰:

> 乾天坤地,三之四,天地交,以離日坎月戰陰陽,陰陽之義配日月,則萬物興,故「天地之大義」;乾主壬,坤主癸,日月會北,震爲玄黃,天地之雜,震東兌西,離南坎北,六十四卦,此象最備四時正卦,故「天地之大義也」。〔註 207〕

歸妹卦由泰卦而來,泰卦下卦爲乾,上卦爲坤,乾天坤地,三與四爻互易而稱天地交,「月體納甲說」日月於每月三十日左右相會北方,此爲陰陽搏鬥之狀,日月、陰陽爲天地大義,歸妹卦上卦爲震,二至四爻互體爲離,下卦爲兌,三至五爻互體爲坎,虞翻以歸妹卦爲四象中最齊備之卦,不需經旁通、溯源卦體來由、之正爲既濟等方式,以本卦所存在之象即具四時,故稱歸妹卦爲「四時正卦」,時間流行變化即爲天地之大義。

(二)四正卦值月

《易緯》發展出一種八卦卦氣方位圖,其中以四正卦各主一個月,另外尚有四維卦各主二個月,如震卦值二月卯,巽卦值三月辰、四月巳,離卦值五月午,坤卦值六月未、七月申,兌卦值八月酉,乾卦值九月戌、十月亥,坎卦值十一月子,艮卦值十二月丑、正月寅。而孟喜以四正卦主四時、二十四節氣,震值二月,離值五月,兌值八月,坎值十一月,又以其餘六十卦分

〔註 198〕《周易集解》,頁 225。
〔註 199〕同註 198,頁 254。
〔註 200〕同註 198,頁 297。
〔註 201〕同註 198,頁 419。
〔註 202〕同註 198,頁 68。
〔註 203〕同註 198,頁 68。
〔註 204〕同註 198,頁 78。
〔註 205〕同註 198,頁 155。
〔註 206〕同註 198,頁 266。
〔註 207〕同註 198,頁 264。

配於十二月之中，故每月五卦，此可參考「漢代《易》學流派」的「孟喜」部份。

虞翻四正卦値月，可見損卦《彖傳》「二簋應有時」注曰：

「時」謂春秋也，損二之五，震二月，益正月，春也；損七月，兑八月，秋也。謂春秋祭祀，以時思之；艮爲時，震爲應，故「應有時」也。〔註 208〕

損卦以減其下卦二爻之陽而增益五爻之陰，故成益卦，益卦下卦爲震，震配以二月，益値正月，損卦配以七月，損卦下卦之兌，値八月，震春兌秋，闡明春秋祭祀當重時節。古代重視時節轉變，時與事應當相配，益卦初九爻「利用爲大作，元吉，无咎。」注曰：

「大作」謂耕播，耒耨之利，蓋取諸此也；坤爲用，乾爲大，震爲作，故「利用爲大作」。體復初得正，朋來无咎，故「元吉，无咎」。震二月卦，日中星鳥，敬授民時，故以耕播也。〔註 209〕

四正卦之震爲二月卦，《尚書・堯典》曰：「日中星鳥」〔註 210〕注曰：「日中謂春分之日。鳥，南方朱鳥七宿，殷，正也，春分之昏，鳥星畢見。」〔註 211〕日中爲春分，晝夜相當，「鳥」爲朱雀，「星」爲南方朱雀七宿之一，「日中星鳥」謂春分之際，南方朱雀之星升至正南中央之位，此時君主當教授民眾依據時節變化而來耕作、播種。姤卦《大象傳》「天下有風，姤；后以施命誥〔註 212〕四方。」注曰：

「后」，繼體之君，姤陰在下，故稱「后」，與泰稱「后」同義也。乾爲施，巽爲命，爲誥；復震二月、東方，姤五月、南方，巽八月、西方，復十一月、北方，皆總在初，故「以誥四方」也。孔子行夏

〔註 208〕《周易集解》，頁 200。

〔註 209〕同註 208，頁 206。

〔註 210〕〔漢〕孔安國傳；〔唐〕孔穎達正義：《尚書》（臺北：藝文印書館，2001 年），卷 2，頁 21。

〔註 211〕同註 210，卷 2，頁 21。

〔註 212〕「《後漢書・魯恭傳》：「恭上疏：『案《易》，五月《姤》用事。《經》曰：「后以施令誥四方。」言君以夏至之日，施命令止四方行者，所以助微陰也。』樹達按：『惠棟云：「《釋文》『誥四方』，鄭玄、王肅皆作『詰四方』。詰，止也。與魯恭合。東觀書自作詰；後人習於王弼之學，改詰爲誥，非《後漢》本文也。」楊樹達撰：《周易古義》（上海：上海古籍出版社，2007 年），卷 3，頁 60。《周易集解》曰「后以施命誥四方」且虞翻注曰：「巽爲命，爲誥」，故旁引楊樹達之説，但仍保留原文。

> 之時，經用周家之月，夫子傳《彖》、《象》以下，皆用夏家月，是故復爲十一月、姤爲五月矣。〔註213〕

姤卦旁通復卦，復卦下卦爲震，震值二月、位在東方，孟喜於卦氣說中，姤卦值五月午，姤卦下卦爲巽，巽卦值八月酉，復卦值十一月子，又「月體納甲說」巽卦位於辛方、西方。虞翻雖於《易》注中僅言「震二月，東方」、「震二月，……兌八月」，但可知虞翻承繼漢代《易》學思想，使四正卦值月之思想與八卦卦氣方位中以卦爻、時間、空間相合，強調卦爻中陰陽二氣會隨著時空轉移而變異，此卦氣說爲眞實存在之實有。

三、虞翻之「四正卦外之諸卦值月」

震、離、兌、坎四正卦以外，另有六十卦，孟喜則與七十二候、十二月相互對應，故每月五卦，五日一候，一節氣三候，而六十卦分配至各月份分別爲：十一月爲「未濟」、「蹇」、「頤」、「中孚」、「復」，十二月爲「屯」、「謙」、「睽」、「升」、「臨」，正月爲「小過」、「蒙」、「益」、「漸」、「泰」，二月爲「需」、「隨」、「晉」、「解」、「大壯」，三月爲「豫」、「訟」、「蠱」、「革」、「夬」，四月爲「旅」、「師」、「比」、「小畜」、「乾」，五月爲「大有」、「家人」、「井」、「咸」、「姤」，六月爲「鼎」、「豐」、「渙」、「履」、「遯」，七月爲「恆」、「節」、「同人」、「損」、「否」，八月爲「巽」、「萃」、「大畜」、「賁」、「觀」，九月爲「歸妹」、「无妄」、「明夷」、「困」、「剝」，十月爲「艮」、「既濟」、「噬嗑」、「大過」、「坤」。虞翻承繼思想而在《易》注中將六十卦與月份相應，解卦《彖傳》「解，險以動，動而免乎險，解。」注曰：

> 「險」坎，「動」震；解二月，雷以動之，雨以潤之，物咸孚甲，萬物生震，震出險上，故「免乎險」也。〔註214〕

井卦九五爻「井洌寒泉，食。」注曰：

> 泉自下出稱「井」，周七月，夏之五月，陰氣在下；二已變坎，十一月爲寒泉；初、二已變，體噬嗑食，故「洌寒泉食」矣。〔註215〕

《繫辭上傳》「言行，君子之所以動天地也，可不愼乎？」注曰：

> ……二已變，成益，巽四以風動天，震初以雷動地，中孚十一月，

〔註213〕《周易集解》，頁217～218。
〔註214〕同註213，頁195。
〔註215〕同註213，頁239。

雷動地中，艮爲愼，故「可不愼乎」。〔註216〕

「卦氣說」中解卦值二月，二月爲仲春，春雷而動，雨水滋潤象喻萬物蓬勃生長，而井卦值五月，此爲夏曆之五月，周曆之七月，此時陽氣盛發、陰氣潛伏，「二已變坎，十一月爲寒泉」此謂八卦卦氣說，坎卦爲四正卦、值十一月，故與四正卦以外諸卦爲不同卦氣論述體系，中孚卦值十一月，中孚卦二爻變易而成益卦，益卦下卦爲震，震處初爻之地，故曰雷動地中，中孚卦三至五爻互體爲艮，艮有愼之逸象，此時行事則不可不謹愼小心。遍覽虞翻《易》注雖僅存三則將六十卦與月份相應之例，雖無法遍舉四正卦以外六十卦與月份相對關係，但從中可看出虞翻是依孟喜卦氣說將四正卦外之諸卦與月份相配來建構自己的卦氣思想。

四、虞翻之「十二消息卦值月」

漢代《易》學家將天文、曆法、節候融合爲一體，建構出一套屬於漢代天人合一的宇宙變化規律，稱之爲「卦氣說」，前文已提及孟喜、《易緯》之卦氣等對虞翻《易》學思想之影響，雖虞翻在「四正卦」、「六十卦」之值月上未有完整相應之文，但在十二消息卦中將十二個消息卦與月份對應關係卻闡論地十分清晰。卦氣說中有「十二辟卦」說，又稱之爲「十二消息卦」、「十二月消息卦」，自復卦（䷗）、臨卦（䷒）、泰卦（䷊）、壯卦（䷡）、夬卦（䷪）、乾卦（䷀）等六卦代表陽長陰消的過程，陽由一而漸次增爲六，陰由五而漸次遞減，此爲乾陽生息、坤陰消亡的過程，此六卦稱之爲「息卦」，自姤卦（䷫）、遯卦（䷠）、否卦（䷋）、觀卦（䷓）、剝卦（䷖）、坤卦（䷁）等六卦表徵陰長陽消的過程，陰由一而漸增爲六，陽由五而漸消爲亡，此爲坤陰生息、乾陽消亡的過程，此六卦稱之爲「消卦」。

（一）十二消息卦

《繫辭下傳》「剛柔相推，變在其中矣」注曰：「謂十二消息，九、六相變，剛柔相推而生變化，故『變在其中矣』。」〔註217〕虞翻明確指出卦爻中有「十二消息」，由復卦至乾卦爲陽息陰消，姤卦至坤卦爲陰息陽消，九爲老陽之爻，六爲老陰之爻，老而陰陽相變，剛柔相推，以陰陽彼消我長之關係排列出十二個消息卦，復卦卦辭「亨。出入无疾，朋來无咎。」注曰：

〔註216〕《周易集解》，頁328。
〔註217〕同註216，頁359。

陽息坤，與姤旁通，剛反交初，故「亨」。謂出震成乾，入巽成坤，坎爲疾，十二消息，不見坎象，故「出入无疾」。兑爲朋，在内稱來，五陰從初，初陽正，息而成兑，故「朋來无咎」矣。〔註218〕

陽之始生爲復卦，漸而成臨卦、泰卦，復、臨、泰三卦之下卦爲震、兌、乾，故謂「出震成乾」，陰之始生爲姤卦，漸而爲遯卦、否卦，姤、遯、否三卦之下卦爲巽、艮、坤，故謂「入巽成坤」，消息說中並未出現坎之象，故曰「出入无疾」。又《繫辭上傳》「是故闔戶謂之坤，闢戶謂之乾，一闔一闢謂之變，往來不窮謂之通。」注曰：「……謂從巽之坤，……謂從震之乾」〔註219〕、《繫辭上傳》「鼓之舞之以盡神。」注曰：「……陽息震爲鼓，陰消巽爲舞……」〔註220〕、《說卦傳》「兌，說也。」注曰：「震爲大笑，陽息震成兌，震言出口，故『說』。」〔註221〕皆以十二月消息卦來立說。復卦《大象傳》「雷在地中，復；先王以至日閉關，商旅不行，后不省方。」注曰：

「先王」謂乾初，「至日」冬至之日，坤闔爲閉關，巽爲商旅，爲近利市三倍，姤巽伏初，故「商旅不行」。姤《象》曰：「后以施命誥四方。」今隱復下，故「后不省方」。復爲陽始，姤則陰始，天地之始，陰陽之首。已言「先王」，又更言「后」，「后」，君也；六十四卦，唯此重耳。〔註222〕

又《繫辭下傳》「夫《易》彰往而察來，而微顯闡幽，開而當名、辯物、正言、斷辭，則備矣。」注曰：

神以知來，知以藏往，微者顯之，謂從復成乾，是「察來」也；闡者幽之，謂從姤之坤，是「章往」也。陽息出初，故「開而當名」。〔註223〕

以十二消息卦而論，復卦爲陽之始，姤卦爲陰之始，乾天坤地，虞翻於十二月消息卦中以陽爲乾、陰爲坤，故復卦陽始爲乾天，姤卦陰始爲坤地，復、姤兩卦爲天地、陰陽之首。六息卦從復卦至乾卦，陽爻由潛微而見著，乾之象爲神而能知來，故曰「察來」，六爻純陽之乾卦開展至極而陰之始生，由

〔註218〕《周易集解》，頁129。
〔註219〕同註218，頁348。
〔註220〕同註218，頁354。
〔註221〕同註218，頁413。
〔註222〕同註218，頁131。
〔註223〕同註218，頁384。

姤卦至坤卦，坤陰幽微，坤之象爲知而能藏往，故曰「章往」。虞翻更將十二月消息卦與月份、十二地支等對應，《繫辭下傳》「《易》曰：『……寒往則暑來，暑往則寒來，寒暑相推而歲成焉。往者屈也，來者信也，屈信相感而利生焉。尺蠖之屈，以求信也；龍蛇之蟄，以存身也；精義入神，以致用也；利用安身，以崇德也。過此以往，未之或知也。窮神知化，德之盛也。』」注曰：

> 乾爲寒，坤爲暑，謂陰息陽消，從姤至否，故「寒往暑來」也。陰詘陽信，從復至泰，故「暑往寒來」也。「感」咸象，故「相感」。天地感而萬物化生，聖人感人心而天下和平，故「利生」；「利生」，謂陽出震，陰伏藏。「蟄」潛藏也。龍潛而蛇藏。陰息初巽爲蛇，陽息初震爲龍；十月坤成，十一月復生，姤巽在下，龍蛇俱蟄初，坤爲身，故「龍蛇之蟄，以存身也」。以坤變乾，謂之「窮神」；以乾通坤，謂之「知化」；乾爲聖德，故「德之盛」。〔註 224〕

陰息陽消，由姤卦至否卦，稱「寒往暑來」，陽息陰消，由復卦至泰卦，稱「暑往寒來」，又陰息之始爲姤卦，姤卦下卦爲巽，巽之逸象爲蛇，陽息之始爲復卦，復卦下卦爲震，震之逸象爲龍，虞翻以十二月消息卦中陰陽之始，解說蛇、龍之象，又將十二月消息卦與月份相連結，坤卦陰極爲十月，陰極而陽生爲復卦、十一月，陽極而陰生爲姤卦、五月。坤卦卦辭「元亨，利牝馬之貞」注曰：

> 謂陰極陽生，乾流坤形，坤含光大，凝乾之元，終於坤亥，出乾初子，品物咸亨，故「元亨」也。坤爲牝，震爲馬，初動得正，故「利牝馬之貞」矣。〔註 225〕

又《說卦傳》「數往者順，知來者逆，是故《易》逆數也。」注曰：

> 謂坤消從午至亥，上下，故「順」也。謂乾息從子至巳，下上，故「逆」也。「易」謂乾易，故「逆數」。〔註 226〕

陰極爲坤，坤卦十月、亥，陽極爲乾，乾卦四月、巳，十二月消息卦以陽爲乾、陰爲坤，故「坤消從午至亥」是指陰氣息長，由姤卦五月、午直至坤卦十月、亥，由六消卦角度以觀，陰盛爲坤卦，後漸消爲「剝卦」、「觀卦」、「否

〔註 224〕《周易集解》，頁 370～372。
〔註 225〕同註 224，頁 25。
〔註 226〕同註 224，頁 406。

卦」、「遯卦」、「姤卦」，是陽爻由上而下浸染其氣，故曰「上下」、「順」，而六息卦為「復卦」、「臨卦」、「泰卦」、「大壯卦」、「夬卦」、「乾卦」，陽氣由下而上漸長，故曰「下上」、「逆」。

統歸而論，「六息卦」中以復卦為陽之始生，值十一月、子，臨卦值十二月、丑，泰卦值正月、寅，大壯卦值二月、卯，夬卦值三月、辰，乾卦值四月、巳，「六消卦」以姤卦為陰之始生，值五月、午，遯卦值六月、未，否卦值七月、申，觀卦值八月、酉，剝卦值九月、戌，坤卦值十月、亥。

《說卦傳》「昔者聖人之作《易》也，幽贊於神明而生蓍，參天兩地而倚數，觀變於陰陽而立卦，發揮於剛柔而生爻，和順於道德而理於義，窮理盡性以至於命。」注曰：

> ……謂立人之道，曰仁與義，「和順」謂坤，「道德」謂乾，以乾通坤，謂之「理義」也。以乾推坤謂之「窮理」，以坤變乾謂之「盡性」，性盡理窮，故「至於命」；巽為命也。〔註 227〕

陰陽相互感動，極而變化，以十二月消息卦而言「窮理盡性以至於命」，「以乾推坤」闡明乾之陽氣向前推移而消坤之陰氣，顯於復卦十一月、子，終於乾卦四月、巳，坤之陰氣全然被消滅，立於坤之象而言，坤之陰氣漸消窮盡，曰「窮理」，乾陽為生，生而有性，故乾之逸象為性，「以坤變乾」謂坤之陰氣侵消乾之陽氣，為姤卦五月、午，陽氣全消而為坤卦十月、亥，乾之陽氣全然消盡，曰「盡性」，「窮理盡性以至於命」是基於十二月消息卦上立說，以乾陽坤陰相互推移，與乾坤逸象所代表之意，闡明中國性命之議題，乃將卦氣說淋漓地運用於各種《易》學銓釋，開展另種解說之道。復卦六四爻《小象傳》「『中行獨復』，以從道也。」注曰：

> 「中」謂初，震為行；初一陽爻，故稱「獨」；四得正，應初，故曰「中行獨復，以從道也」。俗說以四位在五陰之中而獨應復，非也；四在外體，又非內象，不在二、五，何得稱「中行」耳？〔註 228〕

「中謂初」係基於十二月消息卦而言，指復卦為一陽來復，值十一月、中氣、冬至，而此可見孟喜之卦氣說，復卦值十一月、冬至，臨卦值十二月、大寒，泰卦值正月、雨水，大壯卦值二月、春分，夬卦值三月、穀雨，乾卦值四月、小滿，姤卦值五月、夏至，遯卦值六月、大暑，否卦值七月、處暑，觀卦值

〔註 227〕《周易集解》，頁 403～404。

〔註 228〕同註 227，頁 132。

八月、秋分，剝卦值九月、霜降，坤卦值十月、小雪，皆以十二月消息卦分別與十二月的「中氣」對應。虞翻將十二月消息卦與月份、地支、節氣相互配對，更賦予善惡優劣之價值判斷，《繫辭下傳》「『善不積不足以成名，惡不積不足以滅身。小人以小善爲无益而弗爲也，以小惡爲无傷而弗去也，故惡積而不可掩，罪大而不可解。《易》曰：「何校滅耳，凶。」』」注曰：

> 乾爲積善，陽稱「名」，坤爲積惡，爲身；以乾滅坤，故「滅身」者也。「小善」謂復初，「小惡」謂姤初。謂陰息姤至遯，子弒其父，故「惡積而不可弇」；陰息遯成否，以臣弒君，故「罪大而不可解」也。〔註229〕

乾陽爲善，故復卦一陽方始爲小善，坤陰爲惡，姤卦一陰始生爲小惡，在陰息陽滅中，姤卦而成遯卦，遯卦下卦爲艮，乾卦下卦爲乾，乾父、艮子，以子取代其父，故稱「子弒其父」，陰息至三爻爲否卦，否卦下卦爲坤，乾君、坤臣，臣以代君，故曰「以臣弒君」，將坤陰息長歸於不善之類，喻爲弒父、弒君。又《雜卦傳》「君子道長，小人道憂也。」注曰：「乾息故『君子道長』，坤體消滅故『小人道憂』」〔註230〕以乾陽爲君子，坤陰爲小人，足見虞翻有以乾陽爲主之思想。

1. 息　卦

(1) 復　卦（䷗）

十二月消息卦中以復卦爲陽始，乾卦《文言傳》「樂則行之」注曰：「陽出初震」〔註231〕謂復卦下卦爲震，一陽現於坤陰之初而曰「陽出初震」，於復卦卦辭「反復其道，七日來復。利有攸往。」注曰：

> 謂乾成坤，反出於震而來復，陽爲道，故「復其道」。剛爲晝日，消乾六爻爲六日，剛來反初，故「七日來復」，天行也。陽息臨成乾，小人道消，君子道長，故「利有攸往」矣。〔註232〕

陰氣極盛消乾而爲坤，坤陰極而乾陽始生，反出於五陰之下，一陽出於初爻而爲復卦，復卦下卦爲震，陽爲道，故曰「復其道」，又以乾卦六爻皆陽，坤陰漸消陽氣，一爻爲一日，共爲六日，坤卦成而反，陽氣生於初，又爲一

〔註229〕《周易集解》，頁375～376。
〔註230〕同註229，頁446。
〔註231〕同註229，頁9。
〔註232〕同註229，頁130。

日，總爲七日，以十二月消息卦闡述「七日來復」之七日爲七個爻體變化，終而成復卦。又夬卦卦辭注曰：「陽決陰，息卦也……陽息動復，剛長成夬」〔註 233〕以夬卦爲陽息陰消，如陽氣與陰氣相決鬥，夬卦之息是由一陽之復而來，陽氣漸長至五爻而成夬卦。《繫辭下傳》「其稱民也，雜而不越；於稽其類，其衰世之意邪？」注曰：

> 「稽」考也，三稱盛德，上稱末世，乾終上九，動則入坤，坤弒其君、父，故爲亂臣；陽出復震，入坤出坤，故「衰世之意邪」。〔註 234〕

乾卦之陽終於上九，陽極陰生，「動則入坤，坤弒其君、父」乾陽一動而坤陰始生，乾之逸象爲君、爲父，故坤陰曰弒其君、父，「入坤」謂陽極陰生，「出坤」謂陰極陽生，陰息而成坤，極而陽生，陽出爲復，復卦下卦爲震。《繫辭下傳》「是故履，德之基也；謙，德之柄也；復，德之本也；恆，德之固也。」注曰：

> 乾爲德，履與謙旁通，坤柔履剛，故「德之基」；坤爲基。坤爲柄，「柄」本也；凡言「德」者，皆陽爻也。復初，乾之元，故「德之本也」。立不易方，守德之堅固。〔註 235〕

又升卦《大象傳》「地中生木，升；君子以順德，積小以高大。」注曰：

> 「君子」謂三，「小」謂陽息復時，復小爲德之本，至二成臨，臨者大也；臨初之三，巽爲高；二之五，艮爲順，坤爲積，故「順德，積小成高大」。〔註 236〕

復卦初爻爲陽，陽爲乾，乾有德之逸象，故復卦一陽方生，稱爲「小」、「德之本」，陽息至二爻而成臨卦，乾陽有二，與復卦相較故稱「大」。

（2）臨　卦（䷒）

復卦陽息而成臨卦，臨卦卦辭「元亨，利貞。」注曰：

> 陽息至二，與遯旁通，剛浸而長，乾來交坤，動則成乾，故「元亨，利貞」。〔註 237〕

陽息至一爻爲復卦，上至二爻爲臨卦，陽息爲剛之漸長，若依此道而繼續息

〔註 233〕《周易集解》，頁 211。
〔註 234〕同註 233，頁 384。
〔註 235〕同註 233，頁 385～386。
〔註 236〕同註 233，頁 226。
〔註 237〕同註 233，頁 108。

長而六爻皆陽，則為乾卦，又觀卦《彖傳》注曰：「謂陽息臨二，直方大；臨者，大也；」〔註238〕、觀卦六四爻注曰：「臨陽至二」〔註239〕、復卦《彖傳》注曰：「陽息臨成泰」〔註240〕皆稱臨卦為陽息至二爻。

（3）泰　卦（䷊）

臨卦陽息而成泰卦，乾卦九三爻「君子終日乾乾，夕惕若，厲，无咎」注曰：

> 謂陽息至三，已變成離，離為日，坤為夕。〔註241〕

陽息至三成泰，大壯卦卦辭注曰：「陽息泰也」〔註242〕以陽息至三爻成泰卦，再息長則為大壯卦。坤卦六三「含章，可貞；或從王事，无成有終。」注曰：

> 「貞」正也，以陰包陽，故「含章」；三失位，發得正，故「可貞」也。謂三已發，成泰，乾為王，坤為事，震為從，故「或從王事」；地道无成而有終，故「无成有終」。〔註243〕

坤卦六爻皆陰，以十二月消息卦而觀，乾陽由初爻發展至三爻，而得泰卦，泰卦下卦為乾，上卦為坤，三至五爻互體為震，乾王、坤事、震從，故曰「或從王事」。

（4）大壯卦（䷡）

泰卦息長而成大壯卦，《雜卦傳》「大壯則止。」注曰：

> 大壯止陽，陽故「止」。〔註244〕

大壯卦為初至四爻皆陽，如人之盛壯而知止，避免五爻、上爻極亢之悔，此以陽息角度而言大壯卦。

（5）夬　卦（䷪）

大壯卦陽息而成夬卦，夬卦初九爻「壯于前趾，往不勝，為咎。」注曰：「夬變大壯」〔註245〕謂夬卦由大壯卦而來，言其陽氣息長之過程，先有大壯卦而後為夬卦，夬卦卦辭「揚于王庭，孚號有厲，告自邑，不利即戎，利有

〔註238〕《周易集解》，頁112。
〔註239〕同註238，頁114。
〔註240〕同註238，頁131。
〔註241〕同註238，頁2。
〔註242〕同註238，頁170。
〔註243〕同註238，頁29～30。
〔註244〕同註238，頁444。
〔註245〕同註238，頁213。

攸往。」注曰：

> 陽決陰，息卦也，剛決柔，與剝旁通；乾爲陽、爲王，剝艮爲庭，故「揚于王庭」矣。陽在二、五稱孚，「孚」謂五也；二失位，動體巽，巽爲號，離爲光，不變則危，故「孚號有厲」，其危乃光也。陽息動復，剛長成夬，震爲告，坤爲自邑，夬從復升，坤逆在上，民眾消滅，二變時離爲戎，故「不利即戎」，所尚乃窮也。陽息陰消，君子道長，故「利有攸往」，剛長乃終。〔註246〕

夬卦爲陽息陰之卦，此卦由陽息之初復卦而來，乾陽剛長由初爻至五爻而成夬卦，故曰「夬從復升」，且陽息陰消，乾陽爲君子，故君子道長，有利其往。

（6）乾　卦（☰）

夬卦陽息而成乾卦，乾卦六爻皆陽，爲乾陽極盛之時，坤卦《文言傳》「積善之家，必有餘慶。」注曰：

> 謂初。乾爲積善。以坤牝陽，滅出復震爲餘慶。謂東北喪朋，乃終有慶也。〔註247〕

以十二月陰陽消息說來說，復卦爲十一月、子，一陽來復，而乾卦則是四月、巳，六爻皆陽，陽善陰惡，乾卦之六陽是漸漸積累陽善而成，故乾爲積善，「以坤牝陽」謂坤卦六爻全陰，陰極陽生，一陽始生爲復卦，復卦下卦爲震，震有餘慶之象。

2. 消　卦

（1）姤　卦（☴）

陽極而陰生，坤陰之始生於初爻爲姤卦，此爲六消卦之首，姤卦卦辭「女壯，勿用取女。」注曰：

> 消卦也，與復旁通。巽長女，「女壯」，傷也；陰傷陽，柔消剛，故「女壯」也。陰息剝陽，以柔變剛，故「勿用娶女」，不可與長也。〔註248〕

陰以傷陽，柔以消剛，始爲姤卦，姤卦爲陰息陽消，以柔變剛，象喻男女婚配之不宜娶嫁。《雜卦傳》「姤，遇也，柔遇剛也。」注曰：「坤遇乾也」〔註249〕

〔註246〕《周易集解》，頁211～212。
〔註247〕同註246，頁33。
〔註248〕同註246，頁216。
〔註249〕同註246，頁445。

十二消息卦中，乾爲陽、坤爲陰，故「坤遇乾」說明姤卦一陰始生，遇六爻純陽之乾。又坤卦《文言傳》「積不善之家，必有餘殃。」注曰：

坤積不善。以臣弒君，以乾通坤，極姤生巽，爲餘殃也。〔註250〕

乾爲善，坤爲惡，故言坤爲積不善者，乾爲君、坤爲臣，陰極而成坤，如以臣代君，以臣弒君，「以乾通坤」謂陽極而陰生，換言之，亦指陰極而陽生，陰陽二氣極盛而相互轉化，故「極姤生巽」意謂乾陽之極而陰氣始生，出於初爻而成姤卦，姤卦下卦爲巽，巽有餘殃之逸象也。又鼎卦《大象傳》注曰：「體姤，謂陰始凝初」〔註251〕說明姤卦初爻之陰方始凝結，姤卦初六爻「繫于金柅，貞吉；有攸往，見凶；羸豕孚蹢躅。」注曰：

「柅」謂二也，巽爲繩，故「繫柅」；乾爲金，巽木入金，柅之象也；初、四失正，易位乃吉，故「貞吉」矣。以陰消陽，「往」謂成坤，遯子弒父，否臣弒君，夬時三動離爲見，故「有攸往，見凶」矣。三，夬之四，在夬動而體坎，坎爲豕、爲孚，巽繩操之，故稱「羸」也；巽爲舞，爲進退，操而舞，故「羸豕孚蹢躅」，以喻姤女望於五陽，如豕蹢躅也。〔註252〕

乾卦六爻皆陽，陽盛而陰生，姤卦初爻一陰始生，以陰消陽，陰息至二爻爲遯卦，遯卦下卦爲艮，艮爲子，乾爲父，遯卦係由乾卦六爻純陽經陰息二爻而來，故曰「子弒父」，再陰息至三爻而成否卦，否卦下卦爲坤，坤爲臣，乾爲君，以坤代乾謂「臣弒君」，若陰息持續而長，直至六爻全陰而成坤卦。

（2）遯　卦（䷠）

姤卦陰息而成遯卦，遯卦卦辭「亨，小利貞。」注曰：

陰消姤二也，艮爲山，巽爲入，乾爲遠，遠山入藏，故遯。以陰消陽，子弒其父，小人道長，避之乃通，故遯而通，則當位而應，與時行也。「小」陰謂二，得位浸長，以柔變剛，故「小利貞」。〔註253〕

陰息消陽至二爻爲遯卦，遯卦下卦爲艮，象徵「子弒其父」、「小人道長」，姤卦九三爻「臀无膚，其行次且，厲，无大咎。」注曰：

夬時動之坎爲臀，艮爲膚，二折艮體，故「臀无膚」；復震爲行，其

〔註250〕《周易集解》，頁33。
〔註251〕同註250，頁246。
〔註252〕同註250，頁218。
〔註253〕同註250，頁166～167。

象不正，故「其行趦趄」；三得正位，雖則危厲，故「无大咎」矣。〔註 254〕

姤卦初爻一陰息長，至二爻而爲遯卦，遯卦下卦爲艮，故「艮爲膚，二折艮體」係指六消卦之遯卦。遯卦九三爻注曰：「遯陰剝陽，三消成坤」〔註 255〕謂陰息至二爲遯，至三則爲否，否卦下卦成坤，《雜卦傳》「遯則退也。」注曰：「遯陰消陽，陽故『退』」〔註 256〕以乾陽角度而觀，遯卦陰息而消陽，陽則消退，若陰氣繼續息長則「遯將成否，則子弒父，臣弒君」〔註 257〕。

（3）否　卦（䷋）

遯卦陰息而成否卦，《繫辭下傳》「困以寡怨，井以辨義。」注曰：「……否弒父與君……」〔註 258〕、《繫辭下傳》「子曰：『……莫之與，則傷之者至矣。』」注曰：「上不之初，否消滅乾，則體剝傷，臣弒君，子弒父，故『傷之者至矣』」〔註 259〕皆謂陰息至二而成遯，艮子弒乾父，陰息至三而成否，坤臣弒乾君，又未濟卦《彖傳》「未濟『亨』，柔得中也；『小狐汔濟』，未出中也；『濡其尾，无攸利』，不續終也；雖不當位，剛柔應也。」注曰：

謂二未變，在坎中也。否陰消陽，至剝終坤，終止則亂，其道窮也；乾五之二，坤殺不行，故「不續終也」。〔註 260〕

未濟卦由否卦而來，否卦爲消息卦，陰息陽消至三爻，若持續消滅乾陽，至五爲剝卦，至上爲坤卦，六爻純陰之坤爲亂，未濟卦乃終止其亂，使其不能再繼續剝消乾陽。

（4）觀　卦（䷓）

否卦陰息而成觀卦，坤卦《文言傳》「君子黃中通理」注曰：「謂五，坤息體觀，地色黃，坤爲理，以乾通坤，故稱『通理』。」〔註 261〕以十二月消息卦說，雖然言坤卦五爻，以坤息稱陰息，但亦指坤卦陰息至四爻而爲觀卦，故稱「坤息體觀」，乾卦因陰息而成觀卦。十二月消息卦中以陽爻屬乾、陰爻

〔註 254〕《周易集解》，頁 219。
〔註 255〕同註 254，頁 168。
〔註 256〕同註 254，頁 444。
〔註 257〕同註 254，頁 51。
〔註 258〕同註 254，頁 389。
〔註 259〕同註 254，頁 383。
〔註 260〕同註 254，頁 307。
〔註 261〕同註 254，頁 36。

屬坤，蹇卦《彖傳》「蹇，難也，險在前也；見險而能止，知矣哉！」注曰：

離見，坎險，艮爲止，觀乾爲知，故「知矣哉」。〔註 262〕

又蹇卦《大象傳》注曰：「『君子』謂觀乾」〔註 263〕、蹇卦六二爻注曰：「觀乾爲王」〔註 264〕觀卦之五爻、上爻皆爲陽，陽稱乾，故六消卦之觀卦多以「觀乾」合稱。

（5）剝　卦（䷖）

觀卦陰息而成剝卦，剝卦卦辭注曰：「陰消乾也」〔註 265〕、剝卦初六爻注曰：「此卦坤變乾也」〔註 266〕陰息至五爻以剝乾陽，《雜卦傳》「剝，爛也；復，反也。」注曰：

剝生於姤，陽得陰熟，故「爛」；復，剛反初。〔註 267〕

六消卦中，以姤卦爲始，直至五爻爲剝卦，故稱「剝生於姤」，皆以十二月消息言說。

（6）坤　卦（䷁）

剝卦陰息而成坤卦，《繫辭上傳》「《易》无思也，无爲也，寂然不動，感而遂通天下之故，非天下之至神，其孰能與於此！」注曰：

天下何思何慮，同歸而殊途，一致而百慮，故无所爲，謂其靜也專。謂隱藏坤初，幾息矣，專故「不動」者也。「感」動也，以陽變陰，通天下之故，謂發揮剛柔而生爻者也。「至神」謂《易》，隱初入微，知幾其神乎！〔註 268〕

以十二月陰陽消息說，坤卦爲六爻純陰，陰極陽生，乾卦初爻之陽潛伏於坤卦之下，陽始煥發生機。

（二）十二消息卦值月

夏曆建寅，以寅月爲正月，周曆建子，以子月爲正月。虞翻十二月消息卦中以夏曆爲主，但亦併列周曆，《繫辭上傳》「變通配四時。」注曰：

變通趨時，謂十二月消息也，泰、大壯、夬配春，乾、姤、遯配夏，

〔註 262〕《周易集解》，頁 191。
〔註 263〕同註 262，頁 192。
〔註 264〕同註 262，頁 193。
〔註 265〕同註 262，頁 123。
〔註 266〕同註 262，頁 125。
〔註 267〕同註 262，頁 443。
〔註 268〕同註 262，頁 343。

否、觀、剝配秋，坤、復、臨配冬；謂十二月消息相變通而周於四時也。〔註 269〕

以十二月消息說明時間季節之轉變，「泰、大壯、夬配春」泰卦值孟春、大壯卦值仲春、夬卦值季春，「乾、姤、遯配夏」乾卦值孟夏、姤卦值仲夏、遯卦值季夏，「否、觀、剝配秋」否卦值孟秋、觀卦值仲秋、剝卦值季秋，「坤、復、臨配冬」坤卦值孟冬、復卦值仲冬、臨卦值季冬，十二消息卦包含一年十二月之時序轉移，但十二月消息與月份對應的關係爲何？《序卦傳》「剝者，剝也；物不可終盡，剝窮上反下，故受之以復。」注曰：

陽四月窮上，消姤至坤者也。〔註 270〕

陽氣窮盡於上爻之位而爲乾卦，乾卦值四月，陽盛而陰生，故六消卦方生，由一陰之姤卦至六爻全陰之坤卦。大過卦九五爻「枯楊生華，老婦得其士夫，无咎无譽。」注曰：

陽在五也，夬，三月時，周之五月，枯楊得澤，故「生華」矣。……〔註 271〕

陽息至五爻爲夬卦，夬卦值三月，此爲夏曆三月，周曆之五月。又大過卦九二爻「枯楊生稊，老夫得其女妻，无不利。」注曰：

「稊」，稚也，楊葉未舒稱稊；巽爲楊，乾爲老，老楊故「枯」。陽在二也，十二月時，周之二月，兌爲雨澤，枯楊得澤，復生稊；二體乾老，故稱「老夫」，「女妻」謂上兌，兌爲少女，故曰「女妻」；大過之家，過以相與，老夫得其女妻，故「无不利」。〔註 272〕

「陽在二」謂陽息至二而成臨卦，臨卦於夏曆爲十二月，周曆爲二月，將消息卦與月份相互對應。上述三者皆爲息卦與月份之配對，而《說卦傳》「戰乎乾，乾，西北之卦也，言陰陽相薄也。」注曰：

乾剛正五，月十五日晨象西北，故「西北之卦」；「薄」入也，坤十月卦，乾消剝入坤，故「陰陽相薄也」。〔註 273〕

乾陽盡消而變坤卦，坤卦值十月。臨卦卦辭「至于八月有凶」注曰：

與遯旁通，臨消於遯，六月卦也，於周爲八月。遯弒君父，故「至

〔註 269〕《周易集解》，頁 324。
〔註 270〕同註 269，頁 434。
〔註 271〕同註 269，頁 147。
〔註 272〕同註 269，頁 146。
〔註 273〕同註 269，頁 410。

于八月有凶」。荀公以兌爲八月；兌於周爲十月，言八月，失之甚矣。〔註 274〕

臨卦旁通遯卦，遯卦值六月，夏曆六月爲周曆八月。又姤卦《大象傳》「天下有風，姤；后以施命誥四方。」注曰：

> ……復震二月、東方，姤五月、南方，巽八月、西方，復十一月、北方，皆總在初，故「以誥四方」也。孔子行夏之時，經用周家之月，夫子傳《彖》、《象》以下，皆用夏家月，是故復爲十一月、姤爲五月矣。〔註 275〕

以復卦值十一月，姤卦值五月，上文言「復震二月、東方」謂八卦卦氣方位，《易緯・乾鑿度》曰：「震生物於東方，位在二月」〔註 276〕，「巽八月、西方」孟喜於卦氣說中以巽值八月、酉，「月體納甲說」中巽值西方。《繫辭下傳》「龍蛇之蟄，以存身也」注曰：「陰息初巽爲蛇，陽息初震爲龍；十月坤成，十一月復生，姤巽在下，龍蛇俱蟄初，坤爲身，故『龍蛇之蟄，以存身也』」〔註 277〕謂坤卦值十月，復卦值十一月。梳理虞翻《易》注中十二月消息卦與地支、月份相互應對，可知六息卦中「復卦」值十一月、子、仲冬，「臨卦」值十二月、丑、季冬，「泰卦」值正月、寅、孟春，「大壯卦」值二月、卯、仲春，「夬卦」值三月、辰、季春，「乾卦」值四月、巳、孟夏；而六消卦「姤卦」值五月、午、仲夏，「遯卦」值六月、未、季夏，「否卦」值七月、申、孟秋，「觀卦」值八月、酉、仲秋，「剝卦」值九月、戌、季秋，「坤卦」值十月、亥、孟冬。

第三節　月體納甲說

一、思想源流

（一）京房「八宮納甲說」

京房生平介紹與相關《易》學思想，請參考前述「漢代《易》學流派」一文，《京氏易傳》卷下曰：

〔註 274〕《周易集解》，頁 109。
〔註 275〕同註 274，頁 217～218。
〔註 276〕《易緯八種》，卷上，頁 55。
〔註 277〕同註 274，頁 371。

> 分天地乾坤之象，益之以甲乙壬癸。震巽之象配庚辛，坎離之象配戊巳，艮兑之象配丙丁。八卦分陰陽，六位配五行，光明四通，變易立節。〔註278〕

陸績注曰：「乾坤二分，天地陰陽之本，故分甲乙壬癸，陰陽之終始。」〔註279〕又曰：「庚陽入震，辛陰入巽」〔註280〕、「戊陽入坎，巳陰入離」〔註281〕、「丙陽入艮，丁陰入兌」〔註282〕京房受《易》於孟喜門生之焦延壽，開展出一套新的占筮體系，名爲「八宮納甲」，所謂「八宮納甲」係將十個天干納入《易》之六十四卦中，因「甲」爲十天干之首，故稱此爲「納甲」。又說「六位配五行」，即爲六爻與十二地支相配，京房將卦爻和天干地支相應，將天干地支引進《易》卦系統中，但今僅討論與虞翻有相互承遞關係之京房「八宮納甲」說。

此一納甲先由「乾」、「坤」、「震」、「巽」、「坎」、「離」、「艮」、「兌」等八個別卦，與十天干相互對應。如「乾」卦內卦三爻皆納「甲」，外卦三爻納「壬」，「坤」卦內卦三爻納「乙」，外卦三爻納「癸」，「震」卦內外卦皆納「庚」，「巽」卦內外卦皆納「辛」，「坎」卦內外卦皆納「戊」，「離」卦內外卦皆納「己」，「艮」卦內外卦皆納「丙」，「兌」卦內外卦皆納「丁」。

八卦皆納入十天干後，而其餘五十六卦，亦納入十天干之體系。五十六卦之每一卦皆由一內卦和一外卦所構成，納天干時，一卦之內卦三爻與八個純別卦之內卦相同，一卦之外卦也與八個純別卦之外卦相同。如「謙」卦（䷎）內卦爲艮，外卦爲坤，因此，謙卦內卦所納之天干，和別卦之艮內卦納「丙」相同，「謙」卦外卦所納之天干，和別卦之坤外卦納「癸」相同。

（二）魏伯陽「月體納甲說」

魏伯陽生平簡述及其思想，亦請參見「漢代《易》學流派」之文，《周易參同契》曰：

> 三日出爲爽，震庚受西方。八日兑受丁，上弦平如繩。十五乾體就，

〔註278〕〔漢〕京房撰；〔吳〕陸績註；〔明〕范欽訂：《京氏易傳》（臺北：臺灣商務印書館《四部叢刊》影印上海商務印書館縮印天一閣刊本，1976年），卷下，頁27。

〔註279〕同註278，卷下，頁27。

〔註280〕同註278，卷下，頁27。

〔註281〕同註278，卷下，頁27。

〔註282〕同註278，卷下，頁27。

> 盛滿甲東方。蟾蜍與兔魄，日月氣雙明。蟾蜍視卦節，兔者吐生光。七八道已訖，屈折低下降。十六轉受統，巽辛見平明。艮値於丙南，下弦二十三。坤乙三十日，東北喪其朋。節盡相禪與，繼體復生龍。壬癸配甲乙，乾坤括始終。〔註 283〕

又曰：「坎戊月精，離己日光。日月爲易，剛柔相當。」〔註 284〕魏伯陽「月體納甲說」以八經卦立說，坎、離兩卦表示日、月之象，而其它六經卦爲月相盈缺，再納入十天干，月相光明面爲陽，陰暗面爲陰，故每月初三左右，西方（庚方）月亮微光，如震卦、納庚，每月初八左右，月現於南方（丁方），如兌卦、納丁，每月十五日左右，月現於東方（甲方），如乾卦、納甲，每月十六日左右，月相於西方（辛方）出現其缺，如巽卦，納辛，每月二十三日左右，下弦月出現於南方（丙方），如艮卦、納丙，每月二十九、三十日左右，月相明盡於東方（乙方），藏於北方（癸方），如坤卦、納乙、癸。又每月三十日左右，日月相會於北方（壬方），新月將出現，乾卦又納壬，故乾納甲、壬，坤納乙、癸，以乾坤爲天干之始終，爲月相陰陽之消長。

二、虞翻之「日月爲易」

天地運行循環，實由日、月、年所漸遞而成，一日之運轉是經由晝夜日月的遞嬗所構築，對於觀察天地間變化首要之步乃以每天的日月轉移爲先，故《繫辭上傳》：「是故法象莫大乎天地，變通莫大乎四時，縣象著明莫大乎日月。」〔註 285〕以天地廣大爲法象之源，四時變化爲觀察通變的最佳之道，而日月更迭懸象於天，又《繫辭下傳》：「日往則月來，月往則日來，日月相推而明生焉；寒往則暑來，暑往則寒來，寒暑相推而歲成焉。」〔註 286〕日與月相互推移，往來反覆，寒與暑相互轉替，漸成年歲。

漢代學者藉著日月之運行來說明《周易》「易」字之字形及《易》中所蘊含之理，如許慎《說文解字》引《秘書》曰：「日月爲易，象侌易也。」〔註 287〕《易緯・乾坤鑿度》曰：「易名有四義」〔註 288〕其中一義爲「本日

〔註 283〕劉國棟注譯；黃沛榮先生校閱：《新譯周易參同契》（臺北：三民書局，2010 年），頁 23～28。

〔註 284〕同註 283，頁 16。

〔註 285〕〔魏〕王弼、〔晉〕韓康伯注；〔唐〕孔穎達疏：《周易正義》（臺北：藝文印書館《十三經注疏》，2001 年），卷 7，頁 157。

〔註 286〕同註 285，卷 8，頁 169。

〔註 287〕〔漢〕許慎撰；〔清〕段玉裁注：《新添古音說文解字注》（臺北：洪葉文化事

月相銜」〔註 289〕鄭玄曰:「日往月來，古日下有月爲易。」〔註 290〕魏伯陽《周易參同契》曰:「日月爲易，剛柔相當。」〔註 291〕而唐陸德明《經典釋文》「周易音義」釋「易」字曰:「虞翻注《參同契》云:字從日下月。」〔註 292〕。《繫辭下傳》:「是故《易》者象也。」注曰:

易謂日月在天成八卦象，縣象著明，莫大日月是也。〔註 293〕

虞翻認爲《易》從字形結構而觀，即爲日月陰陽消息的運作之理，「易」之字體，一日在上，一月在下，虞翻於「日月爲易」的思想下，發揮魏伯陽的「月體納甲說」，更利用「月體納甲說」闡明月相的晦朔盈虛，用以體悟陰陽消長變化。坎卦《彖傳》「行險而不失其信。」注曰:

「信」謂二也，震爲行，水性有常，消息與月相應，故「不失其信」矣。〔註 294〕

以坎卦爲例，坎卦九二之爻爲信，二至四爻互體爲震，震有行之逸象，水性有常指潮汐之升漲與退落，此與月相盈虛圓缺相關，月體運行之自然現象影響到潮汐消長，月相轉移之具體驗證與人們生活息息相關，故月體變化深深牽動著天地宇宙萬物的更迭，在此亦證虞翻認爲月體變化與卦爻彼此相應，而非隨意比附而至。鼎卦《彖傳》「巽而耳目聰明」注曰:

謂三也，三在巽上，動成坎、離，有兩坎、兩離象，乃稱「聰明」，日月相推而明生焉，故「巽而耳目聰明」。〔註 295〕

又《繫辭下傳》「《易》之爲書也不可遠，爲道也屢遷，變動不居，周流六虛，上下无常，剛柔相易，不可爲典要，唯變所適。」注曰:

「遷」徙也，日月周流，上下無常，故「屢遷」也。「變」易，「動」行。「六虛」六位也。日月周流，終而復始，故「周流六虛」。……〔註 296〕

業有限公司，1999 年)，9 篇下，頁 463～464。

〔註 288〕《易緯八種》，卷上，頁 25。

〔註 289〕同註 288，卷上，頁 25。

〔註 290〕同註 288，卷上，頁 25。

〔註 291〕《新譯周易參同契》，頁 16。

〔註 292〕〔唐〕陸德明撰:《經典釋文》(臺北:新文豐出版社《叢書集成新編》，1985 年)，卷 2，頁 704。

〔註 293〕《周易集解》，頁 368。

〔註 294〕同註 293，頁 149。

〔註 295〕同註 293，頁 246。

〔註 296〕同註 293，頁 389。

易爲日月之道，日月相互推移而光明，周流於天，使其上下無常，以卦爻體而論，「六虛」即六個爻位，日月遍流於六爻之中，終始相交，稱爲「周流六虛」，但日、月之象從何而來？離卦《彖傳》「離，麗也，日月麗乎天，百穀草木麗乎土。重明以麗乎正，乃化成天下。柔麗乎中正，故『亨』，是以『畜牝牛吉』也。」注曰：

> 乾五之坤成坎爲月，離爲日，日月麗天也。震爲百穀，巽爲草木，坤爲地；乾二、五之坤成坎、震，體屯，屯者盈也，盈天地之間者唯萬物，萬物出震，故「百穀草木利乎地」。兩象故「重明」，「正」謂五陽；陽變之坤來化乾，以成萬物，謂離日化成天下也。「柔」謂五陰，「中正」謂五伏陽，出在坤中，畜牝牛，故中正而亨也。〔註297〕

又離卦《大象傳》「明兩作，離；大人以繼明照于四方。」注曰：

> 「兩」謂日與月也。乾五之坤成坎，坤二之乾成離，離坎，日月之象，故「明兩作，離」。「作」成也。日月在天，動成萬物，故稱「作」矣。或以日與火爲「明兩作」也。陽氣稱大人，則乾五大人也；乾二、五之光繼日之明，坤爲方，二、五之坤，震東兑西，離南坎北，故曰「照于四方」。〔註298〕

乾卦二、五爻來至坤卦二、五之位，而成坎卦，換言之，坤卦二、五之爻亦至乾卦二、五之位，而成離卦，坎爲月，離爲日，日與月附麗於天，坎月離日經由運行而化育萬物，故有「離日化成天下」、「日月在天，動成萬物」，卦爻中因坎月離日周體運行，震爲百穀，巽爲草木，故萬物蘊育長養於日月之間。又咸卦《彖傳》「觀其所感，而天地萬物之情可見矣。」注曰：

> 謂四之初，以離日見天，坎月見地，縣象著明，萬物見離，故「天地萬物之情可見」也。〔註299〕

又萃卦《彖傳》「『王假有廟』，致孝享也；『利見大人，亨』，聚以正也；『用大牲吉，利有攸往』，順天命也。觀其所聚，而天地萬物之情可見矣。」注曰：

> ……三、四易位成離、坎，坎月離日，日以見天，月以見地，故「天

〔註297〕《周易集解》，頁154。
〔註298〕同註297，頁154～155。
〔註299〕同註297，頁160。

地之情可見矣」；與大壯、咸、恆同義也。〔註 300〕

前文以咸卦九四爻與初爻易位而成既濟卦，既濟卦下卦爲離，離爲日而得以見天，上卦爲坎，坎爲月而方以見地，《繫辭上傳》曰：「縣象著明，莫大乎日月。」〔註 301〕坎月離日現象於天，萬物運行生長亦附於日月更迭之間，日以見天、月以見地，日月天地長養萬物，掌握日月之道則可見天地萬物之情狀。劉玉建認爲《易緯》可能基於陰陽五行說及《周易》坎離爲陰陽之性命說而以「日月爲易」，雖「易」爲上日下月於文字上難以自圓其說，但魏伯陽因進退火候，特重坎離水火，虞翻深受此說之影響，解《易》時尤重天時，是故對《易緯》「日月爲易」有相當繼承與發展。〔註 302〕

三、虞翻之「日月在天成八卦之象」

虞翻認爲八卦懸象於天，後代聖人觀象而畫八卦，八卦爲自然垂示於人，非人創造而生，然而所謂「象」乃指日月星辰，如「歷象，謂日月星辰也」〔註 303〕、「日月爲象」〔註 304〕、「日月在天，運行照物」〔註 305〕，賁

〔註 300〕《周易集解》，頁 222。

〔註 301〕《周易正義》，卷 7，頁 157。

〔註 302〕「但《易緯》何以提出『日月爲易』說呢？我們認爲原因有二，首先，本於傳統的陰陽五行說及《周易》中坎離爲陰陽之性命說。……由於易字本身正好上爲日，儘管下不爲月，但 [illegible]（易下之小篆）與小篆之 [illegible]（月）在字形上略有相似，故附會強命 [illegible] 爲月，這樣就從易字字形上，賦予其日月之義。應當說，這是《易緯》提出『日月爲易』說的另一種原因。……《易緯》以上日下月爲『易』，雖然在文字上難以全面自圓其說，但其對《周易》重視陰陽之道的思想特徵的概括，應當說還是比較準確可取的。因此，段玉裁雖反對其以日月附會易字，旦仍承認此說『近理』。東漢魏伯陽《參同契》，借《易》以言煉丹術，特重坎離水火，又其進退火候尤以日月之時爲準。爲了說明此術來之有源，故其取《易緯》『日月爲易』說。虞翻注《參同契》，深受這一學說的影響，以至其在解《易》時尤重天象。這突出地表現在其對八卦來源所提出的新觀點，即『日月懸天，成八卦象』（《繫辭上傳》『懸象著明莫大乎日月』注，另見《繫辭上傳》『在天成象』注，《周易集解》）。應當說，《易緯》以『日月爲易』，主要是源於其對日月爲陰陽之性命重要性的認識，雖然坎爲月，離爲日，但尚未言及日月與其他卦象的關係。至《參同契》則開駛始注重八卦卦象與日月出入盈虧的關係。至虞翻則明確提出《周易》中基本的八卦卦象，取象於日月。應當說，魏伯陽及虞翻此說，乃是對《易緯》『日月爲易』說的繼承與發展、豐富。」劉玉建撰：《兩漢象數易學研究》（南寧：廣西教育出版社，1996 年），頁 500～503。

〔註 303〕同註 300，頁 241。

卦《彖傳》「觀乎天文，以察時變；觀乎人文，以化成天下」注曰：

> 日月星辰爲「天文」也。泰震春，兑秋；賁坎冬，離夏；巽爲進退，日月星辰進退盈縮，謂朓、側、朏也；歷象在天成變，故「以察時變」矣。泰乾爲人，五、上動，體既濟，賁離象重明麗正，故「以化成天下」也。〔註306〕

天上之文爲日月星辰，賁卦由泰卦而來，泰卦三至五爻互體成震，二至四爻互體成兌，賁卦二至四爻互體成坎，下卦爲離，震春、離夏、兌秋、坎冬之時節變化而日月星辰亦隨其改變，賁卦五爻由陰變陽，而上卦爲巽，巽有進退之逸象，故於賁卦《彖傳》以日月星辰進退盈縮闡明時變，但需特別注意之處爲「日月星辰」是著重於「月」字，故後文曰「謂朓、側、朏也」，「朓」謂每月最後一日，稱晦日，月現於西方，「側」謂每月初一左右，稱朔日，月現於東方，「朏」謂每月初三左右，皆以月相盈虛闡明天文之變，故若察考時節變化則可觀天上日月星象之轉移變化而得其時序。日月星辰懸於天上，象爲八卦，故曰「謂日月在天成八卦」〔註307〕、「在天成象，八卦以象告」〔註308〕、「謂日月縣天成八卦象」〔註309〕，《繫辭下傳》「是故《易》者，象也；象也者，像也。彖者，材也；爻也者，效天下之動者也。是故吉凶生而悔吝著也。」注曰：

> 「易」謂日月在天成八卦象，縣象著明，莫大日月是也。「彖」說三才，則三分天象以爲三才，謂天、地、人道也。「動」發也，謂兩三才爲六畫，則發揮剛柔而生爻也。爻象動內，則吉凶見外，吉凶悔吝者，生乎動者也，故曰「著」。〔註310〕

日月爲易，日月在天而成八卦之象，在天懸象而彰顯其明，日月可謂顯著之天象兆明，觀察天象而畫成八卦者爲聖者庖犧，《繫辭下傳》「仰則觀象於天，俯則觀法於地，觀鳥獸之文，與地之宜，近取諸身，遠取諸物，於是始作八卦。」注曰：

〔註304〕《周易集解》，頁315。
〔註305〕同註304，頁340。
〔註306〕同註304，頁568。
〔註307〕同註304，頁312。
〔註308〕同註304，頁316。
〔註309〕同註304，頁350。
〔註310〕同註304，頁368～369。

謂庖犧觀鳥獸之文，則天八卦效之，《易》有太極，是生兩儀，兩儀生四象，四象生八卦，八卦乃四象所生，非庖犧之所造也，故曰「象者，象此者也」，則大人造爻象以象天，卦可知也。而讀《易》者咸以爲庖犧之時，天未有八卦，恐失之矣。天垂象，示吉凶，聖人象之，則天已有八卦之象。〔註311〕

虞翻以八卦爲天之垂象，天已有之，「太極」、「兩儀」、「四象」而後有「八卦」，並非庖犧所造，故稱「天垂象，示吉凶，聖人象之，則天已有八卦之象。」庖犧僅觀天察象而發現其兆，故依天象畫之，又《繫辭上傳》「聖人有以見天下之頤，而擬諸其形容，象其物宜，是故謂之象；聖人有以見天下之動。」注曰：

乾稱「聖人」，謂庖犧也。「嘖」謂初，自上議下稱「擬」，「形容」謂陰，在地成形者也。「物宜」謂陽，遠取諸物，在天成象，故「象其物宜」。「象」謂三才八卦在天也，庖犧重爲六畫也。重言「聖人」，謂文王也；「動」謂六爻矣。〔註312〕

日月在天成八卦之象，乾陽遠取天之象，坤陰在地成就各類萬物，故《易》卦自上而下模擬天下殊異形類，顯示物之所宜，聖者庖犧見天下萬物生發之始爲初，如一卦之初爻，由上文可知，現於天之象爲三爻之八卦，庖犧觀之而重爲六畫，又曰「庖犧則天八卦，通爲六十四」〔註313〕謂庖犧效法日月在天而形成八卦之象，更經由變通而成六十四卦，故知日月懸天成八卦象，此象乃指三爻畫，而後庖犧觀天象以重六畫，變通而成六十四卦，八卦仍爲天地自然存在之象，懸象著明，庖犧爲最先發現其象者，並重象擴大，藉此以論天地間迥異物類。

日月成八卦之象，虞翻係立於「月體納甲」而論，坤卦《彖傳》「『西南得朋』，乃與類行」注曰：

謂陽得其類，月朔至望，從震至乾，與時偕行，故「乃與類行」。〔註314〕

又豐卦《彖傳》「『豐』，大也，明以動，故豐。『王假之』，尚大也；『勿憂，宜日中』，宜照天下也；日中則昃，月盈則食，天地盈虛，與時消息，而況

〔註311〕《周易集解》，頁363。
〔註312〕同註311，頁315。
〔註313〕同註311，頁385。
〔註314〕同註311，頁27。

于人乎！況于鬼神乎！」注曰：

> 五動成乾，乾爲天；四動成兩離，重明麗正，故「宜照天下」，謂化成天下也。月之行，生震、見兑，盈于乾甲；五動成乾，故「月盈」……
>
> 〔註315〕

《周易參同契》以坎爲月，離爲日，坎離代表日、月之象，另外六個卦分別象喻月相盈缺，每月晦、朔之日，月亮在中天「戊」之位，故坎月納戊，而每日正午時分，離日在中天「己」之位，故離日納己。《周易參同契》曰：「三日出爲爽，震庚受西方。」〔註316〕每月初三左右，新月在日落之際出現於西方、庚方之處，此時月相如同震卦，一陽爻在下，二陰爻在上，陽爲明，陰爲暗，震卦納庚，如虞翻言「月生震初」〔註317〕、「生震」，《周易參同契》曰：「八日兌受丁，上弦平如繩。」〔註318〕每月初八左右，日落之時，月處正南方、丁方，月相明亮之面較前爲大，故以兌卦象之，兌卦納丁，如虞翻言「見兌」，《周易參同契》曰：「十五乾體就，盛滿甲東方。」〔註319〕每月十五左右，月相盛滿於東方、甲方，此爲望日之月，以乾卦之三陽爲象，乾卦納甲，如虞翻言「盈于乾甲」。因此虞翻將月相與時間同步推移，「生震、見兌，盈于乾甲」即謂月體納甲之說。剝卦《彖傳》「君子尚消息盈虛，天行也。」注曰：

> ……易虧巽，消艮，出震，息兑，盈乾，虚坤，故於是見之耳。
>
> 〔註320〕

易爲陰陽之變易，三日新月現，爲震象；八日上弦月現，爲兌象；十五日月滿，爲乾象；十六日月始缺，爲巽象；二十三日下弦月現，爲艮象；二十九日月虛而缺，爲坤象。「虧巽，消艮，出震，息兌，盈乾，虛坤」謂月相之光亮面虧損如巽，剝消如艮，出現如震，息長如兌，盈滿如乾，消失如坤，又蠱卦《彖傳》注曰：「易出震，消息歷乾坤象，乾爲始，坤爲終，故『終則有始』」〔註321〕謂月體納甲說，陽始於震，而乾卦爲極盛之時，最後消盡於坤卦，以月體之消息盈虛闡明君子處事行宜之道，月相變化爲自然變化之

〔註315〕《周易集解》，頁269。
〔註316〕《新譯周易參同契》，頁23。
〔註317〕同註315，頁397。
〔註318〕同註316，頁23
〔註319〕同註316，頁23。
〔註320〕同註315，頁124。
〔註321〕同註315，頁106。

理，以此體天下萬物之進退消息。

四、虞翻之「八卦配對天干、方位」

虞翻將月相盈虛圓缺用來配對八卦、十天干、方位，《周易參同契》曰：「坎戊月精，離己日光。日月爲易，剛柔相當。」〔註 322〕以坎代表月，離代表日，每月之晦夕朔旦，月立於中央戊之位，故坎納戊，每日正午之際，日處中央己之位，故離納己。《繫辭下傳》「《易》之爲書也不可遠，爲道也屢遷，變動不居，周流六虛，上下无常，剛柔相易，不可爲典要，唯變所適。」注曰：

> 「遷」徙也，日月周流，上下無常，故「屢遷」也。「變」易，「動」行。「六虛」六位也。日月周流，終而復始，故「周流六虛」。謂甲子之旬辰、巳虛，坎戊爲月，離己爲日，入在中宮，其處空虛，故稱「六虛」，五甲如次者也。……〔註 323〕

以坎爲月、納戊，離爲日、納己，而戊、己入中宮，處空虛，「空虛」係指卜筮時遭逢孤虛則主事不成，《史記集解．龜策列傳》裴駰在「日辰不全，故有孤虛」下注曰：「甲、乙謂之日，子、丑謂之辰。《六甲孤虛法》：甲子旬中無戌、亥，戌、亥即爲孤，辰、巳即爲虛；甲戌旬中無申、酉，申、酉爲孤，寅、卯即爲虛；甲申旬中無午、未，午、未爲孤，子、丑即爲虛；甲午旬中無辰、巳，辰、巳爲孤，戌、亥即爲虛；甲辰旬中無寅、卯，寅、卯爲孤，申、酉即爲虛；甲寅旬中無子、丑，子、丑爲孤，午、未即爲虛。」〔註 324〕此以十天干與十二地支相互組合，總合爲六十，起首之名曰「甲子」，故曰「六十甲子」，以六十甲子計日則每一行值十日，稱一旬，以首爲名，故曰「甲子旬」、「甲戌旬」、「甲午旬」、「甲申旬」、「甲辰旬」、「甲寅旬」，於「甲子旬」中缺十二地支中的「戌」、「亥」，故稱「旬空」、「孤」，而十天干中，「戊」、「己」處中央之位，當虛中應外，故以「戊」、「己」相應之十二地支爲「虛」。其圖可參見「虞翻之《易》學基礎建構」中「其它《易》學體例」一文中。

《繫辭上傳》「縣象著明莫大乎日月，崇高莫大乎富貴。」注曰：

> 謂日月縣天成八卦象：三日莫，震象出庚；八日，兌象見丁；十

〔註 322〕《新譯周易參同契》，頁 16。

〔註 323〕《周易集解》，頁 389～390。

〔註 324〕〔漢〕司馬遷撰；〔宋〕裴駰集解；〔唐〕司馬貞索隱；〔唐〕張守節正義：《史記》（臺北：藝文印書館，2005 年），卷 128，頁 1328。

> 五日，乾象盈甲；十七日旦，巽象退辛；二十三日，艮象消丙；三十日，坤象滅乙；晦夕朔旦，坎象流戊；日中則離，離象就己；戊、己土位，象見於中；日月相推而明生焉，故「縣象著明莫大乎日月」者也。謂乾正位於五，五貴、坤富，以乾通坤，故高大富貴也。〔註 325〕

「莫」即暮。每月三日傍晚時分，如新月之震象，現於庚方；每月八日，如上弦月之兌象，現於丁方；每月十五日，如月滿之乾象，現於甲方；每月十七日晨旦之際，月相由辛方開始消退，如巽象；每月二十三日，如下弦月之艮象，剝消於丙方；每月三十日，月相光明消於乙方，如坤象，每月最後一日當晚及下個月初一清晨，月相流動至戊方，如坎象，正午時分，離日處於己方。戊己爲土之位，其象現於中央，故又曰：「謂日月在天成八卦，震象出庚，兌象見丁，乾象盈甲，巽象伏辛，艮象消丙，坤象喪乙，坎象流戊，離象就己，故『在天成象』也。」〔註 326〕《繫辭上傳》「天數五，地數五，五位相得而各有合；天數二十有五，地數三十，凡天地之數五十有五，此所以成變化而行鬼神也。」注曰：

> 「天數五」，謂一、三、五、七、九；「地數五」，謂二、四、六、八、十也。「五位」謂五行之位，甲乾、乙坤相得合木，謂天地定位也；丙艮、丁兑相得合火，山澤通氣也；戊坎、己離相得合土，水土相逮也；庚震、辛巽相得合金，雷風相薄也；天壬、地癸相得合水，言陰陽相薄而戰於乾，故「五位相得而各有合」。或以一、六合水，二、七合火，三、八合木，四、九合金，五、十合土也。一、三、五、七、九，故二十五也；二、四、六、八、十，故三十也。天二十五，地三十，故「五十有五」。天地數見於此，故大衍之數略其奇五，而言五十也。〔註 327〕

虞翻將月體納甲中，八卦相應月相盈缺，再配以十天干、方位及五行，乾卦納甲、坤卦納乙，甲、乙位於東方，故屬五行之木，艮卦納丙、兌卦納丁，丙、丁位於南方，故屬五行之火，坎卦納戊、離卦納己，戊、己位於中央，故屬五行之土，震卦納庚、巽卦納辛，庚、辛位於西方，故屬五行之金，乾

〔註 325〕《周易集解》，頁 350。
〔註 326〕同註 325，頁 312。
〔註 327〕同註 325，頁 337～338。

爲天、坤爲地，乾納甲、壬，坤納乙、癸，壬、癸位於北方，故屬五行之水。《說卦傳》曰：「戰乎乾，乾，西北之卦也，言陰陽相薄也。」〔註 328〕以乾值西北，乾陽坤陰相互鬥爭於西北方，西北爲陰陽迫近，而兩者其性相異而相爭。虞翻多以月體納甲詮釋《周易》經傳，如《繫辭下傳》「八卦成列，象在其中矣」注曰：「『象』謂三才成八卦之象，乾、坤列東，艮、兌列南，震、巽列西，坎、離在中，故『八卦成列』，則『象在其中』」〔註 329〕、姤卦《大象傳》注曰：「巽八月、西方」〔註 330〕、歸妹《彖傳》注曰：「乾天坤地，三之四，天地交，以離日坎月戰陰陽，……謂陰終坤癸，則乾始震庚也。……」〔註 331〕、巽卦九五爻注曰：「……震庚也，……，震主庚……乾成于甲，震成于庚，陰陽天地之始終……」〔註 332〕、《說卦傳》「艮，東北之卦也，萬物之所成終而所成始也，故曰成言乎艮。」注曰：「……萬物成始乾甲，成終坤癸，艮東北，是甲、癸之間，故「萬物之所成終而成始」者也。」〔註 333〕、《說卦傳》言坎爲「弓輪」注曰：「坎爲月，月在於庚爲弓，在甲象輪」〔註 334〕、《說卦傳》「戰乎乾，乾，西北之卦也，言陰陽相薄也。」注曰：「乾剛正五，月十五日晨象西北，故「西北之卦」……」〔註 335〕、《說卦傳》言乾爲「大赤」注曰：「太陽爲赤，月望出入時也」〔註 336〕以太陽爲盛陽，指月相明面之盛，而非今日之太陽，乾爲每月十五月相滿盈之際。震卦六二爻注曰：「震數七」〔註 337〕謂震納庚，十天干之數，庚爲七。然坤卦《彖傳》「『東北喪朋』，乃終有慶」注曰：

> 陽喪滅坤，坤終復生。謂月三日震象出庚，故「乃終有慶」。此指說《易》道陰陽消息之大要也。謂陽，月三日變而成震出庚，至月八日成兑見丁；庚西丁南，故「西南得朋」。謂二陽爲朋；故兑「君子以朋友講習之」，《文言》曰「敬義立而德不孤」，《彖》曰「乃與類

〔註 328〕《周易正義》，卷 9，頁 184。
〔註 329〕《周易集解》，頁 359。
〔註 330〕同註 329，頁 218。
〔註 331〕同註 329，頁 264。
〔註 332〕同註 329，頁 281。
〔註 333〕同註 329，頁 410。
〔註 334〕同註 329，頁 424。
〔註 335〕同註 329，頁 410。
〔註 336〕同註 329，頁 417。
〔註 337〕同註 329，頁 252。

> 行」。二十九日，消乙入坤，滅藏於癸；乙東癸北，故「東北喪朋」。謂之以坤滅乾，坤爲喪故也。……〔註 338〕

上文以「月體納甲」立說，「陽喪」爲月相光明面之喪失，「陰陽消息」謂月相陰暗面與光明面之消長，每月三日爲震卦，出於庚方（西方），八日爲兌卦，見於丁方（南方），故月相光明面愈增於西南，如乾陽尋得同類，故言「西南得朋」，二十九日，月消於乙方（東方），盡滅於癸方（北方），有如坤卦，而乾陽之朋散盡於東北方，故曰「東北喪朋」。蹇卦《彖傳》「蹇之時用大矣哉」注曰：

> 謂坎月生西南而終東北，震象出庚，兑象見丁，乾象盈甲，巽象退辛，艮象消丙，坤象窮乙。喪滅於癸，終則復始，以生萬物，故「用大矣」。〔註 339〕

坎月現於西南方而消失於東北方，以一個月之月相盈缺，始於震卦之庚方，而滅藏於坤卦之癸方，終而復始，此爲萬物生生之道，以月體納甲之月圓而缺，虛而復盈，天地宇宙生命延續即終始反復之道，生生不息。因此坤卦《文言傳》注曰：「謂東北喪朋，乃終有慶也。」〔註 340〕月相消失於東北方，乾陽喪盡其朋，但此非終點絕境，因新的一個月即將出現，故言終有慶。

五、虞翻之「八卦配對季節」

虞翻將八個卦配以季節，《繫辭上傳》「是故《易》有太極，是生兩儀，兩儀生四象，四象生八卦，八卦定吉凶，吉凶生大業。」注曰：

> ……乾、坤生春，艮、兑生夏，震、巽生秋，坎、離生冬者也。……〔註 341〕

月相盈滿爲乾而納甲，月相消失爲坤而納乙，甲、乙位於東方，東爲震、爲春，故曰「乾、坤生春」，下弦月之艮而納丙，上弦月之兌而納丁，丙、丁位於南方，南爲離、爲夏，故曰「艮、兌生夏」，月相始生爲震而納庚，月相方退爲巽而納辛，庚、辛位於西方，西爲兌、爲秋，故曰「震、巽生秋」，坎表徵月，離表徵日，每月三十日左右，日月相會於北方，北爲坎、爲冬，故曰

〔註 338〕《周易集解》，頁 27。
〔註 339〕同註 338，頁 192。
〔註 340〕同註 338，頁 33。
〔註 341〕同註 338，頁 349。

「坎、離生冬」。故以月體納甲說而觀八卦，將八卦與每月所值之日以象相應，陽爻爲月相光明面，陰爻爲月相陰暗面，故八卦各有象徵之月相，再與天干、方位、五行、四季相對，而下圖爲筆者整理虞翻所言八卦與月體納甲說之關係圖表。

圖表 16：月體納甲之八經卦配對

	乾	坤	艮	兌	坎	離	震	巽
十天干	甲壬	乙癸	丙	丁	戊	己	庚	辛
値日	15 日	30 日	23 日	8 日	爲月	爲日	3 日	17 日
月相	月滿	月消	下弦月	上弦月			月相始生	月相始消
方位	東	東	南	南	中央	中央	西	西
五行	木	木	火	火	土	土	金	金
四季	春	春	夏	夏	冬	冬	秋	秋

第四節　逸象說

《說卦傳》中列舉八卦之卦象、卦德及衍生出的卦象，後代《易》學者也常由八卦中所推衍的卦象來注《易》，繼而愈增愈繁，此稱之爲「逸象」，「逸象」所增益的卦象雖未在《周易》經傳中出現，但卻是《周易》本有之象，但後世失其傳，「逸象」雖有託古之嫌，注《易》者釋意增象愈來愈多，但此也不失是一種解《易》之法，而虞翻的「逸象」更可爲《易》家之最。

清代惠棟《易漢學》輯虞翻逸象共三百三十一例，「乾六十，坤八十二，震五十，坎四十六，艮三十八，巽二十，離十九，兌九。」〔註 342〕，其曰：「《荀九家》逸象三十有一，載見陸氏《釋文》，朱子采入《本義》。虞仲翔傳其家五世孟氏之學，八卦取象，十倍于《九家》。」〔註 343〕又曰：「雖大略本諸經，然其授受必有所自，非若後世鄉壁虛造、漫無根據者也。」〔註 344〕張惠言《周易虞氏義》認爲虞翻逸象有四百五十六〔註 345〕，「乾卦」八十，「坤卦」一百

〔註 342〕〔清〕惠棟撰：《惠氏易學》（臺北：廣文書局，1981 年），卷 3，頁 1132。
〔註 343〕同註 342，卷 3，頁 1125。
〔註 344〕同註 342，卷 3，頁 1132。
〔註 345〕〔清〕張惠言撰：《張惠言易學十書》（臺北：廣文書局，1977 年），頁 391～400。

一十，「震卦」五十六，「巽卦」四十四，「坎卦」六十九，「離卦」二十九，「艮卦」五十二，「兌卦」十六。但清代紀磊《虞氏逸象考正》依惠氏、張氏而輯其逸象，曰「今讀其書誠如惠氏言，然亦閒有未合處，因更即惠氏所注，悉爲考正，以俟後之讀餘虞氏者察焉。」〔註 346〕清代方申於《方氏易學五書・虞氏易象彙編》曰：「成虞氏易象彙編一卷，共得逸象一千二百八十七則，多於惠氏者幾及四倍多，於張氏者幾及二倍，此非後人之學能踰於前人，實以創者難而因者易耳，雖爬羅剔抉，細大不捐，未免涉於繁瑣，然與其過而廢之，無寧過而存之，俾治虞氏易者得覽卦象之全，以推衍其家法云爾。」〔註 347〕臚列前賢歸納的虞翻逸象，自惠棟三百三十一例至方申一千二百八十七例，其數眾多，故筆者依乾、坤、震、巽、坎、離、艮、兌之順序，臚列各卦之逸象，並將逸象以注解方式歸納虞翻《易》注所出之處，遍覽逸象出現次數，其後細敘逸象由來爲何。

一、思想源流

虞翻「逸象」之源多取於《說卦傳》，以乾爲例，虞翻以乾爲天、爲君、爲父、爲寒、爲金、爲良馬、爲首、爲堅剛、爲玉、爲瓜、爲大赤，《說卦傳》以乾爲王，虞翻認爲君即王，故乾有「王」之逸象，《說卦傳》以乾爲金，虞翻則以金爲黃色，故乾有「金黃」之逸象，又金爲堅剛之物，而乾有「堅剛」之逸象，《說卦傳》以乾爲首，首爲頭之頂端，故虞翻以乾爲「頂」，《說卦傳》以乾爲玉，圭爲玉之屬，故虞翻以乾有「圭」之逸象，《說卦傳》以乾爲圜，瓜爲圜之物，故虞翻以乾有「瓜」之逸象，《說卦傳》以乾爲大赤，朱爲赤、大赤，故虞翻以乾有「朱」之逸象。上述逸象皆由《說卦傳》延伸而至，故虞翻逸象思想基礎大多依附於此。

二、虞翻之逸象「乾」

（一）逸象總目

〔註 346〕〔清〕紀磊撰：《虞氏逸象考正》（上海：上海古籍出版社《續修四庫全書》據復旦大學圖書館藏民國十二年吳興劉氏嘉業堂刻吳興叢書本影印，1995 年），頁 1。

〔註 347〕〔清〕方申撰：《方氏易學五書》（上海：上海古籍出版社《續修四庫全書》據南菁書院叢書，1995 年），卷 1，頁 16。

乾爲德〔註348〕，爲龍〔註349〕，爲君子〔註350〕，爲天〔註351〕，爲神〔註352〕，爲先〔註353〕，爲王〔註354〕，爲積善〔註355〕，爲父〔註356〕，爲君〔註357〕，爲寒

〔註348〕乾卦《文言傳》注、坤卦《大象傳》注、小畜卦《大象傳》注、蠱卦《大象傳》注、剝卦上九爻注、坎卦《大象傳》注、晉卦《大象傳》注、益卦九五爻注、夬卦《大象傳》注、節卦《大象傳》注、《繫辭上傳》「『勞謙，君子有終，吉。』子曰：『勞而不伐，有功而不德，厚之至也。語以其功下人者也。德言盛，禮言恭。謙也者，致恭以存其位者也。』」注、《繫辭下傳》「是故履，德之基也；謙，德之柄也；復，德之本也；恆，德之固也。」注。

〔註349〕乾卦《文言傳》注。

〔註350〕乾卦《文言傳》注、剝卦《彖傳》注、剝卦上九爻注、遯卦九四爻注、《雜卦傳》「夬，決也，剛決柔也；君子道長，小人道憂也。」注。

〔註351〕乾卦《文言傳》注、履卦《大象傳》注、大有卦上九爻注、豫卦《彖傳》注、隨卦《彖傳》注、无妄卦《彖傳》注、大畜卦上九爻注、恆卦《彖傳》注、家人卦《彖傳》注、睽卦《彖傳》注、睽卦六三爻注、姤卦九五爻注、革卦《彖傳》注、豐卦《彖傳》注、兑卦《彖傳》注、節卦《彖傳》注、中孚卦《彖傳》注、中孚卦上九爻注、《繫辭下傳》「庖犧氏沒，神農氏作，斲木爲耜，揉木爲耒，耒耨之利，以教天下，蓋取諸益。」注、《繫辭下傳》「其稱名也小，其取類也大；其旨遠，其辭文；其言曲而中，其事肆而隱；因貳以濟民行，以明失得之報。」注。

〔註352〕乾卦《文言傳》注、《繫辭上傳》「精氣爲物，遊魂爲變，是故知鬼神之情狀；與天地相似，故不違。」注、《說卦傳》「兑爲澤，爲少女，爲巫，爲口舌，爲毀折，爲附決；其於地也，爲剛鹵；爲妾，爲羊。」注。

〔註353〕乾卦《文言傳》注、同人卦九五爻注、睽卦上九爻注。

〔註354〕坤卦六三爻注、訟卦六三爻注、隨卦上六爻注、蠱卦上九爻注、晉卦六二爻注、蹇卦六二爻注、益卦六二爻注、夬卦卦辭注、萃卦卦辭注、豐卦卦辭注、渙卦卦辭注。

〔註355〕坤卦《文言傳》注、履卦上九爻注、《繫辭下傳》「『善不積不足以成名，惡不積不足以滅身。小人以小善爲无益而弗爲也，以小惡爲无傷而弗去也，故惡積而不可掩，罪大而不可解。《易》曰：「何校滅耳，凶。」』」注。

〔註356〕坤卦《文言傳》注、蠱卦初六爻注、家人卦《彖傳》注、《繫辭上傳》「乾以易知，坤以簡能；易則易知，簡則易從；易知則有親，易從則有功。」注、《繫辭下傳》「其稱名也小，其取類也大；其旨遠，其辭文；其言曲而中，其事肆而隱；因貳以濟民行，以明失得之報。」注、《繫辭下傳》「其出入以度，外內使知懼，又明於憂患與故，无有師保，如臨父母。」注、《說卦傳》「乾爲天，爲圜；爲君，爲父；爲玉，爲金；爲寒，爲冰；爲大赤；爲良馬，爲老馬，爲瘠馬，爲駁馬；爲木果。」注、《序卦傳》「有天地然後有萬物，有萬物然後有男女，有男女然後有夫婦，有夫婦然後有父子，有父子然後有君臣，有君臣然後有上下，有上下然後禮義有所錯。」注。

〔註357〕坤卦《文言傳》注、復卦上六爻注、復卦上六爻《小象傳》注、革卦九四爻

〔註 358〕，爲賢人〔註 359〕，爲敬〔註 360〕，爲百〔註 361〕，爲舊德〔註 362〕，爲甲〔註 363〕，爲大君〔註 364〕，爲郊〔註 365〕，爲道〔註 366〕，爲人〔註 367〕，

注、歸妹卦六五爻注、《繫辭上傳》「『不出户庭，无咎。』子曰：『亂之所生也，則言語以爲階。君不密則失臣，臣不密則失身，幾事不密則害成，是以君子愼密而不出也。』」注、《説卦傳》「乾爲天，爲圜；爲君，爲父；爲玉，爲金；爲寒，爲冰；爲大赤；爲良馬，爲老馬，爲瘠馬，爲駁馬；爲木果。」注、《序卦傳》「有天地然後有萬物，有萬物然後有男女，有男女然後有夫婦，有夫婦然後有父子，有父子然後有君臣，有君臣然後有上下，有上下然後禮義有所錯。」注。

〔註 358〕坤卦《文言傳》注、《繫辭上傳》「是故剛柔相摩，八卦相盪；鼓之以雷霆，潤之以風雨；日月運行，一寒一暑。」注、《繫辭下傳》「《易》曰：『憧憧往來，朋從爾思。』子曰：『天下何思何慮？天下同歸而殊塗，一致而百慮。天下何思何慮？日往則月來，月往則日來，日月相推而明生焉；寒往則暑來，暑往則寒來，寒暑相推而歲成焉。往者屈也，來者信也，屈信相感而利生焉。尺蠖之屈，以求信也；龍蛇之蟄，以存身也；精義入神，以致用也；利用安身，以崇德也。過此以往，未之或知也。窮神知化，德之盛也。』」注。

〔註 359〕坤卦《文言傳》注、《繫辭上傳》「『亢龍，有悔。』子曰：『貴而无位，高而无民，賢人在下位，而无輔，是以動而有悔也。』」注、《繫辭上傳》「《易》曰：『自天祐之，吉无不利。』子曰：『祐者，助也。天之所助者，順也；人之所助者，信也。履信思乎順，又以尚賢也，是以自天祐之，吉无不利也。』」注、《繫辭下傳》「初率其辭而揆其方，既有典常，苟非其人，道不虛行。」注。

〔註 360〕需卦九三爻注。

〔註 361〕訟卦九二爻注、《繫辭下傳》「上古結繩而治，後世聖人易之以書契，百官以治，萬民以察，蓋取諸夬。」注、《繫辭下傳》「天地設位，聖人成能；人謀鬼謀，百姓與能。」注。

〔註 362〕訟卦六三爻注。

〔註 363〕訟卦上九爻注、蠱卦《彖傳》注。

〔註 364〕師卦上六爻注。

〔註 365〕小畜卦《彖傳》注、同人卦上九爻注、小過卦六五爻注。

〔註 366〕小畜卦初九爻《小象傳》注、恆卦《彖傳》注、《繫辭上傳》「『同人先號咷而後笑。』子曰：『君子之道，或出或處，或默或語，二人同心，其利斷金；同心之言，其臭如蘭。』」注。

〔註 367〕履卦卦辭注、謙卦《彖傳》注、賁卦《彖傳》注、大畜卦九三爻注、咸卦《大象傳》注、《繫辭上傳》「《易》曰：『自天祐之，吉无不利。』子曰：『祐者，助也。天之所助者，順也；人之所助者，信也。履信思乎順，又以尚賢也，是以自天祐之，吉无不利也。』」注、《繫辭下傳》「古之葬者，厚衣之以薪，葬之中野，不封不樹，喪期无數，後世聖人易之以棺槨，蓋取諸大過。」注、《繫辭下傳》「天地設位，聖人成能；人謀鬼謀，百姓與能。」注。

爲大明〔註368〕，爲武人〔註369〕，爲遠〔註370〕，爲祿〔註371〕，爲野〔註372〕，爲族〔註373〕，爲門〔註374〕，爲歲〔註375〕，爲大〔註376〕，爲揚善〔註377〕，爲天休〔註378〕，爲威〔註379〕，爲信〔註380〕，爲神福〔註381〕，爲好〔註382〕，

〔註368〕履卦《彖傳》注、益卦《彖傳》注、革卦九五爻《小象傳》注、巽卦初六爻注、未濟卦六五爻《小象傳》注。

〔註369〕履卦六三爻注、巽卦初六爻注。

〔註370〕泰卦九二爻注、否卦《大象傳》注、遯卦卦辭注、遯卦《大象傳》注、渙卦上九爻《小象傳》注、《繫辭上傳》「子曰：『君子居其室，出其言善，則千里之外應之，况其邇者乎！居其室，出其言不善，則千里之外違之，况其邇者乎！言出乎身，加乎民；行發乎邇，見乎遠。言行，君子之樞機。樞機之發，榮辱之主也。言行，君子之所以動天地也，可不愼乎？』」注、《繫辭下傳》「服牛乘馬，引重致遠，以利天下，蓋取諸隨。」注、《繫辭下傳》「履以和行，謙以制禮，復以自知，恆以一德，損以遠害。」注。

〔註371〕否卦《大象傳》注。

〔註372〕同人卦《彖傳》注、《繫辭上傳》「子曰：『作《易》者，其知盜乎！《易》曰：「負且乘，致寇至。」「負」也者，小人之事也；「乘」也者，君子之器也。小人而乘君子之器，盜思奪之矣。上慢下暴，盜思伐之矣。慢藏誨盜，冶容誨淫。《易》曰：「負且乘，致寇至。」盜之招也。』」注、《繫辭下傳》「上古穴居而野處，後世聖人易之以宮室，上棟下宇，以待風雨，蓋取諸大壯。」注、《繫辭下傳》「古之葬者，厚衣之以薪，葬之中野，不封不樹，喪期无數，後世聖人易之以棺槨，蓋取諸大過。」注。

〔註373〕同人卦《大象傳》注。

〔註374〕同人卦初九爻注、《説卦傳》「艮爲山，爲徑路，爲小石；爲門闕；爲果蓏；爲閽寺；爲指；爲狗，爲鼠，爲黔喙之屬；其於木也，爲堅多節。」注。

〔註375〕同人卦九三爻注、坎卦上六爻注。

〔註376〕同人卦九五爻注、益卦初九爻注、《繫辭下傳》「子曰：『小人不恥不仁，不畏不義，不見利不勸，不威不懲。小懲而大誡，此小人之福也。《易》曰：「履校滅趾，无咎。」此之謂也。』」注、《説卦傳》「離爲火，爲日，爲電，爲中女，爲甲胄，爲戈兵；其於人也，爲大腹；爲乾卦；爲鼈，爲蟹，爲蠃，爲蚌，爲龜；其於木也，爲科上槁。」注。

〔註377〕大有卦《大象傳》注。

〔註378〕大有卦《大象傳》注。

〔註379〕大有卦六五爻注、《繫辭下傳》「弦木爲弧，剡木爲矢，弧矢之利，以威天下，蓋取諸睽。」注、《繫辭下傳》「子曰：『小人不恥不仁，不畏不義，不見利不勸，不威不懲。小懲而大誡，此小人之福也。《易》曰：「履校滅趾，无咎。」此之謂也。』」注。

〔註380〕大有卦上九爻注、《繫辭上傳》「《易》曰：『自天祐之，吉无不利。』子曰：『祐者，助也。天之所助者，順也；人之所助者，信也。履信思乎順，又以尚賢也，是以自天祐之，吉无不利也。』」注。

〔註381〕謙卦《彖傳》注。

〔註382〕謙卦《彖傳》注、遯卦九四爻注。

爲物〔註 383〕，爲施〔註 384〕，爲清〔註 385〕，爲始〔註 386〕，爲金黃〔註 387〕，爲盈〔註 388〕，爲寵人〔註 389〕，爲茂〔註 390〕，爲行人〔註 391〕，爲言〔註 392〕，爲良馬〔註 393〕，爲天道〔註 394〕，爲聖人〔註 395〕，爲老〔註 396〕，爲動直〔註 397〕，爲久〔註 398〕，爲頂〔註 399〕，爲易〔註 400〕，爲立〔註 401〕，爲嚴〔註 402〕，爲堅剛〔註 403〕，爲嘉〔註 404〕，爲肥〔註 405〕，爲詳〔註 406〕，爲介福〔註 407〕，爲慶〔註 408〕，

〔註 383〕謙卦《大象傳》注、《繫辭上傳》「備物致用，立成器以爲天下利，莫大乎聖人。」注。

〔註 384〕謙卦《大象傳》注、姤卦《大象傳》注。

〔註 385〕豫卦《彖傳》注。

〔註 386〕蠱卦《彖傳》注、恆卦初六爻《小象傳》注。

〔註 387〕噬嗑卦六五爻注。

〔註 388〕剝卦《彖傳》注、无妄卦《大象傳》注、損卦《彖傳》注、豐卦《彖傳》注。

〔註 389〕剝卦六五爻注。

〔註 390〕无妄卦《大象傳》注。

〔註 391〕无妄卦六三爻注。

〔註 392〕大畜卦《大象傳》注。

〔註 393〕大畜卦九三爻注、《說卦傳》「乾爲天，爲圜；爲君，爲父；爲玉，爲金；爲寒，爲冰；爲大赤；爲良馬，爲老馬，爲瘠馬，爲駁馬；爲木果。」注。

〔註 394〕大畜卦上九爻《小象傳》注。

〔註 395〕頤卦《彖傳》注、咸卦《彖傳》注、革卦《彖傳》注、《繫辭下傳》「上古穴居而野處，後世聖人易之以宮室，上棟下宇，以待風雨，蓋取諸大壯。」注、《繫辭下傳》「天地設位，聖人成能；人謀鬼謀，百姓與能。」注。

〔註 396〕大過卦九二爻注、大過卦九五爻注。

〔註 397〕大過卦九四爻《小象傳》注。

〔註 398〕大過卦九五爻《小象傳》注。

〔註 399〕大過卦上六爻注。

〔註 400〕恆卦《大象傳》注、大壯卦六五爻注、旅卦上九爻注、《繫辭下傳》「子曰：『君子安其身而後動，易其心而後語，定其交而後求。君子修此三者，故全也。危以動，則民不與也；懼以語，則民不應也；无交而求，則民不與也。莫之與，則傷之者至矣。《易》曰：「莫益之，或擊之，立心勿恆，凶。」』」注。

〔註 401〕恆卦《大象傳》注。

〔註 402〕遯卦《大象傳》注。

〔註 403〕遯卦六二爻注。

〔註 404〕遯卦九五爻《小象傳》注、革卦六二爻《小象傳》注。

〔註 405〕遯卦上九爻《小象傳》注。

〔註 406〕大壯卦上六爻《小象傳》注。

〔註 407〕晉卦六二爻注。

〔註 408〕晉卦六五爻《小象傳》注、睽卦六五爻注、益卦《彖傳》注、豐卦六五爻《小象傳》注。

爲首〔註409〕，爲愛〔註410〕，爲威如〔註411〕，爲宗〔註412〕，爲知〔註413〕，爲忿〔註414〕，爲善〔註415〕，爲圭〔註416〕，爲陽〔註417〕，爲施祿〔註418〕，爲金〔註419〕，爲賓〔註420〕，爲瓜〔註421〕，爲朱〔註422〕，爲舊〔註423〕，爲大人〔註424〕，爲玉鉉〔註425〕，爲賢德〔註426〕，爲良〔註427〕，爲衣〔註428〕，

〔註409〕晉卦上九爻注、姤卦上九爻注、既濟卦六二爻注、既濟卦上六爻注、未濟卦上九爻注、《說卦傳》「離爲火，爲日，爲電，爲中女，爲甲冑，爲戈兵；其於人也，爲大腹；爲乾卦；爲鱉，爲蟹，爲蠃，爲蚌，爲龜；其於木也，爲科上槁。」注。

〔註410〕家人卦九五爻《小象傳》注、《繫辭下傳》「變動以利言，吉凶以情遷。是故愛惡相攻而吉凶生，遠近相取而悔吝生，情僞相感而利害生。」注。

〔註411〕家人卦上九爻注。

〔註412〕睽卦六五爻注。

〔註413〕蹇卦《彖傳》注、歸妹卦《大象傳》注。

〔註414〕損卦《大象傳》注。

〔註415〕益卦《大象傳》注、《繫辭上傳》「子曰：『君子居其室，出其言善，則千里之外應之，況其邇者乎！居其室，出其言不善，則千里之外違之，況其邇者乎！言出乎身，加乎民；行發乎邇，見乎遠。言行，君子之樞機。樞機之發，榮辱之主也。言行，君子之所以動天地也，可不愼乎？』」注、《說卦傳》「乾爲天，爲圜；爲君，爲父；爲玉，爲金；爲寒，爲冰；爲大赤；爲良馬，爲老馬，爲瘠馬，爲駁馬；爲木果。」注。

〔註416〕益卦六三爻注。

〔註417〕夬卦卦辭注。

〔註418〕夬卦《大象傳》注。

〔註419〕姤卦初六爻注、困卦九四爻注、鼎卦六五爻注、《繫辭上傳》「方以類聚，物以群分，吉凶生矣；在天成象，在地成形，變化見矣。」注、《繫辭上傳》「『同人先號咷而後笑。』子曰：『君子之道，或出或處，或默或語，二人同心，其利斷金；同心之言，其臭如蘭。』」注、《繫辭下傳》「庖犧氏沒，神農氏作，斲木爲耜，揉木爲耒，耒耨之利，以教天下，蓋取諸益。」注、《繫辭下傳》「弦木爲弧，剡木爲矢，弧矢之利，以威天下，蓋取諸睽。」注、《說卦傳》「離爲火，爲日，爲電，爲中女，爲甲冑，爲戈兵；其於人也，爲大腹；爲乾卦；爲鱉，爲蟹，爲蠃，爲蚌，爲龜；其於木也，爲科上槁。」注。

〔註420〕姤卦九二爻注。

〔註421〕姤卦九五爻注。

〔註422〕困卦九五爻注。

〔註423〕井卦初六爻注。

〔註424〕革卦九五爻注。

〔註425〕鼎卦上九爻注。

〔註426〕漸卦《大象傳》注。

〔註427〕歸妹卦六五爻注、歸妹卦六五爻《小象傳》注。

〔註428〕歸妹卦六五爻注、既濟卦六四爻注、《繫辭下傳》「黃帝、堯、舜垂衣裳而天下治，蓋取諸乾、坤。」注、《繫辭下傳》「古之葬者，厚衣之以薪，葬之中

爲神人〔註 429〕，爲先王〔註 430〕，爲高宗〔註 431〕，爲道門〔註 432〕，爲盛德〔註 433〕，爲蓍〔註 434〕，爲神武〔註 435〕，爲庸言之信〔註 436〕，爲治〔註 437〕，爲明君〔註 438〕，爲馬〔註 439〕，爲高〔註 440〕，爲仁〔註 441〕，爲畏者〔註 442〕，

野，不封不樹，喪期无數，後世聖人易之以棺槨，蓋取諸大過。」注。

〔註 429〕豐卦《彖傳》注。

〔註 430〕渙卦《大象傳》注。

〔註 431〕既濟卦九三爻注。

〔註 432〕《繫辭上傳》「子曰：『《易》，其至矣乎！夫《易》，聖人所以崇德而廣業也：知崇禮卑，崇效天，卑法地：天地設位，而《易》行乎其中矣：成性存存，道義之門。』」注。

〔註 433〕《繫辭上傳》「『勞謙，君子有終，吉。』子曰：『勞而不伐，有功而不德，厚之至也。語以其功下人者也。德言盛，禮言恭。謙也者，致恭以存其位者也。』」注、《繫辭下傳》「《易》曰：『憧憧往來，朋從爾思。』子曰：『天下何思何慮？天下同歸而殊塗，一致而百慮。天下何思何慮？日往則月來，月往則日來，日月相推而明生焉；寒往則暑來，暑往則寒來，寒暑相推而歲成焉。往者屈也，來者信也，屈信相感而利生焉。尺蠖之屈，以求信也；龍蛇之蟄，以存身也；精義入神，以致用也；利用安身，以崇德也。過此以往，未之或知也。窮神知化，德之盛也。』」注。

〔註 434〕《繫辭上傳》「以卜筮者尚其占。」注、《繫辭上傳》「探賾索隱，鉤深致遠，以定天下之吉凶，成天下之亹亹者，莫大乎蓍龜。」注、《繫辭下傳》「能說諸心，能研諸侯之慮，定天下之吉凶，成天下之亹亹者。」注。

〔註 435〕《繫辭上傳》「聖人以此洗心，退藏於密，吉凶與民同患，神以知來，知以藏往，其孰能與於此哉！古之聰明睿知神武而不殺者夫！」注。

〔註 436〕《繫辭上傳》「《易》曰：『自天祐之，吉无不利。』子曰：『祐者，助也。天之所助者，順也；人之所助者，信也。履信思乎順，又以尚賢也，是以自天祐之，吉无不利也。』」注。

〔註 437〕《繫辭下傳》「黃帝、堯、舜垂衣裳而天下治，蓋取諸乾、坤。」注、《繫辭下傳》「上古結繩而治，後世聖人易之以書契，百官以治，萬民以察，蓋取諸夬。」注、《繫辭下傳》「上古結繩而治，後世聖人易之以書契，百官以治，萬民以察，蓋取諸夬。」注、《說卦傳》「聖人南面而聽天下，嚮明而治，蓋取諸此也。」注。

〔註 438〕《繫辭下傳》「黃帝、堯、舜垂衣裳而天下治，蓋取諸乾、坤。」注。

〔註 439〕《繫辭下傳》「服牛乘馬，引重致遠，以利天下，蓋取諸隨。」注。

〔註 440〕《繫辭下傳》「上古穴居而野處，後世聖人易之以宮室，上棟下宇，以待風雨，蓋取諸大壯。」注。

〔註 441〕《繫辭下傳》「子曰：『小人不恥不仁，不畏不義，不見利不勸，不威不懲。小懲而大誡，此小人之福也。《易》曰：「履校滅趾，无咎。」此之謂也。』」注、《繫辭下傳》「子曰：『德薄而位尊，知小而謀大，力小而任重，鮮不及矣。《易》曰：「鼎折足，覆公餗，其形渥，凶。」言不勝其任也。』」注。

〔註 442〕《繫辭下傳》「子曰：『小人不恥不仁，不畏不義，不見利不勸，不威不懲。小懲而大誡，此小人之福也。《易》曰：「履校滅趾，无咎。」此之謂也。』」

爲利〔註 443〕，爲福〔註 444〕，爲大謀〔註 445〕，爲精〔註 446〕，爲行〔註 447〕，爲古〔註 448〕，爲書〔註 449〕，爲易道〔註 450〕，爲善人〔註 451〕，爲大赤〔註 452〕，爲顙〔註 453〕。

（二）逸象詮釋

1. 爲德：《繫辭上傳》：「夫《易》，聖人所以崇德而廣業也。」虞翻注：「崇德效乾，廣業法坤也。」故乾爲德。
2. 爲龍：乾卦《彖傳》：「時乘六龍以御天。」以乾卦之六爻象徵六龍，《說文》曰：「龍，鱗蟲之長。」乾爲君，君爲人之長，乾又爲龍，龍爲鱗蟲之長，故乾有龍之象。
3. 爲君子：乾卦卦德剛健，君子爲剛健之人，又乾卦九三「君子終日乾

注。

〔註 443〕《繫辭下傳》「子曰：『小人不恥不仁，不畏不義，不見利不勸，不威不懲。小懲而大誡，此小人之福也。《易》曰：「履校滅趾，无咎。」此之謂也。』」注、《繫辭下傳》「變動以利言，吉凶以情遷。是故愛惡相攻而吉凶生，遠近相取而悔吝生，情僞相感而利害生。」注、《說卦傳》「巽爲木，爲風，爲長女，爲繩直，爲工，爲白，爲長，爲高，爲進退，爲不果，爲臭；其於人也，爲寡發，爲廣顙，爲多白眼；爲近利市三倍；其究爲躁卦。」注。

〔註 444〕《繫辭下傳》「子曰：『小人不恥不仁，不畏不義，不見利不勸，不威不懲。小懲而大誡，此小人之福也。《易》曰：「履校滅趾，无咎。」此之謂也。』」注。

〔註 445〕《繫辭下傳》「子曰：『德薄而位尊，知小而謀大，力小而任重，鮮不及矣。《易》曰：「鼎折足，覆公餗，其形渥，凶。」言不勝其任也。』」注。

〔註 446〕《繫辭下傳》「天地絪緼，萬物化醇；男女構精，萬物化生。《易》曰：『三人行，則損一人；一人行，則得其友。』言致一也。」注。

〔註 447〕《繫辭下傳》「其稱名也小，其取類也大；其旨遠，其辭文；其言曲而中，其事肆而隱；因貳以濟民行，以明失得之報。」注。

〔註 448〕《繫辭下傳》「《易》之興也，其於中古乎？作《易》者，其有憂患乎？」注。

〔註 449〕《繫辭下傳》「《易》之爲書也不可遠，爲道也屢遷，變動不居，周流六虛，上下无常，剛柔相易，不可爲典要，唯變所適。」注。

〔註 450〕《繫辭下傳》「是故其辭危。危者使平，易者使傾。其道甚大，百物不廢；懼以終始，其要无咎，此之謂《易》之道也。」注。

〔註 451〕《繫辭下傳》「將叛者，其辭慚；中心疑者，其辭枝；吉人之辭寡；躁人之辭多；誣善之人，其辭游；失其守者，其辭屈。」注。

〔註 452〕《說卦傳》「乾爲天，爲圜；爲君，爲父；爲玉，爲金；爲寒，爲冰；爲大赤；爲良馬，爲老馬，爲瘠馬，爲駁馬；爲木果。」注。

〔註 453〕《說卦傳》「巽爲木，爲風，爲長女，爲繩直，爲工，爲白，爲長，爲高，爲進退，爲不果，爲臭；其於人也，爲寡發，爲廣顙，爲多白眼；爲近利市三倍；其究爲躁卦。」注。

乾。」故乾爲君子。

4. 爲天：《說卦傳》：「乾，天也。」高亨《周易大傳今注》曰：「竊謂：最初乃以『⚊』象天，以『⚋』象地。蓋古人目睹天體混然爲一，蒼蒼無二色，故以一整畫象之；地體分水陸兩部分，故以兩斷畫象之。《繫辭上》論天、地之數曰：『天一、地二……』天數所以爲一，因天體爲一，象天之爻亦爲一畫也。地數所以爲二，因地體分水陸兩部分，象地之爻亦爲兩畫也。」故乾爲天。
5. 爲神：王充《論衡・論死篇》：「鬼神，陰陽之名也，陰氣逆物而歸，故謂之鬼；陽氣導物而生，故謂之神。」乾爲陽，坤爲陰，以乾陽可導物而生，稱作「神」，而坤陰使逆物而歸，稱作「鬼」，故乾爲神。
6. 爲先：乾卦《彖傳》：「大哉乾元！萬物資始，乃統天。」《繫辭上傳》：「乾知大始，坤作成物。」以乾爲天，爲萬物之始，故乾爲先。
7. 爲王：《說卦傳》：「乾爲君」，君爲王也，故乾爲王。
8. 爲積善：以十二月陰陽消息說言之，復卦爲十一月子，一陽來復，而乾卦則是四月巳，六爻皆陽，陽善陰惡，綜論之，乾卦之六陽是由漸漸積累陽善而成，故乾爲積善。
9. 爲父：《說卦傳》：「乾，天也，故稱乎父。」《左傳・閔二年》曰：「（成季之將生也），又筮之，遇《大有》之《乾》。曰：同復于父，敬如君所。」以《乾》爲父，故乾爲父。
10. 爲君：《說卦傳》：「乾爲君」，又前文曰乾爲天，天爲尊、爲上，古以君比天，《國語・周語》曰：「成公之歸也，吾聞晉之筮之也，遇《乾》之《否》，曰：配而不終，君三出焉。」以《乾》爲君，故乾爲君。
11. 爲寒：《說卦傳》：「乾爲寒。」故乾爲寒。
12. 爲賢人：乾爲君子，「君子」與「賢人」其意爲近，故乾爲賢人。
13. 爲敬：乾卦九三爻：「君子終日乾乾，夕惕若厲，无咎。」君子終日皆剛健不息地警惕自我，心中必有敬，故乾爲敬。
14. 爲百：惠棟《易漢學・虞仲翔易》卷三「虞氏逸象」云：「乾三爻三十六故百，略其奇八。」一經卦乾有其三爻，每一爻需筮法中九揲三十六策之數，然三爻則需一百零八策始可得之，去其零數之八，而得其整數爲「一百」，故乾爲百。

15. 爲舊德：前有所述，乾爲德，「舊德」也爲德之屬，故乾爲舊德。
16. 爲甲：「月體納甲說」中，乾卦代表月相盈滿之象，十五日出現於甲方，東方，又乾爲衣，衣與甲皆可蔽體，故乾爲甲。
17. 爲大君：乾之象爲君，故乾爲大君。
18. 爲郊：「文王後天八卦方位」中，兌位在西，乾位在西北，西北爲郊野，故乾爲郊。
19. 爲道：乾卦《彖傳》：「乾道變化，各正性命。」又乾爲行人，行人引申出道之意，故乾爲道。
20. 爲人：乾之象君，君爲人群之首，故乾爲人。
21. 爲大明：乾卦《彖傳》：「大明終始，六位時成。」故乾爲大明。
22. 爲武人：乾之卦德剛健，武人生性亦剛烈，故乾爲武人。
23. 爲遠：虞翻注謙卦《彖傳》注云：「天道遠。」乾爲天，爲道，乾之天道有遠意，故乾爲遠。
24. 爲祿：前已有述，乾爲積善，積善必有其吉慶福祿，故乾爲祿。
25. 爲野：「文王後天八卦方位」中，兌位在西，乾位在西北，西北爲郊野，故乾爲野。
26. 爲族：乾陽之數爲九，人有九族，故乾爲族。
27. 爲門：《繫辭下傳》：「乾坤，其《易》之門邪？」故乾爲門。
28. 爲歲：乾爲天，天行爲日，歲爲年，日行積而成一年，故乾爲歲。
29. 爲大：《九家易》曰：「惟天爲大，惟乾則之，故曰大哉。」又《左傳・莊二十二年》曰：「陳侯使筮之，遇《觀》之《否》。曰……物莫能兩大，陳衰，此其昌乎。」乾爲陽，陽大陰小，故乾爲大。
30. 爲揚善：陽爲善之類，且處積極主動之態度，因此，乾陽會積極揚善，故乾爲揚善。
31. 爲天休：乾之象爲天，乾陽爲美，「休」，美也，故乾爲天休。
32. 爲威：乾之象爲天、君、父，此皆有威嚴之感，故乾爲威。
33. 爲信：乾之象爲天，天道誠信無欺，故乾爲信。
34. 爲神福：虞翻謙卦《彖傳》注：「『神』謂三。」以謙卦三爻之陽爲乾，乾爲神，且人以爲神常賜福，故乾爲神福。
35. 爲好：人以好惡之情，陽常屬好，故乾爲好。

36. 爲物：《繫辭上傳》：「精氣爲物。」虞翻注：「乾純粹精，故主爲物。」故乾爲精。
37. 爲施：益卦《彖傳》：「天施地生，其益无方。」乾之象爲天，故乾爲施。
38. 爲清：陽氣爲輕而升天，陰氣爲重而降地，故乾爲清。
39. 爲始：「月體納甲說」中，陽息於震，震爲一陽之始，陽爲乾，又《繫辭上傳》曰：「乾知大始」，故乾爲始。
40. 爲金黃：《說卦傳》：「乾爲金。」金爲黃色，故乾爲金黃。
41. 爲盈：乾卦爲全部陽爻，以十二月消息來說，乾爲陽之盈滿之象，故乾爲盈。
42. 爲寵人：前已有述，乾爲人，爲好，爲積善，當受其寵，故乾爲寵人。
43. 爲茂：前已有述，乾爲盈，盈、茂皆盛之象，故乾爲茂。
44. 爲行人：前已有述，乾爲天，乾爲人，天行健，人也如天之行步似健，故乾爲行人。
45. 爲言：乾爲君，乾爲父，乾爲王，乾象皆能言者，故乾爲言。
46. 爲良馬：《說卦傳》：「乾爲良馬。」故乾爲良馬。
47. 爲天道：乾爲天，乾爲道，天蘊涵天道於其中，故乾爲天道。
48. 爲聖人：陽爻象徵君子、聖賢之輩，乾爲三爻皆陽，故乾爲聖人。
49. 爲老：《說卦傳》：「乾爲父。」父有老之意，故乾爲老。
50. 爲動直：《繫辭上傳》：「夫乾，其靜也專，其動也直。」故乾爲動直。
51. 爲久：《繫辭上傳》：「乾以易知，……易知則有親，……有親則可久。」故乾爲久。
52. 爲頂：《說卦傳》：「乾爲首。」頂爲首也，故乾爲頂。
53. 爲易：《繫辭上傳》：「乾以易知，坤以簡能。」《繫辭下傳》：「夫乾，確然示人易矣。」又云：「夫乾，天下之至健也，德行恆易以知險。」故乾爲易。
54. 爲立：乾卦《彖傳》：「大哉乾元！萬物資始，乃統天。」乾爲天，天爲萬物發展之始，萬物以天爲立足之基，故乾爲立。
55. 爲嚴：乾爲威，威者嚴也，故乾爲嚴。
56. 爲堅剛：《說卦傳》言乾：「爲金。」金爲堅剛之物，又乾爲王、爲君、爲父，皆社會中立家立國之性情堅剛者，故乾爲堅剛。

57. 為嘉：陽善陰惡，乾三陽，故為美，然嘉者美也，故乾為嘉。
58. 為肥：陽實則盈滿，盈滿與肥其意近，故乾為肥。
59. 為詳：陽善陰惡，乾為三陽，乾為善，善者祥也，「詳」通「祥」，故乾為詳。
60. 為介福：前已有述，乾為大，乾為神福，介者大也，介福，大福也，故乾為介福。
61. 為慶：乾為德，乾為神福，皆為當慶之事，故乾為慶。
62. 為首：《說卦傳》：「乾為首。」故乾為首。
63. 為愛：乾為天，天有好生之仁德，仁者愛人，故乾為愛。
64. 為威如：前已有述，乾為威，威為威如也，故乾為威如。
65. 為宗：乾之象為父，父為宗族中重要之人，故乾為宗。
66. 為知：《繫辭上傳》：「乾以易知。」故乾為知。
67. 為忿：乾陽之性剛健勇武而象忿，故乾為忿。
68. 為善：前已有述，乾為積善，故乾為善。
69. 為圭：《說卦傳》言乾：「為玉。」圭為玉之屬，故乾為圭。
70. 為陽：乾為純陽，故乾為陽。
71. 為施祿：前已有言，乾為施，乾為祿，故乾為施祿。
72. 為金：《說卦傳》言乾：「為金。」故乾為金。
73. 為賓：乾之象為王、為君，有尊之意，尊則賓，故乾為賓。
74. 為瓜：《說卦傳》：「乾為圜。」瓜為圜，故乾為瓜。
75. 為朱：《說卦傳》：「乾為大赤。」朱為赤，故乾為朱。
76. 為舊：陽盛至三爻為乾，極則有老、舊之意，乾為舊。
77. 為大人：前已有述，乾為大，乾為人，又乾為聖人，聖人者大人也，故乾為大人。
78. 為玉鉉：乾之象為金，為玉，故乾為玉鉉。
79. 為賢德：前已有述，乾為德，又乾陽為善、為賢，故乾為賢德。
80. 為良：乾三陽，陽善而良，故乾為良。
81. 為衣：《繫辭下傳》：「黃帝、堯、舜垂衣裳而天下治，蓋取諸乾、坤。」虞翻注：「乾，……在上為衣，坤下為裳。」故乾為衣。
82. 為神人：前已有述，乾為神，乾為人，故乾為神人。
83. 為先王：前已有述，乾為先，乾為王，故乾為先王。

84. 爲高宗：前已有述，乾爲君，高宗爲君，故乾爲高宗。
85. 爲道門：《繫辭下傳》：「乾坤，其《易》之門邪？」又前已有述，乾爲道，故乾爲道門。
86. 爲盛德：前已有述，乾爲德，「德」又延伸出「盛德」之逸象，故乾爲盛德。
87. 爲蓍：《白虎通義・蓍龜》云：「蓍陽。」又云：「《禮雜記》曰：龜，陰之老也；蓍，陽之老也。」乾爲三爻之陽，故乾爲蓍。
88. 爲神武：乾陽剛而武，又前已有述，乾爲神，故乾爲神武。
89. 爲庸言之信：乾卦九二爻《文言傳》：「庸言之信。」故乾爲庸言之信。
90. 爲治：乾卦《文言傳》云：「乾元用九，天下治也。」故乾爲治。
91. 爲明君：前已有述，乾爲大明，乾爲大君，故乾爲明君。
92. 爲馬：《說卦傳》：「乾爲馬。」故乾爲馬。
93. 爲高：前已有述，乾爲天，天爲高，故乾爲高。
94. 爲仁：乾爲陽，陽善則有仁德，故乾爲仁。
95. 爲畏者：前已有述，乾爲君，君易使人生畏，故乾爲畏者。
96. 爲利：乾卦《文言傳》：「乾始能以美利利天下。」故乾爲利。
97. 爲福：乾陽善而易致福，故乾爲福。
98. 爲大謀：前已有述，乾爲大君，乾爲王，乾爲聖人，其聖賢王者能謀大，故乾爲大謀。
99. 爲精：乾卦《文言傳》：「大哉乾乎！剛健中正，純粹精也。」故乾爲精。
100. 爲行：乾陽剛而健行，故乾爲行。
101. 爲古：前已有述，乾爲先，乾爲舊，「先」、「舊」皆有「古」之意，故乾爲古。
102. 爲晝：乾爲陽，陽則爲一日之晝，故乾爲晝。
103. 爲易道：前已有述，乾爲易，乾爲道，故乾爲易道。
104. 爲善人：前已有述，乾爲積善，乾爲人，故乾爲善人。
105. 爲大赤：《說卦傳》言乾：「爲大赤。」故乾爲大赤。
106. 爲顙：前已有述，乾爲首，顙即額，首上有顙，故乾爲顙。

三、虞翻之逸象「坤」

（一）逸象總目

坤爲夕〔註454〕，爲死〔註455〕，爲憂〔註456〕，爲業〔註457〕，爲虎〔註458〕，爲文〔註459〕，爲牝〔註460〕，爲喪〔註461〕，爲事〔註462〕，爲囊〔註463〕，爲積不善〔註464〕，爲暑〔註465〕，爲理〔註466〕，爲形〔註467〕，爲昧〔註468〕，

〔註454〕乾卦九三爻注。

〔註455〕乾卦《文言傳》注、豫卦六五爻注、兑卦《象傳》注、節卦《大象傳》注。

〔註456〕乾卦《文言傳》注。

〔註457〕乾卦《文言傳》注。

〔註458〕乾卦《文言傳》注、屯卦六三爻注、履卦卦辭注、頤卦六四爻注。

〔註459〕乾卦《文言傳》注、小畜卦《大象傳》注。

〔註460〕坤卦卦辭注。

〔註461〕坤卦《象傳》注、大壯卦六五爻注、睽卦初九爻注、震卦卦辭注、震卦六二爻注、震卦六五爻注、旅卦九三爻注、旅卦九三爻《小象傳》注、巽卦上九爻注、小過卦《大象傳》注、小過卦六二爻注、既濟卦六二爻注、《繫辭下傳》「古之葬者，厚衣之以薪，葬之中野，不封不樹，喪期无數，後世聖人易之以棺槨，蓋取諸大過。」注。

〔註462〕坤卦六三爻注、訟卦初六爻注、訟卦六三爻注、蠱卦初六爻注、蠱卦上九爻注、坎卦《大象傳》注、遯卦九三爻《小象傳》注、睽卦《象傳》注、損卦初九爻注、益卦六三爻注、巽卦《大象傳》注、小過卦卦辭注、《繫辭上傳》「『不出户庭，无咎。』子曰：『亂之所生也，則言語以爲階。君不密則失臣，臣不密則失身，幾事不密則害成，是以君子愼密而不出也。』」注、《繫辭上傳》「子曰：『作《易》者，其如盗乎！《易》曰：「負且乘，致寇至。」「負」也者，小人之事也；「乘」也者，君子之器也。小人而乘君子之器，盗思奪之矣。上慢下暴，盗思伐之矣。慢藏誨盗，冶容誨淫。《易》曰：「負且乘，致寇至。」盗之招也。』」注、《繫辭下傳》「其稱名也小，其取類也大；其旨遠，其辭文；其言曲而中，其事肆而隱；因貳以濟民行，以明失得之報。」注。

〔註463〕坤卦六四爻注。

〔註464〕坤卦《文言傳》注。

〔註465〕坤卦《文言傳》注、《繫辭上傳》「是故剛柔相摩，八卦相盪；鼓之以雷霆，潤之以風雨；日月運行，一寒一暑。」注、《繫辭下傳》「《易》曰：『憧憧往來，朋從爾思。』子曰：『天下何思何慮？天下同歸而殊塗，一致而百慮。天下何思何慮？日往則月來，月往則日來，日月相推而明生焉；寒往則暑來，暑往則寒來，寒暑相推而歲成焉。往者屈也，來者信也，屈信相感而利生焉。尺蠖之屈，以求信也；龍蛇之蟄，以存身也；精義入神，以致用也；利用安身，以崇德也。過此以往，未之或知也。窮神知化，德之盛也。』」注。

〔註466〕坤卦《文言傳》注。

〔註467〕屯卦《象傳》注。

〔註468〕屯卦《象傳》注。

爲兕〔註 469〕，爲用〔註 470〕，爲包〔註 471〕，爲身〔註 472〕，爲躬〔註 473〕，爲作事〔註 474〕，爲戶〔註 475〕，爲安〔註 476〕，爲終〔註 477〕，爲眾〔註 478〕，爲

〔註 469〕屯卦六三爻注。

〔註 470〕蒙卦初六爻注、觀卦六四爻注、噬嗑卦卦辭注、晉卦卦辭注、益卦初九爻注。

〔註 471〕蒙卦九二爻注。

〔註 472〕蒙卦六三爻注、家人卦上九爻《小象傳》注、蹇卦《大象傳》注、震卦《大象傳》注、艮卦卦辭注、艮卦六四爻注、中孚卦九二爻注、《繫辭上傳》「子曰：『君子居其室，出其言善，則千里之外應之，況其邇者乎！居其室，出其言不善，則千里之外違之，況其邇者乎！言出乎身，加乎民；行發乎邇，見乎遠。言行，君子之樞機。樞機之發，榮辱之主也。言行，君子之所以動天地也，可不慎乎？』」注、《繫辭上傳》「『不出户庭，无咎。』子曰：『亂之所生也，則言語以爲階。君不密則失臣，臣不密則失身，幾事不密則害成，是以君子愼密而不出也。』」注、《繫辭下傳》「《易》曰：『憧憧往來，朋從爾思。』子曰：『天下何思何慮？天下同歸而殊塗，一致而百慮。天下何思何慮？日往則月來，月往則日來，日月相推而明生焉；寒往則暑來，暑往則寒來，寒暑相推而歲成焉。往者屈也，來者信也，屈信相感而利生焉。尺蠖之屈，以求信也；龍蛇之蟄，以存身也；精義入神，以致用也；利用安身，以崇德也。過此以往，未之或知也。窮神知化，德之盛也。』」注、《繫辭下傳》「《易》曰：『困于石，據于蒺藜，入于其宮，不見其妻，凶。』子曰：『非所困而困焉，名必辱；非所據而據焉，身必危。既辱且危，死期將至，妻其可得見邪！』」注、《繫辭下傳》「《易》曰：『公用射隼于高墉之上，獲之，无不利。』子曰：『隼者，禽也；弓矢者，器也；射之者，人也。君子藏器於身，待時而動，何不利之有？動而不括，是以出而有獲，語成器而動者也。』」注、《繫辭下傳》「『善不積不足以成名，惡不積不足以滅身。小人以小善爲无益而弗爲也，以小惡爲无傷而弗去也，故惡積而不可掩，罪大而不可解。《易》曰：「何校滅耳，凶。」』」注、《繫辭下傳》「子曰：『危者，安其位者也；亡者，保其存者也；亂者，有其治者也。是故君子安而不忘危，存而不忘亡，治而不忘亂，是以身安而國家可保也。《易》曰：「其亡！其亡！繫于苞桑。」』」注。

〔註 473〕蒙卦六三爻注、蹇卦六二爻注、震卦上六爻注。

〔註 474〕訟卦《大象傳》注。

〔註 475〕訟卦九二爻注、坎卦六四爻注、節卦初九爻注。

〔註 476〕訟卦九四爻注、坎卦九五爻注、節卦六四爻注、《繫辭下傳》「子曰：『危者，安其位者也；亡者，保其存者也；亂者，有其治者也。是故君子安而不忘危，存而不忘亡，治而不忘亂，是以身安而國家可保也。《易》曰：「其亡！其亡！繫于苞桑。」』」注。

〔註 477〕訟卦上九爻注、蠱卦《彖傳》注、革卦初六爻注。

〔註 478〕師卦《彖傳》注、豫卦九四爻注、晉卦卦辭注、晉卦六三爻注、明夷卦《大象傳》注、解卦卦辭注、、《說卦傳》「坤爲地，爲母，爲布，爲釜，爲吝嗇，爲均，爲子母牛，爲大輿，爲文，爲眾，爲柄；其於地也，爲黑。」注。

民眾〔註 479〕，為畜養〔註 480〕，為國〔註 481〕，為方〔註 482〕，為萬國〔註 483〕，為腹〔註 484〕，為器〔註 485〕，為缶〔註 486〕，為邑〔註 487〕，為自我〔註 488〕，為車〔註 489〕，為輻〔註 490〕，為民〔註 491〕，為乙〔註 492〕，為積土〔註 493〕

〔註 479〕師卦《大象傳》注。

〔註 480〕師卦《大象傳》注。

〔註 481〕師卦上六爻注、觀卦六四爻注。

〔註 482〕比卦卦辭注、恆卦《大象傳》注、鼎卦九三爻注、未濟卦《大象傳》注。

〔註 483〕比卦《大象傳》注。

〔註 484〕比卦《大象傳》注、大畜卦九二爻注、大壯卦九四爻注。

〔註 485〕比卦初六爻注、觀卦《彖傳》注、睽卦上九爻注、萃卦《大象傳》注、《繫辭上傳》「子曰：『作《易》者，其知盜乎！《易》曰：「負且乘，致寇至。」「負」也者，小人之事也；「乘」也者，君子之器也。小人而乘君子之器，盜思奪之矣。上慢下暴，盜思伐之矣。慢藏誨盜，冶容誨淫。《易》曰：「負且乘，致寇至。」盜之招也。』」注、《繫辭下傳》「《易》曰：『公用射隼于高墉之上，獲之，无不利。』子曰：『隼者，禽也；弓矢者，器也；射之者，人也。君子藏器於身，待時而動，何不利之有？動而不括，是以出而有獲，語成器而動者也。』」注、《繫辭下傳》「是故變化云為，吉事有祥；象事知器，占事知來。」注。

〔註 486〕比卦初六爻注、坎卦六四爻注。

〔註 487〕比卦九五爻注、晉卦上九爻注、升卦《彖傳》注、井卦卦辭注。

〔註 488〕小畜卦《彖傳》注、解卦六三爻《小象傳》注、小過卦六五爻注。

〔註 489〕小畜卦九三爻注、剝卦上九爻注、大畜卦九二爻注、解卦六三爻注。

〔註 490〕小畜卦九三爻注。

〔註 491〕履卦《大象傳》注、泰卦《大象傳》注、豫卦《彖傳》注、蠱卦《大象傳》注、臨卦《大象傳》注、觀卦九五爻《小象傳》注、剝卦上九爻注、頤卦《彖傳》注、井卦《大象傳》注、兑卦《彖傳》注、節卦《彖傳》注、《繫辭上傳》「子曰：『君子居其室，出其言善，則千里之外應之，況其邇者乎！居其室，出其言不善，則千里之外違之，況其邇者乎！言出乎身，加乎民；行發乎邇，見乎遠。言行，君子之樞機。樞機之發，榮辱之主也。言行，君子之所以動天地也，可不愼乎？』」注、《繫辭上傳》「聖人以此洗心，退藏於密，吉凶與民同患，神以知來，知以藏往，其孰能與於此哉！古之聰明睿知神武而不殺者夫！」注、《繫辭上傳》「是以明於天之道，而察於民之故。」注、《繫辭下傳》「神農氏沒，黃帝、堯、舜氏作，通其變，使民不倦；神而化之，使民宜之。」注、《繫辭下傳》「子曰：『君子安其身而後動，易其心而後語，定其交而後求。君子修此三者，故全也。危以動，則民不與也；懼以語，則民不應也；无交而求，則民不與也。莫之與，則傷之者至矣。《易》曰：「莫益之，或擊之，立心勿恆，凶。」』」注、《繫辭下傳》「其稱名也小，其取類也大；其旨遠，其辭文；其言曲而中，其事肆而隱；因貳以濟民行，以明失得之報。」注。

〔註 492〕泰卦六五爻注、歸妹卦六五爻注。

〔註 493〕泰卦上六爻注。

，爲自邑〔註 494〕，爲營〔註 495〕，爲弒君〔註 496〕，爲類〔註 497〕，爲遏惡〔註 498〕，爲順〔註 499〕，爲害〔註 500〕，爲大車〔註 501〕，爲自〔註 502〕，爲鬼害〔註 503〕，爲惡〔註 504〕，爲寡〔註 505〕，爲邑國〔註 506〕，爲邦國〔註 507〕，爲地〔註 508〕，爲盍〔註 509〕，爲冥〔註 510〕，爲下〔註 511〕，爲母〔註 512〕，爲

〔註 494〕泰卦上六爻注、夬卦卦辭注。

〔註 495〕否卦《大象傳》注。

〔註 496〕否卦《大象傳》注。

〔註 497〕同人卦《大象傳》注、睽卦《彖傳》注、睽卦六三爻注。

〔註 498〕大有卦《大象傳》注。

〔註 499〕大有卦《大象傳》注、大有卦上九爻注、剝卦《彖傳》注、萃卦《彖傳》注、漸卦六四爻注、兑卦《彖傳》注、《繫辭上傳》「子曰：『君子居其室，出其言善，則千里之外應之，況其邇者乎！居其室，出其言不善，則千里之外違之，況其邇者乎！言出乎身，加乎民；行發乎邇，見乎遠。言行，君子之樞機。樞機之發，榮辱之主也。言行，君子之所以動天地也，可不愼乎？』」注、《繫辭上傳》「《易》曰：『自天祐之，吉无不利。』子曰：『祐者，助也。天之所助者，順也；人之所助者，信也。履信思乎順，又以尚賢也，是以自天祐之，吉无不利也。』」注。

〔註 500〕大有卦初九爻注、咸卦九四爻《小象傳》注、渙卦上九爻《小象傳》注、節卦《彖傳》注、《繫辭下傳》「履以和行，謙以制禮，復以自知，恆以一德，損以遠害。」注、《繫辭下傳》「變動以利言，吉凶以情遷。是故愛惡相攻而吉凶生，遠近相取而悔吝生，情僞相感而利害生。」注、《繫辭下傳》「凡《易》之情，近而不相得則凶，或害之，悔且吝。」注。

〔註 501〕大有卦九二爻注。

〔註 502〕大有卦上九爻注、頤卦卦辭注、晉卦《大象傳》注、睽卦初九爻注。

〔註 503〕謙卦《彖傳》注。

〔註 504〕謙卦《彖傳》注、遯卦《大象傳》注、《繫辭下傳》「變動以利言，吉凶以情遷。是故愛惡相攻而吉凶生，遠近相取而悔吝生，情僞相感而利害生。」注。

〔註 505〕謙卦《大象傳》注。

〔註 506〕謙卦上六爻注。

〔註 507〕豫卦卦辭注、中孚卦九二爻注。

〔註 508〕豫卦《彖傳》注、坎卦《彖傳》注、離卦《彖傳》注、家人卦《彖傳》注、睽卦《彖傳》注、革卦《彖傳》注、節卦《彖傳》注、《繫辭上傳》「子曰：『苟錯諸地而可矣。藉之用茅，何咎之有？愼之至也。夫茅之爲物薄，而用可重也。愼斯術也以往，其无所失矣。』」注、《說卦傳》「坤爲地，爲母，爲布，爲釜，爲吝嗇，爲均，爲子母牛，爲大輿，爲文，爲眾，爲柄；其於地也，爲黑。」注。

〔註 509〕豫卦九四爻注。

〔註 510〕豫卦上六爻注、復卦上六爻注。

〔註 511〕隨卦《彖傳》注、旅卦九三爻《小象傳》注。

〔註 512〕蠱卦九二爻注、咸卦初六爻注、晉卦六二爻注、解卦九四爻注、小過卦六二爻注、《繫辭下傳》「其出入以度，外內使知懼，又明於憂患與故，无有師保，

容〔註 513〕，爲思〔註 514〕，爲土〔註 515〕，爲闔戶〔註 516〕，爲我〔註 517〕，爲臣〔註 518〕，爲死喪〔註 519〕，爲小人〔註 520〕，爲庶政〔註 521〕，爲虛〔註 522〕，爲迷〔註 523〕，爲異邦〔註 524〕，爲至〔註 525〕，爲十年〔註 526〕，爲牛〔註 527〕，爲邑人〔註 528〕，爲車輿〔註 529〕，爲吝嗇〔註 530〕，爲邦〔註 531〕，

如臨父母。」注、、《說卦傳》「坤爲地，爲母，爲布，爲釜，爲吝嗇，爲均，爲子母牛，爲大輿，爲文，爲衆，爲柄；其於地也，爲黑。」注。

〔註 513〕臨卦《大象傳》注。

〔註 514〕臨卦《大象傳》注。

〔註 515〕臨卦六三爻注、睽卦上九爻注、升卦六五爻注、井卦六四爻《小象傳》注、震卦九四爻注、《繫辭上傳》「方以類聚，物以群分，吉凶生矣；在天成象，在地成形，變化見矣。」注。

〔註 516〕觀卦六二爻注、豐卦上六爻注。

〔註 517〕觀卦六三爻《小象傳》注、頤卦初九爻注、益卦九五爻注、鼎卦九二爻注。

〔註 518〕觀卦六四爻注、遯卦九三爻注、蹇卦六二爻注、損卦上九爻注、小過卦六二爻注、《繫辭上傳》「『不出户庭，无咎。』子曰：『亂之所生也，則言語以爲階。君不密則失臣，臣不密則失身，幾事不密則害成，是以君子愼密而不出也。』」注、《序卦傳》「有天地然後有萬物，有萬物然後有男女，有男女然後有夫婦，有夫婦然後有父子，有父子然後有君臣，有君臣然後有上下，有上下然後禮義有所錯。」注。

〔註 519〕觀卦九五爻注、復卦上六爻注、无妄卦六三爻注。

〔註 520〕噬嗑卦初九爻《小象傳》注、遯卦《大象傳》注、既濟卦九三爻注、《繫辭下傳》「子曰：『小人不恥不仁，不畏不義，不見利不勸，不威不懲。小懲而大誡，此小人之福也。《易》曰：「履校滅趾，无咎。」此之謂也。』」注、《雜卦傳》「夬，決也，剛決柔也；君子道長，小人道憂也。」注。

〔註 521〕賁卦《大象傳》注。

〔註 522〕剝卦《彖傳》注、咸卦《大象傳》注、晉卦六二爻注、損卦《彖傳》注、歸妹卦上六爻注、歸妹卦上六爻《小象傳》注、豐卦《彖傳》注。

〔註 523〕復卦上六爻注。

〔註 524〕復卦上六爻注。

〔註 525〕復卦上六爻注、《繫辭上傳》「『勞謙，君子有終，吉。』子曰：『勞而不伐，有功而不德，厚之至也。語以其功下人者也。德言盛，禮言恭。謙也者，致恭以存其位者也。』」注。

〔註 526〕復卦上六爻注、頤卦六三爻注。

〔註 527〕无妄卦六三爻注、大畜卦六四爻注、睽卦六三爻注、益卦六二爻注、革卦卦辭注、旅卦上九爻注、既濟卦九五爻注、《繫辭下傳》「服牛乘馬，引重致遠，以利天下，蓋取諸隨。」注。

〔註 528〕无妄卦六三爻注。

〔註 529〕大畜卦九三爻注。

〔註 530〕頤卦六四爻注、小過卦《大象傳》注。

〔註 531〕坎卦《彖傳》注、益卦六四爻注、漸卦《彖傳》注、中孚卦《彖傳》注、中孚卦九五爻注。

爲殺〔註532〕，爲牝牛〔註533〕，爲黃牛〔註534〕，爲大輿〔註535〕，爲康〔註536〕，爲弱〔註537〕，爲裕〔註538〕，爲弒父〔註539〕，爲晦〔註540〕，爲大業〔註541〕，爲鬼〔註542〕，爲醜〔註543〕，爲柔〔註544〕，爲欲〔註545〕，爲无疆〔註546〕，爲過〔註547〕，爲永〔註548〕，爲眾臣〔註549〕，爲莫夜〔註550〕，爲聚〔註551〕，爲亂〔註552〕，爲萃〔註553〕，爲財〔註554〕，爲積〔註555〕，爲致〔註556〕，爲輿〔註557〕，爲紱〔註558〕，爲徐〔註559〕，爲虎

〔註532〕坎卦上六爻注。
〔註533〕離卦卦辭注。
〔註534〕遯卦六二爻注。
〔註535〕大壯卦九四爻注。
〔註536〕晉卦卦辭注。
〔註537〕晉卦初六爻注。
〔註538〕晉卦初六爻注。
〔註539〕明夷卦《彖傳》注。
〔註540〕明夷卦《彖傳》注、明夷卦《大象傳》注。
〔註541〕家人卦六四爻《小象傳》注。
〔註542〕睽卦上九爻注、豐卦《彖傳》注、《繫辭上傳》「精氣爲物，遊魂爲變，是故知鬼神之情狀；與天地相似，故不違。」注、《繫辭下傳》「天地設位，聖人成能；人謀鬼謀，百姓與能。」注。
〔註543〕解卦六三爻《小象傳》注。
〔註544〕損卦《彖傳》注。
〔註545〕損卦《大象傳》注。
〔註546〕益卦《彖傳》注、益卦《彖傳》注。
〔註547〕益卦《大象傳》注。
〔註548〕益卦六二爻注。
〔註549〕夬卦《大象傳》注、《繫辭下傳》「上古結繩而治，後世聖人易之以書契，百官以治，萬民以察，蓋取諸夬。」注。
〔註550〕夬卦九二爻注。
〔註551〕萃卦《彖傳》注、萃卦初六爻注。
〔註552〕萃卦《大象傳》注、萃卦初六爻注、漸卦上九爻注、漸卦上九爻《小象傳》注、既濟卦卦辭注、《繫辭上傳》「『不出户庭，无咎。』子曰：『亂之所生也，則言語以爲階。君不密則失臣，臣不密則失身，幾事不密則害成，是以君子愼密而不出也。』」注。
〔註553〕萃卦六三爻注。
〔註554〕萃卦上六爻注、節卦《彖傳》注。
〔註555〕升卦《大象傳》注。
〔註556〕困卦《大象傳》注。
〔註557〕困卦九四爻注。
〔註558〕困卦九五爻注。
〔註559〕困卦九五爻注。

變〔註 560〕，爲厚〔註 561〕，爲俗〔註 562〕，爲永終〔註 563〕，爲敝〔註 564〕，爲空虛〔註 565〕，爲窮〔註 566〕，爲度〔註 567〕，爲財用〔註 568〕，爲鬼方〔註 569〕，爲年〔註 570〕，爲大邦〔註 571〕，爲義門〔註 572〕，爲不善〔註 573〕，爲邇〔註 574〕，爲默〔註 575〕，爲禮〔註 576〕，爲階〔註 577〕，爲閉〔註 578〕，爲密〔註 579〕，爲

〔註 560〕革卦九五爻注。

〔註 561〕艮卦上九爻《小象傳》注。

〔註 562〕漸卦《大象傳》注。

〔註 563〕歸妹卦《大象傳》注。

〔註 564〕歸妹卦《大象傳》注。

〔註 565〕豐卦上六爻注。

〔註 566〕旅卦初六爻注。

〔註 567〕節卦《彖傳》注、節卦《大象傳》注。

〔註 568〕小過卦《大象傳》注。

〔註 569〕既濟卦九三爻注、未濟卦九四爻注。

〔註 570〕既濟卦九三爻注、未濟卦九四爻注。

〔註 571〕未濟卦九四爻注。

〔註 572〕《繫辭上傳》「子曰：『《易》，其至矣乎！夫《易》，聖人所以崇德而廣業也；知崇禮卑，崇效天，卑法地；天地設位，而《易》行乎其中矣；成性存存，道義之門。』」注。

〔註 573〕《繫辭上傳》「子曰：『君子居其室，出其言善，則千里之外應之，況其邇者乎！居其室，出其言不善，則千里之外違之，況其邇者乎！言出乎身，加乎民；行發乎邇，見乎遠。言行，君子之樞機。樞機之發，榮辱之主也。言行，君子之所以動天地也，可不愼乎？』」注。

〔註 574〕《繫辭上傳》「子曰：『君子居其室，出其言善，則千里之外應之，況其邇者乎！居其室，出其言不善，則千里之外違之，況其邇者乎！言出乎身，加乎民；行發乎邇，見乎遠。言行，君子之樞機。樞機之發，榮辱之主也。言行，君子之所以動天地也，可不愼乎？』」注。

〔註 575〕《繫辭上傳》「『同人先號咷而後笑。』子曰：『君子之道，或出或處，或默或語，二人同心，其利斷金；同心之言，其臭如蘭。』」注。

〔註 576〕《繫辭上傳》「『勞謙，君子有終，吉。』子曰：『勞而不伐，有功而不德，厚之至也。語以其功下人者也。德言盛，禮言恭。謙也者，致恭以存其位者也。』」注。

〔註 577〕《繫辭上傳》「『不出户庭，无咎。』子曰：『亂之所生也，則言語以爲階。君不密則失臣，臣不密則失身，幾事不密則害成，是以君子愼密而不出也。』」注。

〔註 578〕《繫辭上傳》「『不出户庭，无咎。』子曰：『亂之所生也，則言語以爲階。君不密則失臣，臣不密則失身，幾事不密則害成，是以君子愼密而不出也。』」注。

〔註 579〕《繫辭上傳》「『不出户庭，无咎。』子曰：『亂之所生也，則言語以爲階。君不密則失臣，臣不密則失身，幾事不密則害成，是以君子愼密而不出也。』」注。

大車〔註580〕，爲藏〔註581〕，爲閉戶〔註582〕，爲睿知〔註583〕，爲富〔註584〕，爲器用〔註585〕，爲田〔註586〕，爲裳〔註587〕，爲順臣〔註588〕，爲重〔註589〕，爲書〔註590〕，爲萬民〔註591〕，爲迷暗〔註592〕，爲藏器〔註593〕，爲恥〔註594〕，

〔註580〕《繫辭上傳》「子曰：『作《易》者，其如盜乎！《易》曰：「負且乘，致寇至。」「負」也者，小人之事也；「乘」也者，君子之器也。小人而乘君子之器，盜思奪之矣。上慢下暴，盜思伐之矣。慢藏誨盜，冶容誨淫。《易》曰：「負且乘，致寇至。」盜之招也。』」注。孫堂作「坤爲大轝」。〔清〕孫堂撰：《虞翻周易注》（臺北：成文出版社《求無備齋易經集解》，1976年），頁529〔清〕孫堂撰：《虞翻周易注》（臺北：成文出版社《求無備齋易經集解》，1976年），頁472。

〔註581〕《繫辭上傳》「子曰：『作《易》者，其如盜乎！《易》曰：「負且乘，致寇至。」「負」也者，小人之事也；「乘」也者，君子之器也。小人而乘君子之器，盜思奪之矣。上慢下暴，盜思伐之矣。慢藏誨盜，冶容誨淫。《易》曰：「負且乘，致寇至。」盜之招也。』」注、《說卦傳》「坎爲水，爲溝瀆，爲隱伏，爲矯輮，爲弓輪；其於人也，爲加憂，爲心病，爲耳痛；爲血卦，爲赤；其於馬也，爲美脊，爲亟心，爲下首，爲薄蹄，爲曳；其於輿也爲多眚；爲通，爲月，爲盜；其於木也，爲堅多心。」注。

〔註582〕《繫辭上傳》「聖人以此洗心，退藏於密，吉凶與民同患，神以知來，知以藏往，其孰能與於此哉！古之聰明睿知神武而不殺者夫！」注。

〔註583〕《繫辭上傳》「聖人以此洗心，退藏於密，吉凶與民同患，神以知來，知以藏往，其孰能與於此哉！古之聰明睿知神武而不殺者夫！」注。

〔註584〕《繫辭上傳》「縣象著明莫大乎日月，崇高莫大乎富貴。」注。

〔註585〕《繫辭上傳》「備物致用，立成器以爲天下利，莫大乎聖人。」注。

〔註586〕《繫辭下傳》「庖犧氏沒，神農氏作，斲木爲耜，揉木爲耒，耒耨之利，以教天下，蓋取諸益。」注。

〔註587〕《繫辭下傳》「黃帝、堯、舜垂衣裳而天下治，蓋取諸乾、坤。」注。

〔註588〕《繫辭下傳》「黃帝、堯、舜垂衣裳而天下治，蓋取諸乾、坤。」注。

〔註589〕《繫辭下傳》「服牛乘馬，引重致遠，以利天下，蓋取諸隨。」注。

〔註590〕《繫辭下傳》「上古結繩而治，後世聖人易之以書契，百官以治，萬民以察，蓋取諸夬。」注。

〔註591〕《繫辭下傳》「上古結繩而治，後世聖人易之以書契，百官以治，萬民以察，蓋取諸夬。」注。

〔註592〕《繫辭下傳》「上古結繩而治，後世聖人易之以書契，百官以治，萬民以察，蓋取諸夬。」注。

〔註593〕《繫辭下傳》「《易》曰：『公用射隼于高墉之上，獲之，无不利。』子曰：『隼者，禽也；弓矢者，器也；射之者，人也。君子藏器於身，待時而動，何不利之有？動而不括，是以出而有獲，語成器而動者也。』」注。

〔註594〕《繫辭下傳》「子曰：『小人不恥不仁，不畏不義，不見利不勸，不威不懲。小懲而大誡，此小人之福也。《易》曰：「履校滅趾，无咎。」此之謂也。』」注。

爲義〔註595〕，爲積惡〔註596〕，爲安身〔註597〕，爲基〔註598〕，爲柄〔註599〕，爲怨〔註600〕，爲夜〔註601〕，爲姓〔註602〕，爲廣〔註603〕，爲近〔註604〕。

（二）逸象詮釋

1. 爲夕：《繫辭上傳》云：「剛柔者，晝夜之象也。」陽剛而陰柔，乾卦純陽，坤卦純陰，是以坤卦表示陰柔之夜象，故坤爲夕。
2. 爲死：以「月體納甲說」立言，坤卦爲純陰之卦，喻示爲月相之光明面完全的消失，故坤爲死。
3. 爲憂：承上「坤爲死」而帶出，坤之死，有其令人害怕、恐懼及憂慮的之義，故坤爲憂。
4. 爲業：《繫辭上傳》：「夫《易》，聖人所以崇德而廣業也。」虞翻注：「崇德效乾，廣業法坤也。」故坤爲業。

〔註595〕《繫辭下傳》「子曰：『小人不恥不仁，不畏不義，不見利不勸，不威不懲。小懲而大誡，此小人之福也。《易》曰：「履校滅趾，无咎。」此之謂也。』」注、《繫辭下傳》「困以寡怨，井以辨義。」注。

〔註596〕《繫辭下傳》「『善不積不足以成名，惡不積不足以滅身。小人以小善爲无益而弗爲也，以小惡爲无傷而弗去也，故惡積而不可掩，罪大而不可解。《易》曰：「何校滅耳，凶。」』」注。

〔註597〕《繫辭下傳》「子曰：『君子安其身而後動，易其心而後語，定其交而後求。君子修此三者，故全也。危以動，則民不與也；懼以語，則民不應也；无交而求，則民不與也。莫之與，則傷之者至矣。《易》曰：「莫益之，或擊之，立心勿恆，凶。」』」注。

〔註598〕《繫辭下傳》「是故履，德之基也；謙，德之柄也；復，德之本也；恆，德之固也。」注。

〔註599〕《繫辭下傳》「是故履，德之基也；謙，德之柄也；復，德之本也；恆，德之固也。」注。

〔註600〕《繫辭下傳》「困以寡怨，井以辨義。」注。

〔註601〕《繫辭下傳》「《易》之爲書也不可遠，爲道也屢遷，變動不居，周流六虛，上下无常，剛柔相易，不可爲典要，唯變所適。」注、《説卦傳》「坎爲水，爲溝瀆，爲隱伏，爲矯輮，爲弓輪；其於人也，爲加憂，爲心病，爲耳痛；爲血卦，爲赤；其於馬也，爲美脊，爲亟心，爲下首，爲薄蹄，爲曳；其於輿也爲多眚；爲通，爲月，爲盜；其於木也，爲堅多心。」注。

〔註602〕《繫辭下傳》「天地設位，聖人成能；人謀鬼謀，百姓與能。」注。

〔註603〕《説卦傳》「巽爲木，爲風，爲長女，爲繩直，爲工，爲白，爲長，爲高，爲進退，爲不果，爲臭；其於人也，爲寡發，爲廣顙，爲多白眼；爲近利市三倍；其究爲躁卦。」注。

〔註604〕《説卦傳》「巽爲木，爲風，爲長女，爲繩直，爲工，爲白，爲長，爲高，爲進退，爲不果，爲臭；其於人也，爲寡發，爲廣顙，爲多白眼；爲近利市三倍；其究爲躁卦。」注。

5. 爲虎：《京氏易傳》卷下：「虎刑，五月午在離卦，右行。」以「虎」來象徵陰，五月午，坤之一陰在離卦所値的正南方出現，萬物漸漸趨於衰敗滅亡，「虎刑」指坤陰爲刑殺萬物，故坤爲虎。
6. 爲文：見《說卦傳》言坤：「爲文。」故坤爲文。
7. 爲牝：坤卦爲純陰之卦，「牝」爲母，爲雌，故以坤爲牝。
8. 爲喪：於「月體納甲說」以坤卦來表示月相的消失，故坤爲喪。
9. 爲事：坤卦《文言傳》：「陰雖有美，含之以從王事，弗敢成也。地道也，妻道也，臣道也。」坤卦爲地道、妻道及臣道，皆爲輔佐以成事，故坤爲事。
10. 爲囊：坤爲陰屬虛，而囊爲中空，有囊之象，故坤爲囊。
11. 爲積不善：以十二月陰陽消息說言之，姤卦，五月午一陰方生，直至十月亥，六爻之坤陰生，陽善陰惡，因此，純陰之坤生則爲積累惡而至，惡爲不善，故坤爲積不善。
12. 爲暑：《易緯・乾鑿度》：「坤養之於西南方，位在六月。」坤卦値六月，屬暑，故坤爲暑。
13. 爲理：《繫辭上傳》：「仰以觀於天文，俯以察於地理。」坤爲地，地有其理，故坤爲理。
14. 爲形：《繫辭上傳》：「在天成象，在地成形，變化見矣。」坤爲地，在地成形，故坤爲形。
15. 爲昧：坤卦爲陰，陰爲暗，暗有冥昧之義，故坤爲昧。
16. 爲兕：《說卦傳》：「坤爲牛。」兕，牛之屬，故坤爲兕。
17. 爲用：《說卦傳》：「坤也者，地也，萬物皆致養焉，故曰：致役乎坤。」以坤爲地，地可滋養萬物生長，可爲萬物之所用，故坤爲用。
18. 爲包：《說卦傳》：「坤爲腹。」坤象爲地，地可包覆承載萬物，故坤爲包。
19. 爲身：《說卦傳》言人身之取象時云：「坤爲腹。」腹在人身上，故坤爲身。
20. 爲躬：承上所述，坤爲身，躬者身也，故坤爲躬。
21. 爲作事：前有所述，坤爲事，訟卦《大象傳》注：「三來變坤爲作事。」「變」爲「作」，則坤爲作事。
22. 爲戶：《繫辭上傳》：「是故闔戶謂之坤，闢戶謂之乾。」又《繫辭下傳》：「乾坤，其易之門耶？」坤有門、戶之義，故坤爲戶。

23. 爲安：坤之象爲地，地道靜，靜則安，故坤爲安。
24. 爲終：坤卦六三爻《文言傳》：「地道无成而代有終。」故坤爲終。
25. 爲眾：《說卦傳》：「坤爲眾。」故坤爲眾。
26. 爲民眾：坤之象爲眾，《說卦傳》虞翻注云：「物三稱群，陰爲民，三陰相隨，故爲眾也。」故坤爲民眾。
27. 爲畜養：《說卦傳》：「坤也者，地也，萬物皆致養焉。」故坤爲畜養。
28. 爲國：坤之象爲地，地可建構成爲國，故坤爲國。
29. 爲方：坤之象爲地，古人以爲天圓地方，故坤爲方。
30. 爲萬國：前有所述，坤之象爲地，坤爲國，地之上存有成千上萬個方國，故坤爲萬國。
31. 爲腹：《說卦傳》：「坤爲腹。」故坤爲腹。
32. 爲器：《繫辭上傳》：「在天成象，在地成形，變化見矣。」、「見乃謂之象，形乃謂之器。」又云：「是故形而上者謂之道，形而下者謂之器。」坤之象爲地，在地成形，形乃謂之器，故坤爲器。
33. 爲缶：缶爲坤器之一種，故坤爲缶。
34. 爲邑：前有所述，坤爲國，國中有邑，故坤爲邑。
35. 爲自我：前有所述，坤象爲腹，爲身，爲躬，躬爲親自、自我，故坤爲自我。
36. 爲車：《說卦傳》言坤：「爲大輿。」故坤爲車。
37. 爲輻：坤之象爲腹，車中之輻，位於車中相連之處，如車之腹，故坤爲輻。
38. 爲民：《說卦傳》：「坤爲眾。」虞翻注云：「物三稱群，陰爲民，三陰相隨，故爲眾也。」故坤爲民。
39. 爲乙：在「月體納甲說」中，坤納乙，故坤爲乙。
40. 爲積土：坤之象爲地，地有爲積土而成，故坤爲積土。
41. 爲自邑：前有所述，坤爲邑，坤爲身、躬，「身」、「躬」有「自」之意，故坤爲自邑。
42. 爲營：前有所述，坤爲事、爲用，有「爲」之義，「營」者，爲也，故坤爲營。
43. 爲弒君：坤之象爲臣，乾之象爲君，乾象滅而坤象現，則爲臣弒君，故坤爲弒君。
44. 爲類：坤之象爲地，地上萬物以類而聚，故坤爲類。

45. 爲遏惡：陰爲惡，且處消極被動之態度，因此，坤陰常消極被動地爲惡，故坤爲遏惡。
46. 爲順：《說卦傳》：「坤，順也。」故坤爲順。
47. 爲害：陽善陰惡，坤卦三爻純陰，陰惡又常招至災害，故坤爲害。
48. 爲大車：《說卦傳》言坤：「爲大輿。」大輿爲大車，故坤爲大車。
49. 爲自：前有所述，坤爲自我，故坤爲自。
50. 爲鬼害：虞翻謙卦《象傳》注：「『鬼』謂四。」以謙卦四爻之陰爲坤，坤爲鬼，且人以爲鬼常爲害，故坤爲鬼害。
51. 爲惡：人有好惡之情，陰常屬惡，故坤爲惡。
52. 爲寡：陽大陰小，小與寡其意相近，故坤爲寡。
53. 爲邑國：前已有述，坤爲邑，坤爲國，故坤爲邑國。
54. 爲邦國：前已所述，坤爲國，坤爲萬國，故坤爲邦國。
55. 爲地：坤之象爲地，故坤爲地。
56. 爲盍：《繫辭上傳》：「是故闔戶謂之坤，闢戶謂之乾。」「闔」與合、盍之意同，故坤爲盍。
57. 爲冥：坤卦爲陰，陰爲暗，暗有冥昧之義，故坤爲冥。
58. 爲下：坤爲地，地在下，故坤爲下。
59. 爲母：坤之象爲地，地爲孕育萬物之母，故坤爲母。
60. 爲容：前已有述，坤爲地、爲包，地能包容萬物，故坤爲容。
61. 爲思：漢易常以八卦配以「五行」、「五常」，坤爲土，中央土配「智」，「智」爲思之發，故坤爲思。
62. 爲土：坤之象爲地，地爲土之積，故坤爲土。
63. 爲闔戶：《繫辭上傳》：「闔戶謂之坤，闢戶謂之乾。」故坤爲闔戶。
64. 爲我：前有所述，坤爲自我，故坤爲我。
65. 爲臣：《說卦傳》：「坤，順也。」臣之德爲順，故坤爲臣。
66. 爲死喪：前已有坤爲死，坤爲喪之逸象，故坤爲死喪。
67. 爲小人：陰爻代表小人，坤卦爲陰，故坤爲小人。
68. 爲庶政：前已有述，坤爲業，庶政爲業之屬，故坤爲庶政。
69. 爲虛：坤爲陰，以十二月消息卦而言，坤卦爲陽消陰息之卦，陰爲虛，故坤爲虛。
70. 爲迷：坤爲陰，陰性易迷，故坤爲迷。
71. 爲異邦：前已有述，坤爲邦國，乾君之象在姤卦，坤邦之象在復卦，姤卦與復卦爲旁通，以姤卦乾君而言，復卦的坤邦就是異邦，故坤爲異邦。

72. 爲至：坤卦《彖傳》:「至哉坤元！」故坤爲至。
73. 爲十年：坤爲眾，三者成眾，由「三」引申出「十」、「百」之象，又坤爲終，《說文》曰:「年，穀熟也。」稻穀成熟爲一年之終，故「終」引申爲「年」，故坤爲十年。
74. 爲牛：《說卦傳》:「坤爲牛。」故坤爲牛。
75. 爲邑人：前已有述，坤爲邑，邑中有人，故坤爲邑人。
76. 爲車輿：《說卦傳》言坤：「爲大輿。」故坤爲車輿。
77. 爲吝嗇：《說卦傳》:「坤爲吝嗇。」故坤爲吝嗇。
78. 爲邦：前有所述，坤爲邦國，故坤爲邦。
79. 爲殺：坤爲純陰，陰能害物、殺物，故坤爲殺。
80. 爲牝牛：坤爲母，坤爲牛，故坤爲牝牛。
81. 爲黃牛：坤之象爲地，地色黃，又坤爲牛，故坤爲黃牛。
82. 爲大輿：《說卦傳》言坤：「爲大輿。」故坤爲大輿。
83. 爲康：前已有述，坤爲安，安則康也，故坤爲康。
84. 爲弱：陰性柔弱，故坤爲弱。
85. 爲裕：坤爲弱，柔弱則對物易寬、易容，則裕也。故坤爲裕。
86. 爲弒父：乾之象爲父，坤息而滅乾，有弒乾之象，故坤爲弒父。
87. 爲晦：坤三陰，陰爲晦暗，故坤爲晦。
88. 爲大業：《繫辭上傳》:「盛德大業至矣哉！富有之謂大業，日新之謂盛德。」虞翻以「大業」言「坤」，以「盛德」言「乾」，故坤爲大業。
89. 爲鬼：坤爲陰，鬼屬陰之物，故坤爲鬼。
90. 爲醜：坤三陰，陰惡而醜，故坤爲醜。
91. 爲柔：坤三陰，陰爲柔，故坤爲柔。
92. 爲欲：坤陰之性吝嗇而象欲，故坤爲欲。
93. 爲无疆：坤卦《彖傳》:「坤厚載物，德合无疆。」故坤爲无疆。
94. 爲過：前已有述，坤爲惡，坤爲積不善，皆有過也，故坤爲過。
95. 爲永：坤卦用六：「利永貞。」故坤爲永。
96. 爲眾臣：《說卦傳》言坤：「爲眾。」又前已有言，坤爲臣，故坤爲眾臣。
97. 爲莫夜：前已有述，坤爲夕，「夕」延伸爲「莫夜」，故坤爲莫夜。

98. 爲聚：前已有述，坤爲眾，眾則聚也，故坤爲聚。
99. 爲亂：坤爲三陰，陰性易亂，故坤爲亂。
100. 爲萃：前已有述，坤之象爲聚，聚即萃，故坤爲萃。
101. 爲財：前已有述，坤爲囊，坤爲聚，聚積囊中之物爲財，故坤爲財。
102. 爲積：前已有述，坤爲聚，聚即積，故坤爲積。
103. 爲致：《說卦傳》：「致役乎坤。」故坤爲致。
104. 爲輿：《說卦傳》言坤：「爲大輿。」故坤爲輿。
105. 爲紱：《說卦傳》：「坤爲文。」紱有文采，故坤爲紱。
106. 爲徐：前已有述，坤爲安，安則舒緩，故坤爲徐。
107. 爲虎變：前已有述，坤爲虎，蒙卦旁通變而成革卦，蒙卦中三爻、四爻及五爻互體爲坤，變成革卦而爲互體之乾，因此，以革卦九五爻而論，坤爲虎且由革卦中三爻至五爻互體之乾變成，故坤爲虎變。
108. 爲厚：坤之象爲地，坤卦《彖傳》云：「坤厚載物。」故坤爲厚。
109. 爲俗：前已有述，坤爲柔，坤爲弱，虞翻云：「柔弱爲俗」，故坤爲俗。
110. 爲永終：前已有述，坤爲永，坤爲終，故坤爲永終。
111. 爲敝：前已有述，坤爲永終，永終即敝，故坤爲敝。
112. 爲空虛：陽實陰虛，坤爲三陰，故坤爲空虛。
113. 爲窮：前已有述，坤爲終，終則窮，故坤爲窮。
114. 爲度：坤數爲十，故坤爲度。
115. 爲財用：前已有述，坤爲財，坤爲用，故坤爲財用。
116. 爲鬼方：前已有述，坤爲鬼，坤爲方，故坤爲鬼方。
117. 爲年：坤爲陰，月亦屬陰，月份之確定爲依月之晦朔盈缺，十二個月爲一年，故坤爲年。
118. 爲大邦：前已有述，坤爲邦，坤爲地，地爲大，故坤爲大邦。
119. 爲義門：仁與義相對，仁之品格爲積極、主動，義之品格爲消極、被動，而陽屬主動，陰屬被動，坤爲三陰之爻，故爲義之屬，又《繫辭下傳》：「乾坤，其《易》之門邪？」故坤爲義門。
120. 爲不善：陽善陰惡，坤爲三陰，故坤爲不善。
121. 爲邇：前已有述，坤爲自，坤爲躬，坤爲身，皆與己相近者，邇即近也，故坤爲邇。
122. 爲默：《繫辭上傳》：「夫坤，其靜也翕。「翕」則爲合、閉，於人身則閉口不言，爲默，故坤爲默。

123. 爲禮：坤爲地，地卑下而重謙禮，故坤爲禮。
124. 爲階：前已有述，坤爲土，土可砌堆成階，故坤爲階。
125. 爲閉：前已有述，坤爲闔戶，有闔、閉之意，故坤爲閉。
126. 爲密：前已有述，坤爲閉，閉而密不外通，故坤爲密。
127. 爲大車：《說卦傳》：「坤爲大輿。」大輿即大車，故坤爲大車。
128. 爲藏：坤之象爲地，萬物藏歸於其中，故坤爲藏。
129. 爲閉戶：前已有述，坤爲闔戶，坤爲閉，故坤爲閉戶。
130. 爲睿知：前已有述，坤爲思，《尚書‧洪範》：「思曰睿。」且思則知，故坤爲睿知。
131. 爲富：前已有述，坤爲積，坤爲財，積財則成富，故坤爲富。
132. 爲器用：前已有述，坤爲器，坤爲用，故坤爲器用。
133. 爲田：前已有述，坤爲地，地上有田，故坤爲田。
134. 爲裳：乾爲天在上，坤爲地在下，以人之服飾而論，乾上爲衣，坤下爲裳，故坤爲裳。
135. 爲順臣：前已有述，坤爲順，坤爲臣，故坤爲順臣。
136. 爲重：前已有述，坤爲地，大地厚重，故坤爲重。
137. 爲書：前已有述，坤爲文，「文」又延伸出「書」之意，故坤爲書。
138. 爲萬民：前已有述，坤爲眾民，眾民即萬民，故坤爲萬民。
139. 爲迷暗：前已有述，坤爲迷，又坤三陰爲暗，故坤爲迷暗。
140. 爲藏器：前已有述，坤爲藏，坤爲器，故坤爲藏器。
141. 爲恥：坤爲陰，陰易遭恥辱，故坤爲恥。
142. 爲義：前已有述，坤爲義門，又「義門」延伸出「義」之意，故坤爲義。
143. 爲積惡：前已有述，坤爲積，坤爲惡，故坤爲積惡。
144. 爲安身：前已有述，坤爲安，坤爲身，故坤爲安身。
145. 爲基：前有所述，坤爲地，地爲地上房屋之基，故坤爲基。
146. 爲柄：《說卦傳》言坤：「爲柄。」故坤爲柄。
147. 爲怨：坤陰而易遭怨，故坤爲怨。
148. 爲夜：坤爲陰，陰則象一日之夜，故坤爲夜。
149. 爲姓：前已有述，坤爲母，「姓」字從女、從生，人皆由母親所生，故坤爲姓。
150. 爲廣：坤之象爲地，地則廣，故坤爲廣。

151. 爲近：前已有述，坤爲邇，邇即近，故坤爲近。

四、虞翻之逸象「震」

（一）逸象總目

震爲樂〔註605〕，爲行〔註606〕，爲言〔註607〕，爲講論〔註608〕，爲寬

〔註605〕乾卦《文言傳》注、需卦《大象傳》注。

〔註606〕乾卦《文言傳》注、屯卦上六注、蒙卦《大象傳》注、泰卦九二爻《小象傳》注、謙卦上六爻注、蠱卦《彖傳》注、復卦六四爻《小象傳》注、大畜卦《大象傳》注、大畜卦上九爻《小象傳》注、坎卦卦辭注、坎《彖傳》注、坎卦《大象傳》注、晉卦初六爻《小象傳》注、睽卦《彖傳》注、損卦六三爻注、益卦《彖傳》注、益卦六四爻注、夬卦九四爻注、夬卦九五爻注、姤卦九三爻注、升卦《彖傳》注、鼎卦《彖傳》注、鼎卦九三爻注、艮卦《彖傳》注、歸妹卦九四爻注、豐卦九四爻《小象傳》注、巽卦《彖傳》注、巽卦《大象傳》注、兑卦初九爻注、兑卦九四爻注、節卦《彖傳》注、節卦《大象傳》注、小過卦《大象傳》注、《繫辭上傳》「子曰：『君子居其室，出其言善，則千里之外應之，況其邇者乎！居其室，出其言不善，則千里之外違之，況其邇者乎！言出乎身，加乎民；行發乎邇，見乎遠。言行，君子之樞機。樞機之發，榮辱之主也。言行，君子之所以動天地也，可不愼乎？』」注、《繫辭上傳》「是以君子將有爲也，將有行也，問焉而以言，其受命也如嚮，无有遠近幽深，遂知來物，非天下之至精，其孰能與於此！」注、《繫辭下傳》「履以和行，謙以制禮，復以自知，恆以一德，損以遠害。」注。

〔註607〕乾卦《文言傳》注、需卦九二爻注、訟卦初六爻注、師卦六五爻注、泰卦上六爻注、臨卦《大象傳》注、夬卦九四爻注、困卦卦辭注、震卦上六爻注、艮卦六五爻注、漸卦初六爻注、《繫辭上傳》「子曰：『君子居其室，出其言善，則千里之外應之，況其邇者乎！居其室，出其言不善，則千里之外違之，況其邇者乎！言出乎身，加乎民；行發乎邇，見乎遠。言行，君子之樞機。樞機之發，榮辱之主也。言行，君子之所以動天地也，可不愼乎？』」注、《繫辭上傳》「『同人先號咷而後笑。』子曰：『君子之道，或出或處，或默或語，二人同心，其利斷金；同心之言，其臭如蘭。』」注、《繫辭上傳》「『勞謙，君子有終，吉。』子曰：『勞而不伐，有功而不德，厚之至也。語以其功下人者也。德言盛，禮言恭。謙也者，致恭以存其位者也。』」注、《繫辭下傳》「其稱名也小，其取類也大；其旨遠，其辭文；其言曲而中，其事肆而隱；因貳以濟民行，以明失得之報。」注、《繫辭下傳》「八卦以象告，爻、彖以情言，剛柔雜居而吉凶可見矣。」注、《繫辭下傳》「變動以利言，吉凶以情遷。是故愛惡相攻而吉凶生，遠近相取而悔吝生，情僞相感而利害生。」注、《說卦傳》「兑，正秋也，萬物之所說也，故曰說言乎兑。」注。

〔註608〕乾卦《文言傳》注。

〔註609〕，爲後〔註610〕，爲馬〔註611〕，爲應〔註612〕，爲從〔註613〕，爲主〔註614〕，爲常〔註615〕，爲餘慶〔註616〕，爲侯〔註617〕，爲雷〔註618〕，爲起〔註619〕，爲麋鹿〔註620〕，爲驚走〔註621〕，爲出〔註622〕，爲動起〔註623〕，爲足〔註624〕，

〔註609〕乾卦《文言傳》注。

〔註610〕乾卦《文言傳》注、睽卦上九爻注。

〔註611〕坤卦卦辭注、屯卦六二注、晉卦卦辭注、睽卦初九爻注。

〔註612〕坤卦《彖傳》注、損卦《彖傳》注、《繫辭下傳》「子曰：『君子安其身而後動，易其心而後語，定其交而後求。君子修此三者，故全也。危以動，則民不與也；懼以語，則民不應也；无交而求，則民不與也。莫之與，則傷之者至矣。《易》曰：「莫益之，或擊之，立心勿恆，凶。」』」注。

〔註613〕坤卦六三注、益卦六四爻注。

〔註614〕坤卦《文言傳》注、睽卦九二爻注、豐卦初九爻注、豐卦九四爻注。

〔註615〕坤卦《文言傳》注。

〔註616〕坤卦《文言傳》注。

〔註617〕屯卦卦辭注、蠱卦上九爻注、晉卦卦辭注。

〔註618〕屯卦《象傳》注、《繫辭上傳》「是故剛柔相摩，八卦相盪；鼓之以雷霆，潤之以風雨；日月運行，一寒一暑。」注、《說卦傳》「震爲雷，爲龍，爲玄黃，爲旉，爲大塗，爲長子，爲決躁，爲蒼筤竹，爲萑葦；其於馬也，爲善鳴，爲馵足，爲作足，爲的顙；其於稼也，爲反生；其究爲健，爲蕃鮮。」注。

〔註619〕屯卦初九爻注。

〔註620〕屯卦六三爻注。

〔註621〕屯卦六三爻注、比卦九五爻注、大畜卦九三爻注。

〔註622〕屯卦上六爻《小象傳》注、蒙卦《大象傳》注、小畜卦六四爻注、履卦九二爻《小象傳》注、大畜卦六五爻注、離卦上九爻注、艮卦《大象傳》注、節卦初九爻注、節卦六三爻注、小過卦《大象傳》注、《繫辭上傳》「子曰：『君子居其室，出其言善，則千里之外應之，況其邇者乎！居其室，出其言不善，則千里之外違之，況其邇者乎！言出乎身，加乎民；行發乎邇，見乎遠。言行，君子之樞機。樞機之發，榮辱之主也。言行，君子之所以動天地也，可不愼乎？』」注、《繫辭上傳》「『同人先號咷而後笑。』子曰：『君子之道，或出或處，或默或語，二人同心，其利斷金；同心之言，其臭如蘭。』」注、《繫辭下傳》「斷木爲杵，掘地爲臼，臼杵之利，萬民以濟，蓋取諸小過。」注。

〔註623〕蒙卦卦辭注。

〔註624〕蒙卦初六爻注、履卦卦辭注、履卦六三爻注、泰卦九二爻注、噬嗑卦初九爻注、賁卦初九爻注、剝卦初六爻注、坎卦六四爻注、困卦九五爻注、鼎卦初六爻注、鼎卦九四爻注、震卦六二爻注、渙卦九二爻注、《說卦傳》「震爲雷，爲龍，爲玄黃，爲旉，爲大塗，爲長子，爲決躁，爲蒼筤竹，爲萑葦；其於馬也，爲善鳴，爲馵足，爲作足，爲的顙；其於稼也，爲反生；其究爲健，爲蕃鮮。」注。

爲夫〔註625〕，爲長子〔註626〕，爲建〔註627〕，爲鹿〔註628〕，爲諸侯〔註629〕，爲人〔註630〕，爲反〔註631〕，爲東〔註632〕，爲帝〔註633〕，爲道〔註634〕，爲大塗〔註635〕，爲左〔註636〕，爲征〔註637〕，爲兄〔註638〕，爲草莽〔註639〕，爲陵〔註640〕，爲後笑〔註641〕，爲春〔註642〕，爲交〔註643〕，爲善鳴〔註644〕，

〔註625〕蒙卦九二爻注、蒙卦六二爻注、小畜卦九三爻注、同人卦《彖傳》注、大過卦九五爻注、家人卦《彖傳》注、漸卦九三爻注、《繫辭上傳》「『同人先號咷而後笑。』子曰：『君子之道，或出或處，或默或語，二人同心，其利斷金；同心之言，其臭如蘭。』」注、《序卦傳》「有天地然後有萬物，有萬物然後有男女，有男女然後有夫婦，有夫婦然後有父子，有父子然後有君臣，有君臣然後有上下，有上下然後禮義有所錯。」注。

〔註626〕蒙卦九二爻注、師卦六五爻注、鼎卦初六爻注、《說卦傳》「震爲雷，爲龍，爲玄黃，爲旉，爲大塗，爲長子，爲決躁，爲蒼筤竹，爲萑葦；其於馬也，爲善鳴，爲馵足，爲作足，爲的顙；其於稼也，爲反生；其究爲健，爲蕃鮮。」注、《說卦傳》「兌爲澤，爲少女，爲巫，爲口舌，爲毀折，爲附決；其於地也，爲剛鹵；爲妾，爲羊。」注。

〔註627〕比卦《大象傳》注。

〔註628〕比卦九五爻注。

〔註629〕比卦《大象傳》注、豫卦卦辭注、明夷卦《彖傳》注、《繫辭下傳》「能說諸心，能研諸侯之慮，定天下之吉凶，成天下之亹亹者。」注。

〔註630〕比卦九五爻注、同人卦《彖傳》注。

〔註631〕小畜卦九三爻注、歸妹卦六三爻注。

〔註632〕小畜卦九五爻注、小畜卦上九爻注、泰卦六四爻注、離卦《大象傳》注、震卦上六爻注、歸妹卦《彖傳》注、歸妹卦六五爻注、中孚卦六四爻注、既濟卦九五爻注。

〔註633〕履卦《彖傳》注、泰卦六五爻注、益卦六二爻注、鼎卦《彖傳》注、歸妹卦六五爻注、渙卦《大象傳》注。

〔註634〕履卦九二爻《小象傳》注、隨卦九四爻注、大畜卦上九爻注。

〔註635〕履卦九二爻《小象傳》注、睽卦九二爻注。

〔註636〕泰卦《大象傳》注、大過卦上六爻注、《說卦傳》「震爲雷，爲龍，爲玄黃，爲旉，爲大塗，爲長子，爲決躁，爲蒼筤竹，爲萑葦；其於馬也，爲善鳴，爲馵足，爲作足，爲的顙；其於稼也，爲反生；其究爲健，爲蕃鮮。」注。

〔註637〕泰卦初九爻注、大壯卦初九爻注、損卦九二爻注、震卦上六爻注、漸卦九三爻注、歸妹卦卦辭注、歸妹卦初九爻注。

〔註638〕泰卦六五爻注、家人卦《彖傳》注、歸妹卦初九爻注。

〔註639〕同人卦九三爻注。

〔註640〕同人卦九三爻注。

〔註641〕同人卦九五爻注。

〔註642〕大有卦《彖傳》注、豫卦《彖傳》注、隨卦《彖傳》注、觀卦《彖傳》注、賁卦《彖傳》注、恆卦《彖傳》注、革卦《彖傳》注、歸妹卦九四爻注、節

爲反生〔註 645〕，爲生〔註 646〕，爲動〔註 647〕，爲禾稼〔註 648〕，爲驚衛〔註 649〕，爲守〔註 650〕，爲篙〔註 651〕，爲百穀〔註 652〕，爲聲〔註 653〕，爲趾〔註 654〕，爲逐〔註 655〕，爲元夫〔註 656〕，爲喜〔註 657〕，爲喜笑〔註 658〕，爲出生〔註 659〕，爲作〔註 660〕，爲告〔註 661〕，爲問〔註 662〕，爲笑言〔註 663〕，爲笑〔註 664〕，爲

卦《彖傳》注、《繫辭上傳》「是故《易》有太極，是生兩儀，兩儀生四象，四象生八卦，八卦定吉凶，吉凶生大業。」注。

〔註 643〕大有卦初九爻注、坎卦六四爻注、家人卦九五爻《小象傳》注、睽卦九四爻注、《繫辭下傳》「子曰：『君子安其身而後動，易其心而後語，定其交而後求。君子修此三者，故全也。危以動，則民不與也；懼以語，則民不應也；无交而求，則民不與也。莫之與，則傷之者至矣。《易》曰：「莫益之，或擊之，立心勿恆，凶。」』」注。

〔註 644〕豫卦初六爻注、《說卦傳》「震爲雷，爲龍，爲玄黃，爲旉，爲大塗，爲長子，爲決躁，爲蒼筤竹，爲萑葦；其於馬也，爲善鳴，爲馵足，爲作足，爲的顙；其於稼也，爲反生；其究爲健，爲蕃鮮。」注。

〔註 645〕豫卦六五爻注、无妄卦《大象傳》注。

〔註 646〕觀卦六三爻《小象傳》注、震卦六三爻注、《繫辭上傳》「『不出户庭，无咎。』子曰：『亂之所生也，則言語以爲階。君不密則失臣，臣不密則失身，幾事不密則害成，是以君子愼密而不出也。』」注。

〔註 647〕賁卦《彖傳》注、頤卦初九爻注、艮卦六二爻注、漸卦《彖傳》注、《繫辭下傳》「斷木爲杵，掘地爲臼，臼杵之利，萬民以濟，蓋取諸小過。」注、《繫辭下傳》「子曰：『小人不恥不仁，不畏不義，不見利不勸，不威不懲。小懲而大誡，此小人之福也。《易》曰：「履校滅趾，无咎。」此之謂也。』」注、《繫辭下傳》「子曰：『君子安其身而後動，易其心而後語，定其交而後求。君子修此三者，故全也。危以動，則民不與也；懼以語，則民不應也；无交而求，則民不與也。莫之與，則傷之者至矣。《易》曰：「莫益之，或擊之，立心勿恆，凶。」』」注。

〔註 648〕无妄卦六二爻注。

〔註 649〕大畜卦九三爻注。

〔註 650〕坎卦《彖傳》注、震卦《彖傳》注。

〔註 651〕坎卦六四爻注。

〔註 652〕離卦《彖傳》注。

〔註 653〕離卦六五爻注。

〔註 654〕大壯卦初九爻注、夬卦初九爻注、艮卦初六爻注。

〔註 655〕睽卦初九爻注、震卦六二爻注。

〔註 656〕睽卦九四爻注。

〔註 657〕解卦《大象傳》注、歸妹卦九二爻注、兌卦《彖傳》注、節卦《大象傳》注。

〔註 658〕益卦《彖傳》注、兌卦《彖傳》注。

〔註 659〕益卦《彖傳》注。

〔註 660〕益卦初九爻注、《說卦傳》「震爲雷，爲龍，爲玄黃，爲旉，爲大塗，爲長子，爲決躁，爲蒼筤竹，爲萑葦；其於馬也，爲善鳴，爲馵足，爲作足，爲的顙；

鬯〔註665〕，爲百〔註666〕，爲行人〔註667〕，爲玄黃〔註668〕，爲興〔註669〕，爲筐〔註670〕，爲士〔註671〕，爲夷主〔註672〕，爲蕃鮮〔註673〕，爲講〔註674〕，爲祭〔註675〕，爲奔〔註676〕，爲議〔註677〕，爲音聲〔註678〕，爲緩〔註679〕，爲鳴〔註680〕，爲奔走〔註681〕，爲音〔註682〕，爲七〔註683〕，爲竹〔註684〕，爲子〔註685〕，爲言議〔註686〕，爲後動〔註687〕，爲出言〔註688〕，爲百里

其於稼也，爲反生；其究爲健，爲蕃鮮。」注。

〔註661〕益卦六三爻注、夬卦卦辭注。

〔註662〕益卦九五爻注。

〔註663〕夬卦九五爻注、《繫辭下傳》「子曰：『知幾其神乎！君子上交不諂，不交不瀆，其知幾乎！幾者，動之微，吉之先見者也。君子見幾而作，不俟終日。《易》曰：「介于石，不終日，貞吉。」介如石焉，寧用終日？斷可識矣。君子知微知彰，知柔知剛，萬夫之望。』」注。

〔註664〕萃卦初六爻注、旅卦上九爻注。

〔註665〕震卦卦辭注。

〔註666〕震卦《彖傳》注。

〔註667〕艮卦卦辭注。

〔註668〕歸妹卦《彖傳》注、《說卦傳》「震爲雷，爲龍，爲玄黃，爲旉，爲大塗，爲長子，爲決躁，爲蒼筤竹，爲萑葦；其於馬也，爲善鳴，爲馵足，爲作足，爲的顙；其於稼也，爲反生；其究爲健，爲蕃鮮。」注。

〔註669〕歸妹卦《彖傳》注。

〔註670〕歸妹卦上六爻注、旅卦上九爻注。

〔註671〕歸妹卦上六爻注。

〔註672〕豐卦九四爻注。

〔註673〕巽卦九五爻注。

〔註674〕兌卦《大象傳》注。

〔註675〕渙卦《大象傳》注。

〔註676〕渙卦九二爻注。

〔註677〕節卦《大象傳》注、節卦《大象傳》注。

〔註678〕節卦六三爻注。

〔註679〕節卦《大象傳》注。

〔註680〕中孚卦九二爻注。

〔註681〕中孚卦六四爻注。

〔註682〕中孚卦上九爻注、小過卦卦辭注。

〔註683〕既濟卦六二爻注。

〔註684〕《繫辭上傳》「方以類聚，物以群分，吉凶生矣；在天成象，在地成形，變化見矣。」注。

〔註685〕《繫辭上傳》「乾以易知，坤以簡能；易則易知，簡則易從；易知則有親，易從則有功。」注。

〔註686〕《繫辭上傳》「言天下之至賾而不可惡也，言天下之至動而不可亂也；擬之而後言，議之而後動，擬議以成其變化。」注。

〔註 689〕，爲語〔註 690〕，爲言語〔註 691〕，爲言問〔註 692〕，爲嚮〔註 693〕，爲鼓〔註 694〕，爲後世〔註 695〕，爲龍〔註 696〕，爲徵〔註 697〕，爲後語〔註 698〕，

〔註 687〕《繫辭上傳》「言天下之至賾而不可惡也，言天下之至動而不可亂也；擬之而後言，議之而後動，擬議以成其變化。」注。

〔註 688〕《繫辭上傳》「子曰：『君子居其室，出其言善，則千里之外應之，況其邇者乎！居其室，出其言不善，則千里之外違之，況其邇者乎！言出乎身，加乎民；行發乎邇，見乎遠。言行，君子之樞機。樞機之發，榮辱之主也。言行，君子之所以動天地也，可不愼乎？』」注。

〔註 689〕《繫辭上傳》「子曰：『君子居其室，出其言善，則千里之外應之，況其邇者乎！居其室，出其言不善，則千里之外違之，況其邇者乎！言出乎身，加乎民；行發乎邇，見乎遠。言行，君子之樞機。樞機之發，榮辱之主也。言行，君子之所以動天地也，可不愼乎？』」注。

〔註 690〕《繫辭上傳》「『同人先號咷而後笑。』子曰：『君子之道，或出或處，或默或語，二人同心，其利斷金；同心之言，其臭如蘭。』」注、《繫辭上傳》「『勞謙，君子有終，吉。』子曰：『勞而不伐，有功而不德，厚之至也。語以其功下人者也。德言盛，禮言恭。謙也者，致恭以存其位者也。』」注、《繫辭下傳》「《易》曰：『公用射隼于高墉之上，獲之，无不利。』子曰：『隼者，禽也；弓矢者，器也；射之者，人也。君子藏器於身，待時而動，何不利之有？動而不括，是以出而有獲，語成器而動者也。』」注。

〔註 691〕《繫辭上傳》「『不出户庭，无咎。』子曰：『亂之所生也，則言語以爲階。君不密則失臣，臣不密則失身，幾事不密則害成，是以君子愼密而不出也。』」注。

〔註 692〕《繫辭上傳》「是以君子將有爲也，將有行也，問焉而以言，其受命也如嚮，无有遠近幽深，遂知來物，非天下之至精，其孰能與於此！」注。

〔註 693〕《繫辭上傳》「是以君子將有爲也，將有行也，問焉而以言，其受命也如嚮，无有遠近幽深，遂知來物，非天下之至精，其孰能與於此！」注。

〔註 694〕《繫辭上傳》「鼓之舞之以盡神。」注。

〔註 695〕《繫辭下傳》「上古穴居而野處，後世聖人易之以宮室，上棟下宇，以待風雨，蓋取諸大壯。」注。

〔註 696〕《繫辭下傳》「《易》曰：『憧憧往來，朋從爾思。』子曰：『天下何思何慮？天下同歸而殊塗，一致而百慮。天下何思何慮？日往則月來，月往則日來，日月相推而明生焉；寒往則暑來，暑往則寒來，寒暑相推而歲成焉。往者屈也，來者信也，屈信相感而利生焉。尺蠖之屈，以求信也；龍蛇之蟄，以存身也；精義入神，以致用也；利用安身，以崇德也。過此以往，未之或知也。窮神知化，德之盛也。』」注。

〔註 697〕《繫辭下傳》「子曰：『小人不恥不仁，不畏不義，不見利不勸，不威不懲。小懲而大誡，此小人之福也。《易》曰：「履校滅趾，无咎。」此之謂也。』」注。

〔註 698〕《繫辭下傳》「子曰：『君子安其身而後動，易其心而後語，定其交而後求。君子修此三者，故全也。危以動，則民不與也；懼以語，則民不應也；无交而求，則民不與也。莫之與，則傷之者至矣。《易》曰：「莫益之，或擊之，

爲專〔註 699〕，爲定〔註 700〕，爲後交〔註 701〕，爲決躁〔註 702〕，爲大笑〔註 703〕，爲馵〔註 704〕，爲馵足〔註 705〕，爲作足〔註 706〕，爲的顙〔註 707〕，爲長男〔註 708〕。

（二）逸象銓釋

1. 爲樂：震卦於《說卦傳》:「萬物出乎震，震東方也。」所提出的「文王後天八卦方位」中正值爲春，又在《易緯‧乾鑿度》:「震生物於東方，位在二月。」震値東方，時爲二月。因而象徵春天的震卦有萬物

立心勿恆，凶。」』」注。

〔註 699〕《繫辭下傳》「子曰：『君子安其身而後動，易其心而後語，定其交而後求。君子修此三者，故全也。危以動，則民不與也；懼以語，則民不應也；无交而求，則民不與也。莫之與，則傷之者至矣。《易》曰：「莫益之，或擊之，立心勿恆，凶。」』」注、《說卦傳》「震爲雷，爲龍，爲玄黃，爲旉，爲大塗，爲長子，爲決躁，爲蒼筤竹，爲萑葦；其於馬也，爲善鳴，爲馵足，爲作足，爲的顙；其於稼也，爲反生；其究爲健，爲蕃鮮。」注。

〔註 700〕《繫辭下傳》「子曰：『君子安其身而後動，易其心而後語，定其交而後求。君子修此三者，故全也。危以動，則民不與也；懼以語，則民不應也；无交而求，則民不與也。莫之與，則傷之者至矣。《易》曰：「莫益之，或擊之，立心勿恆，凶。」』」注。

〔註 701〕《繫辭下傳》「子曰：『君子安其身而後動，易其心而後語，定其交而後求。君子修此三者，故全也。危以動，則民不與也；懼以語，則民不應也；无交而求，則民不與也。莫之與，則傷之者至矣。《易》曰：「莫益之，或擊之，立心勿恆，凶。」』」注。

〔註 702〕《繫辭下傳》「將叛者，其辭慚；中心疑者，其辭枝；吉人之辭寡；躁人之辭多；誣善之人，其辭游；失其守者，其辭屈。」注。

〔註 703〕《說卦傳》「乾，健也；坤，順也；震，動也；巽，入也；坎，陷也；離，麗也；艮，止也；兌，說也。」注。

〔註 704〕《說卦傳》「震爲雷，爲龍，爲玄黃，爲旉，爲大塗，爲長子，爲決躁，爲蒼筤竹，爲萑葦；其於馬也，爲善鳴，爲馵足，爲作足，爲的顙；其於稼也，爲反生；其究爲健，爲蕃鮮。」注。

〔註 705〕《說卦傳》「震爲雷，爲龍，爲玄黃，爲旉，爲大塗，爲長子，爲決躁，爲蒼筤竹，爲萑葦；其於馬也，爲善鳴，爲馵足，爲作足，爲的顙；其於稼也，爲反生；其究爲健，爲蕃鮮。」注。

〔註 706〕《說卦傳》「震爲雷，爲龍，爲玄黃，爲旉，爲大塗，爲長子，爲決躁，爲蒼筤竹，爲萑葦；其於馬也，爲善鳴，爲馵足，爲作足，爲的顙；其於稼也，爲反生；其究爲健，爲蕃鮮。」注。

〔註 707〕《說卦傳》「震爲雷，爲龍，爲玄黃，爲旉，爲大塗，爲長子，爲決躁，爲蒼筤竹，爲萑葦；其於馬也，爲善鳴，爲馵足，爲作足，爲的顙；其於稼也，爲反生；其究爲健，爲蕃鮮。」注。

〔註 708〕《說卦傳》「兌爲澤，爲少女，爲巫，爲口舌，爲毀折，爲附決；其於地也，爲剛鹵；爲妾，爲羊。」注。

甦醒，充滿無限生機之象，故震為樂。

2. 為行：《說卦傳》：「震，動也。」震卦的基本卦德，為動，動與行之義相似，故震為行。
3. 為言：《說卦傳》言震：「其於馬也，為善鳴。」馬為善鳴，於人為言，故震為言。
4. 為講論：「言」又可擴大解釋為「講論」，故震為講論。
5. 為寬：《易緯・乾鑿度》：「八卦之序成立，則五氣變形。故人生而應八卦之體，得五氣以為五常，仁、義、禮、智、信是也。夫萬物始出於震，震，東方之卦也，陽氣始生，受形之道也，故東方為仁。成於離，離，南方之卦也，陽得正於上，陰得正於下，尊卑之象定，禮之序也，故南方為禮。入於兌，兌，西方之卦也，陰用事而萬物得其宜，義之理也，故西方為義。漸於坎，坎，北方之卦也，陰氣形盛，陰陽氣含閉，信之類也，故北方為信。夫四方之義，皆統於中央，故乾、坤、艮、巽位在四維，中央所以繩四方行也，智之決也，故中央為智。故道興於仁，立於禮，理於義，定於信，成於智。五者，道德之分，天人之際也；聖人所以通天意、理人倫而明至道也。」上述為漢代將八卦、五常、季節、方位等合構而成一套宇宙圖式，然而，「震」卦為「東方之卦也，陽氣始生，受形之道也，故東方為仁。」震卦之五常與「仁」相配，有仁德之心則會以寬厚待人，故震為寬。
6. 為後：《說卦傳》：「乾，天也，故稱乎父，……震一索而得男，故謂之長男。」長男為父之子，為後，故震為後。
7. 為馬：《說卦傳》說明震卦之象時云：「其於馬也，為善鳴，為馵足，為作足，為的顙。」故震為馬。
8. 為應：乾卦九五《文言傳》「同聲相應」虞翻注：「謂震、巽也。」震為雷，巽為風，雷與風彼此之間是其聲相應的，然而雷聲之作，四方相應，故震為應。
9. 為從：前已述「震為後」，為後者則跟從在人之後者，因此又有「從」之意，故震為從。
10. 為主：震之象為長男，《序卦傳》：「主器者莫若長子。」長子在古代宗法制度下為主器者，主掌祭器、祭祀等大事，故震為主。
11. 為常：震為長子，又長子以傳承上祖為常業，故震為常。

12. 爲餘慶：一陽息而滅坤體，爲復卦，下卦爲震，震爲一陽之重現，是值得慶賀之事，故震爲餘慶。
13. 爲侯：震爲長男，古代宗法制度下，長男是所有子孫中封侯之先，故震爲侯。
14. 爲雷：震象爲雷，故震爲雷。
15. 爲起：《雜卦傳》：「震起也。」故震爲起。
16. 爲麋鹿：震象爲雷，雷常使人受驚嚇，麋鹿是易於受驚嚇之動物，故震爲麋鹿。
17. 爲驚走：震之卦德爲動，震象爲雷，雷易使人驚嚇，取象於人爲足，故震爲驚走。
18. 爲出：《說卦傳》：「帝出乎震」、「萬物出乎震」，且震之卦德爲動，和「出」相近，故震爲出。
19. 爲動起：《雜卦傳》：「震，起也。」震之卦德爲動，故震爲動起。
20. 爲足：《說卦傳》：「震爲足。」故震爲足。
21. 爲夫：震之象爲長男，長男可爲夫，故震爲夫。
22. 爲長子：震之象爲長子，故震爲長子。
23. 爲建：震卦之德爲動，建爲動之屬，故震爲建。
24. 爲諸侯：前有所述，震爲侯，「侯」與「諸侯」意同，故震爲諸侯。
25. 爲鹿：前有所述，震爲麋鹿，麋鹿爲鹿之屬，故震爲鹿。
26. 爲人：震之象爲長子，長子爲人，故震爲人。
27. 爲反：《說卦傳》言震：「其於稼也，爲反生。」震之卦爲陰極而陽反，故震爲反。
28. 爲東：《說卦傳》「文王後天八卦方位」中言：「震，東方也。」故震爲東。
29. 爲帝：《說卦傳》：「帝出乎震。」故震爲帝。
30. 爲道：《說卦傳》言震：「爲大塗。」塗通途，爲道，故震爲道。
31. 爲大塗：《說卦傳》言震：「爲大塗。」故震爲大塗。
32. 爲左：「文王後天八卦方位」中，震位在左方、東方，故震爲左。
33. 爲征：前有所述，震爲行，出征爲行，故震爲征。
34. 爲兄：前已有述，震爲長子，長子爲兄，故震爲兄。
35. 爲草莽：《說卦傳》言震：「爲蒼筤竹，爲萑葦。」震爲草莽叢生之象，故震爲草莽。

36. 爲陵：《說卦傳》言震：「其於稼也，爲反生。」《經典釋文》「反」：「虞作阪，云：陵阪也。」「阪」爲山坡。故震爲陵。
37. 爲後笑：前已所述，震爲樂，震爲後，故震爲後笑。
38. 爲春：「文王後天八卦方位」中，震表春，故震爲春。
39. 爲交：震之象爲剛柔始交，故震爲交。
40. 爲善鳴：《說卦傳》說明震卦之象時云：「其於馬也，爲善鳴，爲馵足，爲作足，爲的顙。」故震爲善鳴。
41. 爲反生：《說卦傳》言震：「其於稼也，爲反生。」故震爲反生。
42. 爲生：《說卦傳》言震：「其於稼也，爲反生。」故震爲生。
43. 爲動：《說卦傳》：「震，動也。」故震爲動。
44. 爲禾稼：《說卦傳》：「其於稼也，爲反生。」稼爲禾稼，故震爲禾稼。
45. 爲驚衛：震之象爲驚，人受其驚則生防衛之心，故震爲驚衛。
46. 爲守：震爲長子，故有守其家業之務，故震爲守。
47. 爲簋：《說卦傳》言震：「其於稼也。」稼與黍稷皆爲祭祀盛於簋中之物，故震爲簋。
48. 爲百穀：《說卦傳》言震：「其於稼也，爲反生。」稼爲百穀之屬，故震爲百穀。
49. 爲聲：《說卦傳》言震：「其於馬也，爲善鳴。」鳴之爲聲，故震爲聲。
50. 爲趾：前已有述，震爲足，足上有趾，故震爲趾。
51. 爲逐：震之象爲足，有足則可逐，故震爲逐。
52. 爲元夫：「元夫」爲大男子，震之象爲長男，故震爲元夫。
53. 爲喜：前已有述，震爲樂，樂爲心感喜事，故震爲喜。
54. 爲喜笑：前已有述，震爲喜，震爲樂，心中喜樂則笑，故震爲喜笑。
55. 爲出生：前已有述，震爲出，震爲生，故震爲出生。
56. 爲作：震之德爲動，動即作也，故震爲作。
57. 爲告：前已有述，震爲言，能言則能告，故震爲告。
58. 爲問：前已有述，震爲言，言而能問，故震爲問。
59. 爲笑言：前已有述，震爲喜笑，震爲言，故震爲笑言。
60. 爲笑：震爲後笑，震爲喜笑，震爲笑言，故震爲笑。
61. 爲鬯：前已有述，震爲禾稼，震爲百穀，鬯爲酒，由禾稼、百穀之屬所釀成，故震爲鬯。

62. 爲百：虞翻解釋震卦卦辭「震驚百里」言：「謂陽從臨二，陰爲百二十，舉其大數，故當震百里也。」認爲二爻之陽長，而其它五爻爲陰。依大衍筮法，老陰之數爲六，六表示六揲，六揲則爲二十四策蓍草之數，有五個老陰之數，因此，五乘以二十四，得其一百二十，取其整數爲一百，故震爲百。
63. 爲行人：前已有述，震爲行，震爲人，故震爲行人。
64. 爲玄黃：《說卦傳》言震：「爲玄黃。」故震爲玄黃。
65. 爲興：前已有述，震爲起，興即起，故震爲興。
66. 爲筐：《說卦傳》言震：「爲蒼筤竹。」竹可編製成筐，故震爲筐。
67. 爲士：震爲長男，故震爲士。
68. 爲夷主：「夷主」爲平常出行時經常道訪的旅社之主人，又震爲行人，震爲主，擴大其意爲夷主，故震爲夷主。
69. 爲蕃鮮：《說卦傳》言震：「爲蕃鮮。」故震爲蕃鮮。
70. 爲講：前已有述，震爲言，言即講也，故震爲講。
71. 爲祭：震爲長子，長子主祭，故震爲祭。
72. 爲奔：前已有述，震爲足，震爲行，又延伸出「奔」之逸象，故震爲奔。
73. 爲議：前已有述，震爲言，震爲講論，又延伸出「議」之逸象，故震爲議。
74. 爲音聲：《說卦傳》言震：「其于馬也，爲善鳴。」鳴而有其音聲，故震爲音聲。
75. 爲緩：前已有述，震爲寬，寬則緩，故震爲緩。
76. 爲鳴：《說卦傳》言震：「其於馬也，爲善鳴。」故震爲鳴。
77. 爲奔走：前已有述，震爲足，震爲動，又延伸出「奔走」之逸象，故震爲奔走。
78. 爲音：前已有述，震爲音聲，故震爲音。
79. 爲七：於「月體納甲說」中，震納庚，「甲、乙、丙、丁、戊、己、庚、辛、壬、癸」十天干中，庚位於第七位，故震爲七。
80. 爲竹：《說卦傳》言震：「爲蒼筤竹。」故震爲竹。
81. 爲子：前已有述，震爲長子，故震爲子。

82. 爲言議：前已有述，震爲言，震爲議，故震爲言議。
83. 爲後動：前已有述，震爲後，震爲動，故震爲後動。
84. 爲出言：前已有述，震爲出，震爲言，故震爲出言。
85. 爲百里：震卦卦辭云：「震驚百里。」故震爲百里。
86. 爲語：前已有述，震爲出言，出言即語，故震爲語。
87. 爲言語：前已有述，震爲言，震爲語，故震爲言語。
88. 爲言問：前已有述，震爲言，震爲問，故震爲言問。
89. 爲嚮：前已有述，震爲聲，震爲音聲，「嚮」爲「響」之本字，故音聲之發而爲響，故震爲嚮。
90. 爲鼓：震之象爲動，「鼓」，動也，故震爲鼓。
91. 爲後世：前已有述，震爲長子，長子繼世，又延伸出「後世」之逸象，故震爲後世。
92. 爲龍：《說卦傳》：「震爲龍。」故震爲龍。
93. 爲徵：震之象爲動，又前已有，震爲驚走，故震有警戒之意，「徵」亦有警戒意，故震爲徵。
94. 爲後語：前已有述，震爲後，震爲語，故震爲後語。
95. 爲專：《說卦傳》言震：「爲旉。」與「敷」爲古今字，孔穎達《周易正義》：「爲旉，取其春時氣至，草木皆吐，旉布而生也。」《經典釋文》引干寶之說則「旉」爲花之通名。然虞翻將「旉」作「專」，「專」即「專一」之意，故震爲專。
96. 爲定：前已有述，震爲專，專一則貞定，故震爲定。
97. 爲後交：前已有述，震爲後，震爲交，故震爲後交。
98. 爲決躁：《說卦傳》言震：「爲決躁。」故震爲決躁。
99. 爲大笑：前已有述，震爲笑，由「笑」延伸出「大笑」之逸象，故震爲大笑。
100. 爲馵：《說卦傳》言震：「爲馵。」故震爲馵。
101. 爲馵足：《說卦傳》言震：「爲馵足。」故震爲馵足。
102. 爲作足：《說卦傳》言震：「爲作足。」故震爲作足。
103. 爲的顙：《說卦傳》言震：「爲的顙。」故震爲的顙。
104. 爲長男：前已有述，震爲長子，長子即長男，故震爲長男。

五、虞翻之逸象「巽」

（一）逸象總目

巽爲繩〔註 709〕，爲餘殃〔註 710〕，爲兩股〔註 711〕，爲婦〔註 712〕，爲高〔註 713〕，爲命令〔註 714〕，爲腰帶〔註 715〕，爲有命〔註 716〕，爲妻〔註 717〕，爲處〔註 710〕，爲白〔註 711〕，爲茅〔註 712〕，爲命〔註 713〕，爲入伏〔註 714〕，

〔註 709〕坤卦六四爻注、小畜卦九五爻注、隨卦六二爻注、隨卦上六爻注、賁卦六五爻注、剝卦六五爻注、无妄卦六三爻注、大畜卦六四爻注、坎卦上六爻注、遯卦六二爻注、夬卦九四爻注、姤卦初六爻注、姤卦初六爻《小象傳》注、萃卦《大象傳》注、萃卦六二爻注、兑卦上六爻注、中孚卦九五爻注、小過卦六五爻注、《繫辭下傳》「作結繩而爲罔罟，以佃以漁，蓋取諸離。」注、《繫辭下傳》「服牛乘馬，引重致遠，以利天下，蓋取諸隨。」注、《繫辭下傳》「弦木爲弧，剡木爲矢，弧矢之利，以威天下，蓋取諸睽。」注、《繫辭下傳》「上古結繩而治，後世聖人易之以書契，百官以治，萬民以察，蓋取諸夬。」注、《說卦傳》「離爲火，爲日，爲電，爲中女，爲甲胄，爲戈兵；其於人也，爲大腹；爲乾卦；爲鼈，爲蟹，爲蠃，爲蚌，爲龜；其於木也，爲科上槁。」注。

〔註 710〕坤卦《文言傳》注。

〔註 711〕坤卦《文言傳》注。

〔註 712〕蒙卦九二爻注、小畜卦上九爻注、同人卦《彖傳》注、大過卦九五爻注、恆卦六五爻注、家人卦《彖傳》注、漸卦九三爻注、漸卦九五爻注、《繫辭上傳》「『同人先號咷而後笑。』子曰：『君子之道，或出或處，或默或語，二人同心，其利斷金；同心之言，其臭如蘭。』」注、《序卦傳》「有天地然後有萬物，有萬物然後有男女，有男女然後有夫婦，有夫婦然後有父子，有父子然後有君臣，有君臣然後有上下，有上下然後禮義有所錯。」注。

〔註 713〕蒙卦上九爻注、同人卦九三爻注、蠱卦上九爻注、賁卦《彖傳》注、升卦《大象傳》注、升卦六五爻注、漸卦九三爻注、旅卦上九爻注、中孚卦上九爻注、《繫辭下傳》「夫乾，天下之至健也，德行恆易以知險；夫坤，天下之至順也，德行恆簡以知阻。」注、《說卦傳》「巽爲木，爲風，爲長女，爲繩直，爲工，爲白，爲長，爲高，爲進退，爲不果，爲臭；其於人也，爲寡發，爲廣顙，爲多白眼；爲近利市三倍；其究爲躁卦。」注。

〔註 714〕訟卦九四爻注。

〔註 715〕訟卦上九爻注。

〔註 716〕師卦上六爻注。

〔註 717〕小畜卦九三爻注。

〔註 711〕履卦初九爻《小象傳》注、大畜卦六五爻注、《說卦傳》「巽爲木，爲風，爲長女，爲繩直，爲工，爲白，爲長，爲高，爲進退，爲不果，爲臭；其於人也，爲寡發，爲廣顙，爲多白眼；爲近利市三倍；其究爲躁卦。」注、《雜卦傳》「賁，无色也。」注。

〔註 712〕泰卦初九爻注。

〔註 713〕泰卦上六爻注、大有卦《大象傳》注、无妄卦《彖傳》注、姤卦《大象傳》注、姤卦九五爻《小象傳》注、萃卦《彖傳》注、困卦《大象傳》注、革卦《彖傳》

爲同〔註 715〕，爲伏〔註 716〕，爲股〔註 717〕，爲庸〔註 718〕，爲號咷〔註 719〕，爲進退〔註 720〕，爲帛〔註 721〕，爲木〔註 722〕，爲牀〔註 723〕，爲魚〔註 724〕，爲商旅〔註 725〕，爲桑〔註 726〕，爲長木〔註 727〕，爲白茅〔註 728〕，爲楊

注、革卦九四爻注、鼎卦《大象傳》注、旅卦六五爻注、巽卦《大象傳》注、《繫辭上傳》「是以君子將有爲也，將有行也，問焉而以言，其受命也如嚮，旡有遠近幽深，遂知來物，非天下之至精，其孰能與於此！」注、《說卦傳》「昔者聖人之作《易》也，幽贊於神明而生蓍，參天兩地而倚數，觀變於陰陽而立卦，發揮於剛柔而生爻，和順於道德而理於義，窮理盡性以至於命。」注。

〔註 714〕否卦《大象傳》注。

〔註 715〕同人卦《彖傳》注、睽卦《彖傳》注、《繫辭上傳》「『同人先號咷而後笑。』子曰：『君子之道，或出或處，或默或語，二人同心，其利斷金；同心之言，其臭如蘭。』」注。

〔註 716〕同人卦九三爻注。

〔註 717〕同人卦九三爻注、咸卦九三爻注、艮卦六二爻注、《繫辭下傳》「庖犧氏沒，神農氏作，斲木爲耜，揉木爲耒，耒耨之利，以教天下，蓋取諸益。」注、《繫辭下傳》「服牛乘馬，引重致遠，以利天下，蓋取諸隨。」注。

〔註 718〕同人卦九四爻注。

〔註 719〕同人卦九五爻注、旅卦上九爻注。

〔註 720〕觀卦《彖傳》注、觀卦六三爻《小象傳》注、賁卦《彖傳》注、大壯卦上六爻注、益卦上九爻注、姤卦初六爻注、巽卦初六爻注、《繫辭下傳》「庖犧氏沒，神農氏作，斲木爲耜，揉木爲耒，耒耨之利，以教天下，蓋取諸益。」注、《說卦傳》「巽爲木，爲風，爲長女，爲繩直，爲工，爲白，爲長，爲高，爲進退，爲不果，爲臭；其於人也，爲寡發，爲廣顙，爲多白眼；爲近利市三倍；其究爲躁卦。」注。

〔註 721〕賁卦六五爻注。

〔註 722〕剝卦初六爻注、旡妄卦九五爻注、姤卦初六爻注、漸卦六四爻注、旅卦上九爻注、渙卦《彖傳》注、《繫辭上傳》「方以類聚，物以群分，吉凶生矣；在天成象，在地成形，變化見矣。」注、《繫辭下傳》「庖犧氏沒，神農氏作，斲木爲耜，揉木爲耒，耒耨之利，以教天下，蓋取諸益。」注、《繫辭下傳》「弦木爲弧，剡木爲矢，弧矢之利，以威天下，蓋取諸睽。」注、《繫辭下傳》「古之葬者，厚衣之以薪，葬之中野，不封不樹，喪期旡數，後世聖人易之以棺槨，蓋取諸大過。」注、《說卦傳》「離爲火，爲日，爲電，爲中女，爲甲冑，爲戈兵；其於人也，爲大腹；爲乾卦；爲鼈，爲蟹，爲蠃，爲蚌，爲龜；其於木也，爲科上槁。」注。

〔註 723〕剝卦初六爻注。

〔註 724〕剝卦六五爻注、姤卦九二爻注、《繫辭下傳》「作結繩而爲罔罟，以佃以漁，蓋取諸離。」注。

〔註 725〕復卦《大象傳》注。

〔註 726〕旡妄卦六三爻注。

〔註 727〕大過卦卦辭注、漸卦六四爻注、《繫辭下傳》「上古穴居而野處，後世聖人易之以宮室，上棟下宇，以待風雨，蓋取諸大壯。」注。

〔註 729〕，爲教令〔註 730〕，爲草木〔註 731〕，爲隨〔註 732〕，爲處女〔註 733〕，爲入〔註 734〕，爲長〔註 735〕，爲進〔註 736〕，爲號〔註 737〕，爲號令〔註 738〕，爲長女〔註 739〕，爲誥〔註 740〕，爲舞〔註 741〕，爲杞〔註 742〕，爲苞〔註 743〕，爲草莽〔註 744〕，爲繘〔註 745〕，爲木果〔註 746〕，爲谷〔註 747〕，爲鮒〔註 748〕，爲交〔註 749〕，爲高舞〔註 750〕，爲齊〔註 751〕，爲雞〔註 752〕，爲風〔註 753〕，

〔註 728〕大過卦初六爻注、姤卦九二爻注。

〔註 729〕大過卦九二爻注。

〔註 730〕坎卦《大象傳》注。

〔註 731〕離卦《彖傳》注。

〔註 732〕咸卦九三爻注。

〔註 733〕咸卦九三爻注。

〔註 734〕遯卦卦辭注、困卦六三爻注、豐卦九四爻注、《繫辭下傳》「庖犧氏沒，神農氏作，斲木爲耜，揉木爲耒，耒耨之利，以教天下，蓋取諸益。」注、《繫辭下傳》「斷木爲杵，掘地爲臼，臼杵之利，萬民以濟，蓋取諸小過。」注。

〔註 735〕大壯卦上六爻《小象傳》注、《說卦傳》「巽爲木，爲風，爲長女，爲繩直，爲工，爲白，爲長，爲高，爲進退，爲不果，爲臭；其於人也，爲寡發，爲廣顙，爲多白眼；爲近利市三倍；其究爲躁卦。」注。

〔註 736〕睽卦《彖傳》注、益卦《彖傳》注、萃卦上六爻注、鼎卦《彖傳》注、漸卦《彖傳》注、《序卦傳》「否三進之四，巽爲進也。震嫁兑，兑爲妹；嫁，歸也。」注。

〔註 737〕夬卦卦辭注、萃卦初六爻注。

〔註 738〕夬卦上六爻注、《繫辭下傳》「庖犧氏沒，神農氏作，斲木爲耜，揉木爲耒，耒耨之利，以教天下，蓋取諸益。」注、《繫辭下傳》「巽，德之制也。」注。

〔註 739〕姤卦卦辭注。

〔註 740〕姤卦《大象傳》注。

〔註 741〕姤卦初六爻注、《繫辭上傳》「鼓之舞之以盡神。」注。

〔註 742〕姤卦九五爻注。

〔註 743〕姤卦九五爻注。

〔註 744〕困卦上六爻注。

〔註 745〕井卦卦辭注、井卦上六爻注。

〔註 746〕井卦初六爻注。

〔註 747〕井卦九二爻注。

〔註 748〕井卦九二爻注。

〔註 749〕漸卦六四爻注。

〔註 750〕豐卦六二爻注。

〔註 751〕巽卦上九爻注。

〔註 752〕中孚卦上九爻注。

〔註 753〕《繫辭上傳》「是故剛柔相摩，八卦相盪；鼓之以雷霆，潤之以風雨；日月運行，一寒一暑。」注、《繫辭下傳》「上古穴居而野處，後世聖人易之以宮室，上棟下宇，以待風雨，蓋取諸大壯。」注。

爲利〔註 754〕，爲蘭〔註 755〕，爲退伏〔註 756〕，爲薪〔註 757〕，爲入處〔註 758〕，爲蛇〔註 759〕，爲近利〔註 760〕，爲工〔註 761〕，爲臭〔註 762〕，爲宣髮〔註 763〕，爲廣顙〔註 764〕，爲多白眼〔註 765〕，爲近利市三倍〔註 766〕，爲蟲〔註 767〕，

〔註 754〕《繫辭上傳》「『同人先號咷而後笑。』子曰：『君子之道，或出或處，或默或語，二人同心，其利斷金；同心之言，其臭如蘭。』」注。

〔註 755〕《繫辭上傳》「『同人先號咷而後笑。』子曰：『君子之道，或出或處，或默或語，二人同心，其利斷金；同心之言，其臭如蘭。』」注。

〔註 756〕《繫辭上傳》「聖人以此洗心，退藏於密，吉凶與民同患，神以知來，知以藏往，其孰能與於此哉！古之聰明睿知神武而不殺者夫！」注。

〔註 757〕《繫辭下傳》「古之葬者，厚衣之以薪，葬之中野，不封不樹，喪期无數，後世聖人易之以棺槨，蓋取諸大過。」注。

〔註 758〕《繫辭下傳》「古之葬者，厚衣之以薪，葬之中野，不封不樹，喪期无數，後世聖人易之以棺槨，蓋取諸大過。」注。

〔註 759〕《繫辭下傳》「《易》曰：『憧憧往來，朋從爾思。』子曰：『天下何思何慮？天下同歸而殊塗，一致而百慮。天下何思何慮？日往則月來，月往則日來，日月相推而明生焉；寒往則暑來，暑往則寒來，寒暑相推而歲成焉。往者屈也，來者信也，屈信相感而利生焉。尺蠖之屈，以求信也；龍蛇之蟄，以存身也；精義入神，以致用也；利用安身，以崇德也。過此以往，未之或知也。窮神知化，德之盛也。』」注。

〔註 760〕《繫辭下傳》「子曰：『小人不恥不仁，不畏不義，不見利不勸，不威不懲。小懲而大誡，此小人之福也。《易》曰：「履校滅趾，无咎。」此之謂也。』」注。

〔註 761〕《說卦傳》「巽爲木，爲風，爲長女，爲繩直，爲工，爲白，爲長，爲高，爲進退，爲不果，爲臭；其於人也，爲寡發，爲廣顙，爲多白眼；爲近利市三倍；其究爲躁卦。」注。

〔註 762〕《說卦傳》「巽爲木，爲風，爲長女，爲繩直，爲工，爲白，爲長，爲高，爲進退，爲不果，爲臭；其於人也，爲寡發，爲廣顙，爲多白眼；爲近利市三倍；其究爲躁卦。」注。

〔註 763〕《說卦傳》「巽爲木，爲風，爲長女，爲繩直，爲工，爲白，爲長，爲高，爲進退，爲不果，爲臭；其於人也，爲寡發，爲廣顙，爲多白眼；爲近利市三倍；其究爲躁卦。」注。

〔註 764〕《說卦傳》「巽爲木，爲風，爲長女，爲繩直，爲工，爲白，爲長，爲高，爲進退，爲不果，爲臭；其於人也，爲寡發，爲廣顙，爲多白眼；爲近利市三倍；其究爲躁卦。」注。

〔註 765〕《說卦傳》「巽爲木，爲風，爲長女，爲繩直，爲工，爲白，爲長，爲高，爲進退，爲不果，爲臭；其於人也，爲寡發，爲廣顙，爲多白眼；爲近利市三倍；其究爲躁卦。」注。

〔註 766〕《說卦傳》「巽爲木，爲風，爲長女，爲繩直，爲工，爲白，爲長，爲高，爲進退，爲不果，爲臭；其於人也，爲寡發，爲廣顙，爲多白眼；爲近利市三倍；其究爲躁卦。」注。

〔註 767〕《說卦傳》「離爲火，爲日，爲電，爲中女，爲甲冑，爲戈兵；其於人也，爲大腹；爲乾卦；爲鼈，爲蟹，爲蠃，爲蚌，爲龜；其於木也，爲科上槁。」注。

爲退者〔註 768〕。

（二）逸象詮釋

1. 爲繩：《說卦傳》：「巽爲繩直。」故巽爲繩。
2. 爲餘殃：一陰生而體姤，姤卦下卦爲巽，是陽遭陰之侵，遭陰之殃，故巽爲餘殃。
3. 爲兩股：《說卦傳》：「巽爲股。」股爲人之大腿，大腿有二，故巽爲兩股。
4. 爲婦：巽之象爲長女，長女可爲婦，故巽爲婦。
5. 爲高：《說卦傳》：「巽爲高。」故巽爲高。
6. 爲命令：巽卦《象傳》：「重巽以申命。」故巽爲命令。
7. 爲腰帶：《說卦傳》：「巽爲繩直。」《禮記・內則》：「男鞶革，女鞶絲。」男子用鞶革，女子用鞶絲，與繩皆爲繫物之屬，性直，故巽爲腰帶。
8. 爲有命：前已所述，巽爲命令，有「命」之義，故巽爲有命。
9. 爲妻：前已言巽爲婦，婦爲夫之妻，故巽爲妻。
10. 爲處：《雜卦傳》：「兌見而巽伏也。」伏爲處於某一方，故巽爲處。
11. 爲白：《說卦傳》：「巽爲白。」故巽爲白。
12. 爲茅：《說卦傳》：「巽爲木。」木爲草木，茅爲草木之類，故巽爲茅。
13. 爲命：前已有述，巽爲有命，故巽爲命。
14. 爲入伏：《說卦傳》：「巽爲入。」又《雜卦傳》：「巽爲伏。」故巽爲入伏。
15. 爲同：乾卦九五爻《文言傳》：「同聲相應。」虞翻注：「謂震巽也。」說明震巽同聲而應，巽有同之意，故巽爲同。
16. 爲伏：《雜卦傳》：「巽爲伏。」故巽爲伏。
17. 爲股：《說卦傳》：「巽爲爲、爲股。」故巽爲股。
18. 爲庸：前已有述，巽爲高，城牆爲高，「庸」借爲墉，城牆、高牆之義，故巽爲庸。
19. 爲號咷：巽之象爲風，與號咷大哭之聲相近，故巽爲號咷。
20. 爲進退：《說卦傳》：「巽爲進退。」故巽爲進退。
21. 爲帛：前已有述，巽爲繩，帛爲絲之所造，絲與繩相近，故巽爲帛。

〔註 768〕《雜卦傳》「遯則退也。」注。

22. 爲木：《說卦傳》：「巽爲木。」故巽爲木。
23. 爲牀：牀爲木所造，故巽爲牀。
24. 爲魚：《說卦傳》言巽：「其於人也，……爲爲白眼。」魚之類多爲白眼，故巽爲魚。
25. 爲商旅：《說卦傳》言巽：「爲近利市三倍。」指巽之象爲可獲利爲市價的三倍，此行爲則爲商旅活動，故巽爲商旅。
26. 爲桑：前已有述，巽爲木，桑爲木之屬，故巽爲桑。
27. 爲長木：《說卦傳》言巽：「爲木。」「爲長。」故巽爲長木。
28. 爲白茅：《說卦傳》：「巽爲白。」又前已有述，巽爲茅，故巽爲白茅。
29. 爲楊：《說卦傳》：「巽爲木。」楊爲木之屬，故巽爲楊。
30. 爲教令：前已有述，巽爲命，巽爲命令，又有教令之逸象，故巽爲教令。
31. 爲草木：巽之象爲木，木爲草木之屬，故巽爲草木。
32. 爲隨：巽卦《大象傳》：「隨風，巽。」故巽爲隨。
33. 爲處女：《說卦傳》：「巽一索而得女，故謂之長女。」又前有所述，巽爲處，故巽爲處女。
34. 爲入：《說卦傳》：「巽，入也。」故巽爲入。
35. 爲長：《說卦傳》：「巽爲長。」故巽爲長。
36. 爲進：前已有述，巽爲進退，故巽爲進。
37. 爲號：前已有言，巽爲教令、命令，發其教令則稱爲號，故巽爲號。
38. 爲號令：前已有述，巽爲號，巽爲教令，故巽爲號令。
39. 爲長女：《說卦傳》言巽：「爲長女。」故巽爲長女。
40. 爲誥：前已有述，巽爲命，命即誥也，故巽爲誥。
41. 爲舞：前已有述，巽爲風，起舞之時則風動，且舞姿似風，故巽爲舞。
42. 爲杞：巽之象爲木，杞爲木之屬，故巽爲杞。
43. 爲苞：巽之象爲木，苞爲草木之屬，故巽爲苞。
44. 爲草莽：前已有述，巽爲草木，延伸爲草莽，故巽爲草莽。
45. 爲繘：前已有述，巽爲繩，繩象繘，故巽爲繘。
46. 爲木果：前已有述，巽爲木，木常有結之果，故巽爲木果。
47. 爲谷：巽之象爲初爻爲陰，上兩爻陽，陽實陰虛，上實下虛，有谷之象，故巽爲谷。

48. 爲鮒：前已有述，巽爲魚，鮒爲魚之屬，故巽爲鮒。
49. 爲交：巽卦爲二陽在上，一陰在下，陰始交陽於下，故巽爲交。
50. 爲高舞：前已有述，巽爲高，巽爲舞，故巽爲高舞。
51. 爲齊：《說卦傳》：「齊乎巽。」故巽爲齊。
52. 爲雞：《說卦傳》：「巽爲雞。」故巽爲雞。
53. 爲風：《說卦傳》言巽：「爲風。」故巽爲風。
54. 爲利：《說卦傳》言巽：「爲近利市三倍。」故巽爲利。
55. 爲蘭：前已有述，巽爲草木，蘭爲草木之屬，故巽爲蘭。
56. 爲退伏：前已有述，巽爲進退，巽爲伏，故巽爲退伏。
57. 爲薪：前已有述，巽爲草木，薪爲草木之屬，故巽爲薪。
58. 爲入處：前已有述，巽爲入，巽爲處，故巽爲入處。
59. 爲蛇：於漢人之「八卦卦氣方位圖」中，巽值巳。又東漢王充《論衡・物勢》：「寅，木也，其禽虎也。戌，土也，其禽犬也。……亥，水也，其禽豕也。巳，火也，其禽虵也。」「虵」即「蛇」，東漢時期王充已將「十二地支」與「生肖」相互配對，巽值巳，巳相對應爲蛇，故巽爲蛇。
60. 爲近利：《說卦傳》言巽：「爲近利市三倍。」故巽爲近利。
61. 爲工：《說卦傳》言巽：「爲工。」故巽爲工。
62. 爲臭：《說卦傳》言巽：「爲臭。」故巽爲臭。
63. 爲宣髮：《說卦傳》言巽：「爲宣髮。」故巽爲宣髮。
64. 爲廣顙：《說卦傳》言巽：「爲廣顙。」故巽爲廣顙。
65. 爲多白眼：《說卦傳》言巽：「爲多白眼。」故巽爲多白眼。
66. 爲近利市三倍：《說卦傳》言巽：「爲近利市三倍。」故巽爲近利市三倍。
67. 爲蟲：東漢王充《論衡・商蟲篇》：「夫蟲，風氣所生，蒼頡知之；故凡蟲爲風之字，取氣於風，故八日而化。」又巽之象爲風，古人認爲風能生蟲，故巽爲蟲。
68. 爲退者：前已有述，巽爲進退，故巽爲退者。

六、虞翻之逸象「坎」

（一）逸象總目

坎爲雲〔註 769〕，爲雨〔註 770〕，爲水〔註 771〕，爲寇盜〔註 772〕，爲蒺木〔註 773〕，爲馬〔註 774〕，爲膏〔註 775〕，爲血〔註 776〕，爲經〔註 777〕，爲穿木〔註 778〕，爲法〔註 779〕，爲寇〔註 780〕，爲謀〔註 781〕，爲隱伏〔註 782〕，爲眚〔註 783〕，爲後〔註 784〕，爲心〔註 785〕，爲惕〔註 786〕，爲車〔註 787〕，

〔註 769〕乾卦《彖傳》注、小過卦六五爻注。

〔註 770〕乾卦《彖傳》注、屯卦《彖傳》注、屯卦九五爻注、小畜卦上九爻注、睽卦上九爻注、鼎卦九三爻注、小過卦六五爻注。

〔註 771〕屯卦《彖傳》注、需卦《大象傳》注、觀卦《彖傳》注、頤卦六四爻注、渙卦《彖傳》注、《繫辭上傳》「方以類聚，物以群分，吉凶生矣；在天成象，在地成形，變化見矣。」注、《繫辭上傳》「子曰：『作《易》者，其如盜乎！《易》曰：「負且乘，致寇至。」「負」也者，小人之事也；「乘」也者，君子之器也。小人而乘君子之器，盜思奪之矣。上慢下暴，盜思伐之矣。慢藏誨盜，冶容誨淫。《易》曰：「負且乘，致寇至。」盜之招也。』」注、《繫辭下傳》「夫乾，天下之至健也，德行恆易以知險；夫坤，天下之至順也，德行恆簡以知阻。」注、《說卦傳》「兑爲澤，爲少女，爲巫，爲口舌，爲毀折，爲附決；其於地也，爲剛鹵；爲妾，爲羊。」注。

〔註 772〕屯卦六二爻注、解卦六三爻注。

〔註 773〕屯卦六三爻注。

〔註 774〕屯卦六四爻注、屯卦上六爻注、頤卦六四爻注、睽卦初九爻注、渙卦初六爻注。

〔註 775〕屯卦九五爻注、鼎卦九三爻注。

〔註 776〕屯卦上六爻《小象傳》注、小畜卦六四爻注、渙卦上九爻注。

〔註 777〕蒙卦卦辭注。

〔註 778〕蒙卦初六爻注。

〔註 779〕蒙卦初六爻《小象傳》注。

〔註 780〕蒙卦上九爻注、睽卦上九爻注、萃卦《大象傳》注、漸卦九三爻注。

〔註 781〕訟卦《大象傳》注、《繫辭下傳》「天地設位，聖人成能；人謀鬼謀，百姓與能。」注。

〔註 782〕訟卦九二爻注、艮卦卦辭注、艮卦《大象傳》注、《繫辭下傳》「將叛者，其辭慙；中心疑者，其辭枝；吉人之辭寡；躁人之辭多；誣善之人，其辭游；失其守者，其辭屈。」注、《說卦傳》「坎爲水，爲溝瀆，爲隱伏，爲矯輮，爲弓輪；其於人也，爲加憂，爲心病，爲耳痛；爲血卦，爲赤；其於馬也，爲美脊，爲亟心，爲下首，爲薄蹄，爲曳；其於輿也爲多眚；爲通，爲月，爲盜；其於木也，爲堅多心。」注。

〔註 783〕訟卦九二爻注、震卦六三爻注。

〔註 784〕比卦卦辭注。

〔註 785〕比卦《大象傳》注、復卦《彖傳》注、坎卦卦辭注、離卦六五爻注、咸卦《彖傳》注、咸卦九四爻注、晉卦上九爻注、解卦六五爻注、益卦九五爻注、益卦上九爻注、艮卦六二爻注、艮卦九三爻注、艮卦九三爻《小象傳》注、漸卦九五爻注、旅卦九四爻注、兑卦《彖傳》注、中孚卦九二爻《小象傳》注、《繫辭上傳》「『同人先號咷而後笑。』子曰：『君子之道，或出

爲月〔註 788〕，爲疑〔註 789〕，爲積〔註 790〕，爲盜〔註 791〕，爲疾病〔註 792〕，

或處，或默或語，二人同心，其利斷金；同心之言，其臭如蘭。』」注、《繫辭上傳》「子曰：『作《易》者，其如盜乎！《易》曰：「負且乘，致寇至。」「負」也者，小人之事也；「乘」也者，君子之器也。小人而乘君子之器，盜思奪之矣。上慢下暴，盜思伐之矣。慢藏誨盜，冶容誨淫。《易》曰：「負且乘，致寇至。」盜之招也。』」注、《繫辭下傳》「能説諸心，能研諸侯之慮，定天下之吉凶，成天下之亹亹者。」注、《繫辭下傳》「將叛者，其辭慙；中心疑者，其辭枝；吉人之辭寡；躁人之辭多；誣善之人，其辭游；失其守者，其辭屈。」注、《説卦傳》「坎爲水，爲溝瀆，爲隱伏，爲矯輮，爲弓輪；其於人也，爲加憂，爲心病，爲耳痛；爲血卦，爲赤；其於馬也，爲美脊，爲亟心，爲下首，爲薄蹄，爲曳；其於輿也爲多眚；爲通，爲月，爲盜；其於木也，爲堅多心。」注。

〔註 786〕小畜卦六四爻注。

〔註 787〕小畜卦上九爻注、賁卦初九爻注、睽卦六三爻注、睽卦上九爻注、井卦上六爻注。

〔註 788〕小畜卦上九爻注、豫卦《彖傳》注、賁卦《彖傳》注、離卦《彖傳》注、恆卦《彖傳》注、大壯卦《彖傳》注、蹇卦卦辭注、萃卦《彖傳》注、革卦《大象傳》注、歸妹卦卦辭注、歸妹卦《彖傳》注、歸妹卦九四爻注、歸妹卦六五爻注、中孚卦六四爻注、《繫辭上傳》「是故剛柔相摩，八卦相盪；鼓之以雷霆，潤之以風雨；日月運行，一寒一暑。」注、《繫辭上傳》「是故君子所居而安者，《易》之序也；所樂而玩者，爻之辭也。」注、《繫辭上傳》「顯道神德行」注、《繫辭上傳》「是以明於天之道，而察於民之故。」注、《繫辭下傳》「《易》之爲書也不可遠，爲道也屢遷，變動不居，周流六虛，上下无常，剛柔相易，不可爲典要，唯變所適。」注、《繫辭下傳》「能説諸心，能研諸侯之慮，定天下之吉凶，成天下之亹亹者。」注、《説卦傳》「坎爲水，爲溝瀆，爲隱伏，爲矯輮，爲弓輪；其於人也，爲加憂，爲心病，爲耳痛；爲血卦，爲赤；其於馬也，爲美脊，爲亟心，爲下首，爲薄蹄，爲曳；其於輿也爲多眚；爲通，爲月，爲盜；其於木也，爲堅多心。」注。

〔註 789〕小畜卦上九爻注、豫卦九四爻注、睽卦上九爻《小象傳》注、損卦六三爻《小象傳》注、升卦九三爻注、兑卦初九爻注。

〔註 790〕小畜卦上九爻《小象傳》注。

〔註 791〕小畜卦上九爻《小象傳》注、艮卦九三爻注、既濟卦六二爻注、既濟卦六四爻注、《繫辭上傳》「子曰：『作《易》者，其如盜乎！《易》曰：「負且乘，致寇至。」「負」也者，小人之事也；「乘」也者，君子之器也。小人而乘君子之器，盜思奪之矣。上慢下暴，盜思伐之矣。慢藏誨盜，冶容誨淫。《易》曰：「負且乘，致寇至。」盜之招也。』」注、《説卦傳》「坎爲水，爲溝瀆，爲隱伏，爲矯輮，爲弓輪；其於人也，爲加憂，爲心病，爲耳痛；爲血卦，爲赤；其於馬也，爲美脊，爲亟心，爲下首，爲薄蹄，爲曳；其於輿也爲多眚；爲通，爲月，爲盜；其於木也，爲堅多心。」注。

〔註 792〕履卦《彖傳》注。

爲志〔註793〕，爲曳〔註794〕，爲大川〔註795〕，爲河〔註796〕，爲憂〔註797〕，爲孚〔註798〕，爲通〔註799〕，爲冬〔註800〕，爲平〔註801〕，爲罰〔註802〕，爲聚〔註803〕，爲疾〔註804〕，爲獄〔註805〕，爲校〔註806〕，爲毒〔註807〕，爲災眚〔註808〕，爲流血〔註809〕，爲泣血漣如〔註810〕，爲多眚〔註811〕，

〔註793〕履卦《大象傳》注、同人卦《彖傳》注、觀卦上九爻《小象傳》注、賁卦上九爻《小象傳》注、大畜卦九三爻注、晉卦六三爻《小象傳》注、明夷卦《彖傳》注、睽卦《彖傳》注、睽卦《彖傳》注、益卦六四爻《小象傳》注、益卦九五爻注、萃卦初六爻《小象傳》注、升卦《彖傳》注、困卦《大象傳》注、革卦《彖傳》注、豐卦六二爻《小象傳》注、旅卦初六爻注、巽卦《彖傳》注、兌卦九二爻《小象傳》注。

〔註794〕履卦六三爻注、睽卦六三爻注、夬卦九四爻注、歸妹卦初九爻注、歸妹卦九四爻注。

〔註795〕泰卦九二爻注、頤卦上九爻注、益卦卦辭注、渙卦卦辭注、中孚卦卦辭注。

〔註796〕泰卦九二爻注。

〔註797〕泰卦九三爻注、夬卦九二爻注、豐卦卦辭注、巽卦九三爻注。

〔註798〕泰卦九三爻注、隨卦九五爻注、大壯卦初九爻注、家人卦上九爻注、睽卦九四爻注、解卦九四爻注、解卦六五爻注、姤卦初六爻注、升卦九二爻注、井卦上六爻注、豐卦六二爻注、中孚卦九五爻注、未濟卦六五爻注、未濟卦上九爻注。

〔註799〕同人卦《彖傳》注、睽卦《彖傳》注、井卦卦辭注、井卦《彖傳》注、漸卦《彖傳》注、節卦《彖傳》注、節卦初九爻《小象傳》注、《繫辭下傳》「損，先難而後易；益，長裕而不設；困，窮而通。」注、《說卦傳》「坎爲水，爲溝瀆，爲隱伏，爲矯輮，爲弓輪；其於人也，爲加憂，爲心病，爲耳痛；爲血卦，爲赤；其於馬也，爲美脊，爲亟心，爲下首，爲薄蹄，爲曳；其於輿也爲多眚；爲通，爲月，爲盜；其於木也，爲堅多心。」注。

〔註800〕大有卦《彖傳》注、豫卦《彖傳》注、隨卦《彖傳》注、觀卦《彖傳》注、賁卦《彖傳》注、恆卦《彖傳》注、革卦《彖傳》注、歸妹卦九四爻注、節卦《彖傳》注、《繫辭上傳》「是故《易》有太極，是生兩儀，兩儀生四象，四象生八卦，八卦定吉凶，吉凶生大業。」注。

〔註801〕謙卦《大象傳》注、觀卦上九爻《小象傳》注、坎卦九五爻注、咸卦《彖傳》注、漸卦上九爻注。

〔註802〕豫卦《彖傳》注。

〔註803〕豫卦九四爻注、漸卦六二爻注。

〔註804〕豫卦六五爻注、復卦卦辭注、无妄卦九五爻注、遯卦九三爻注、損卦六四爻注、鼎卦九二爻注、兌卦九四爻注。

〔註805〕噬嗑卦卦辭注、賁卦《大象傳》注、坎卦上六爻注、旅卦《大象傳》注、節卦《大象傳》注。

〔註806〕噬嗑卦初九爻注。

〔註807〕噬嗑卦六三爻注。

〔註808〕復卦上六爻注、旅卦初六爻注、小過卦上六爻注。

〔註809〕復卦上六爻注。

爲識〔註 812〕，爲閑習〔註 813〕，爲豕〔註 814〕，爲亨〔註 815〕，爲欲〔註 816〕，爲川〔註 817〕，爲習〔註 818〕，爲常〔註 819〕，爲入〔註 820〕，爲酒〔註 821〕，爲木〔註 822〕，爲內〔註 823〕，爲叢棘〔註 824〕，爲北〔註 825〕，爲思〔註 826〕，爲脊〔註 827〕，爲耳〔註 828〕，爲災〔註 829〕，爲艱〔註 830〕，爲弧〔註 831〕，爲險〔註 832〕，爲蹇〔註 833〕，爲罪〔註 834〕，爲弓〔註 835〕，爲悖〔註 836〕，

〔註 810〕无妄卦《彖傳》注。

〔註 811〕无妄卦九五爻注、《說卦傳》「坎爲水，爲溝瀆，爲隱伏，爲矯輮，爲弓輪；其於人也，爲加憂，爲心病，爲耳痛；爲血卦，爲赤；其於馬也，爲美脊，爲亟心，爲下首，爲薄蹄，爲曳；其於輿也爲多眚；爲通，爲月，爲盜；其於木也，爲堅多心。」注。

〔註 812〕大畜卦《大象傳》注。

〔註 813〕大畜卦九三爻注。

〔註 814〕大畜卦六五爻注、睽卦上九爻注、姤卦初六爻注、巽卦六四爻注。

〔註 815〕大畜卦上九爻注。

〔註 816〕頤卦六四爻注。

〔註 817〕坎卦《彖傳》注。

〔註 818〕坎卦《大象傳》注、兑卦《大象傳》注。

〔註 819〕坎卦《大象傳》注。

〔註 820〕坎卦初六爻《小象傳》注。

〔註 821〕坎卦六四爻注。

〔註 822〕坎卦六四爻注。

〔註 823〕坎卦六四爻注。

〔註 824〕坎卦上六爻注。

〔註 825〕離卦《大象傳》注、歸妹卦《彖傳》注。

〔註 826〕咸卦九四爻注、艮卦《大象傳》注、渙卦六四爻注、《繫辭上傳》「《易》曰：『自天祐之，吉无不利。』子曰：『祐者，助也。天之所助者，順也；人之所助者，信也。履信思乎順，又以尚賢也，是以自天祐之，吉无不利也。』」注。

〔註 827〕咸卦九五爻注、艮卦九三爻注、漸卦六四爻注。

〔註 828〕咸卦上六卦注、夬卦九四爻注、鼎卦九三爻注、鼎卦六五爻注、艮卦六二爻《小象傳》注、旅卦上九爻《小象傳》注、《說卦傳》「聖人南面而聽天下，嚮明而治，蓋取諸此也。」注。

〔註 829〕遯卦初六爻《小象傳》注、豐卦初九爻《小象傳》注。

〔註 830〕大壯卦上六爻注、明夷卦卦辭注。

〔註 831〕睽卦上九爻注、《繫辭下傳》「弦木爲弧，剡木爲矢，弧矢之利，以威天下，蓋取諸睽。」注。

〔註 832〕蹇卦《彖傳》注。

〔註 833〕蹇卦六二爻注。

〔註 834〕解卦《大象傳》注。

〔註 835〕解卦九二爻注、旅卦六五爻注、《繫辭下傳》「《易》曰：『公用射隼于高墉之上，獲之，无不利。』子曰：『隼者，禽也；弓矢者，器也；射之者，人也。

爲臀〔註 837〕，爲破〔註 838〕，爲弓弧〔註 839〕，爲恤〔註 840〕，爲蒺藜〔註 841〕，爲勸〔註 842〕，爲棘匕〔註 843〕，爲則〔註 844〕，爲要〔註 845〕，爲歲〔註 846〕，爲北中〔註 847〕，爲疑疾〔註 848〕，爲三歲〔註 849〕，爲勞〔註 850〕，爲忘〔註 851〕，爲棘〔註 852〕，爲矯輮〔註 853〕，爲逖〔註 854〕，爲美〔註 855〕，爲陰夜〔註 856〕，爲涕洟〔註 857〕，爲弓彈〔註 858〕，爲玄雲〔註 859〕，爲子〔註 860〕，爲暴〔註 861〕

君子藏器於身，待時而動，何不利之有？動而不括，是以出而有獲，語成器而動者也。』」注。

〔註 836〕解卦上六爻《小象傳》注。

〔註 837〕夬卦九四爻注、姤卦九三爻注。

〔註 838〕夬卦九四爻注。

〔註 839〕萃卦《大象傳》注。

〔註 840〕萃卦初六爻注、升卦卦辭注。

〔註 841〕困卦六三爻注。

〔註 842〕井卦《大象傳》注。

〔註 843〕震卦卦辭注。

〔註 844〕震卦《彖傳》注。

〔註 845〕艮卦九三爻注。

〔註 846〕漸卦九五爻注。

〔註 847〕豐卦六二爻注。

〔註 848〕豐卦六二爻注。

〔註 849〕豐卦上六爻注。

〔註 850〕兌卦《彖傳》注、既濟卦九三爻注、《繫辭上傳》「『勞謙，君子有終，吉。』子曰：『勞而不伐，有功而不德，厚之至也。語以其功下人者也。德言盛，禮言恭。謙也者，致恭以存其位者也。』」注、《繫辭上傳》「『勞謙，君子有終，吉。』子曰：『勞而不伐，有功而不德，厚之至也。語以其功下人者也。德言盛，禮言恭。謙也者，致恭以存其位者也。』」注。

〔註 851〕兌卦《彖傳》注。

〔註 852〕渙卦九二爻注。

〔註 853〕渙卦九二爻注。

〔註 854〕渙卦上九爻注。

〔註 855〕節卦九五爻注、既濟卦六二爻注。

〔註 856〕中孚卦九二爻注。

〔註 857〕小過卦《大象傳》注。

〔註 858〕小過卦六五爻注。

〔註 859〕既濟卦六二爻注。

〔註 860〕《繫辭上傳》「乾以易知，坤以簡能；易則易知，簡則易從；易知則有親，易從則有功。」注。

〔註 861〕《繫辭上傳》「子曰：『作《易》者，其知盜乎！《易》曰：「負且乘，致寇至。」「負」也者，小人之事也；「乘」也者，君子之器也。小人而乘君子之器，盜思奪之矣。上慢下暴，盜思伐之矣。慢藏誨盜，冶容誨淫。《易》曰：「負且

，爲悔〔註 862〕，爲淫〔註 863〕，爲聰〔註 864〕，爲瀆〔註 865〕，爲慮〔註 866〕，爲溝瀆〔註 867〕，爲弓輪〔註 868〕，爲加憂〔註 869〕，爲心病〔註 870〕，爲堅多心〔註 871〕，爲聖〔註 872〕。

乘，致寇至。」盜之招也。』」注。

〔註 862〕《繫辭上傳》「子曰：『作《易》者，其如盜乎！《易》曰：「負且乘，致寇至。」「負」也者，小人之事也；「乘」也者，君子之器也。小人而乘君子之器，盜思奪之矣。上慢下暴，盜思伐之矣。慢藏誨盜，冶容誨淫。《易》曰：「負且乘，致寇至。」盜之招也。』」注。

〔註 863〕《繫辭上傳》「子曰：『作《易》者，其如盜乎！《易》曰：「負且乘，致寇至。」「負」也者，小人之事也；「乘」也者，君子之器也。小人而乘君子之器，盜思奪之矣。上慢下暴，盜思伐之矣。慢藏誨盜，冶容誨淫。《易》曰：「負且乘，致寇至。」盜之招也。』」注。

〔註 864〕《繫辭上傳》「聖人以此洗心，退藏於密，吉凶與民同患，神以知來，知以藏往，其孰能與於此哉！古之聰明睿知神武而不殺者夫！」注。

〔註 865〕《繫辭下傳》「子曰：『知幾其神乎！君子上交不諂，不交不瀆，其知幾乎！幾者，動之微，吉之先見者也。君子見幾而作，不俟終日。《易》曰：「介于石，不終日，貞吉。」介如石焉，寧用終日？斷可識矣。君子知微知彰，知柔知剛，萬夫之望。』」注。

〔註 866〕《繫辭下傳》「能説諸心，能研諸侯之慮，定天下之吉凶，成天下之亹亹者。」注。

〔註 867〕《説卦傳》「坎爲水，爲溝瀆，爲隱伏，爲矯輮，爲弓輪；其於人也，爲加憂，爲心病，爲耳痛；爲血卦，爲赤；其於馬也，爲美脊，爲亟心，爲下首，爲薄蹄，爲曳；其於輿也爲多眚；爲通，爲月，爲盜；其於木也，爲堅多心。」注。

〔註 868〕《説卦傳》「坎爲水，爲溝瀆，爲隱伏，爲矯輮，爲弓輪；其於人也，爲加憂，爲心病，爲耳痛；爲血卦，爲赤；其於馬也，爲美脊，爲亟心，爲下首，爲薄蹄，爲曳；其於輿也爲多眚；爲通，爲月，爲盜；其於木也，爲堅多心。」注。

〔註 869〕《説卦傳》「坎爲水，爲溝瀆，爲隱伏，爲矯輮，爲弓輪；其於人也，爲加憂，爲心病，爲耳痛；爲血卦，爲赤；其於馬也，爲美脊，爲亟心，爲下首，爲薄蹄，爲曳；其於輿也爲多眚；爲通，爲月，爲盜；其於木也，爲堅多心。」注。

〔註 870〕《説卦傳》「坎爲水，爲溝瀆，爲隱伏，爲矯輮，爲弓輪；其於人也，爲加憂，爲心病，爲耳痛；爲血卦，爲赤；其於馬也，爲美脊，爲亟心，爲下首，爲薄蹄，爲曳；其於輿也爲多眚；爲通，爲月，爲盜；其於木也，爲堅多心。」注。

〔註 871〕《説卦傳》「坎爲水，爲溝瀆，爲隱伏，爲矯輮，爲弓輪；其於人也，爲加憂，爲心病，爲耳痛；爲血卦，爲赤；其於馬也，爲美脊，爲亟心，爲下首，爲薄蹄，爲曳；其於輿也爲多眚；爲通，爲月，爲盜；其於木也，爲堅多心。」注。

〔註 872〕《雜卦傳》「頤，養正也。」注。

（二）逸象銓釋

1. 爲雲：坎之象爲水，居上之坎表示雲，水升而成雲。
2. 爲雨：坎之象爲水，居下之坎表示雨，水降而爲雨。
3. 爲水：坎之象爲水，故坎爲水。
4. 爲寇盜：《說卦傳》：「坎爲盜。」盜爲寇盜，故坎爲寇盜。
5. 爲叢木：《說卦傳》坎：「其於木也，爲堅多心。」樹木之堅多心常爲藂木，故坎爲藂木。
6. 爲馬：《說卦傳》言坎：「其於馬也，爲美脊，爲亟心，爲下首，爲薄蹄，爲曳。」故坎爲馬。
7. 爲膏：坎象爲雨，膏爲液態，與雨同爲濕潤之義，以雨稱膏，故坎爲膏。
8. 爲血：《說卦傳》言坎：「爲血卦。」故坎爲血。
9. 爲經：坎之象爲水，水處靜時常平，引申至社會制序上爲人之規則、常法，又人之常法著書而爲經典，所謂經者，常也，故坎爲經。
10. 爲穿木：坎象爲一陽穿過二陰之中，有其穿木之象，故坎爲穿木。
11. 爲法：坎之象爲水，水處靜常平，象徵人類社會中之法律，法律以公平人之事理，故坎爲法。
12. 爲寇：《說卦傳》：「坎爲盜。」盜爲寇盜，故坎爲寇。
13. 爲謀：《說卦傳》言坎：「其於人也，爲加憂，爲心病。」「憂」爲人之心思其慮，人之心更有謀的作用，故坎爲謀。
14. 爲隱伏：《說卦傳》：「坎爲隱伏。」故坎爲隱伏。
15. 爲眚：《說卦傳》言坎：「其於輿也，爲多眚。」坎之象爲水，水多險災，故坎爲眚。
16. 爲後：「文王後天八卦方位」中，坎卦値正北方，又古以坐北面南爲尊，《說卦傳》：「聖人南面而聽天下。」當坐北面南之際，南爲前，北爲後，故坎爲後。
17. 爲心：《說卦傳》言坎：「其於人也，爲加憂，爲心病。」以坎言人之心思活動，故坎爲心。
18. 爲惕：《說卦傳》言坎：「其於人也，爲加憂。」又小畜卦六四爻注：「惕，憂也。」故坎爲惕。

19. 爲車：《說卦傳》言坎：「其於輿也，爲多眚。」輿爲車，故坎爲車。
20. 爲月：見《說卦傳》言坎：「爲月。」，故坎爲月。
21. 爲疑：《說卦傳》言坎：「其於人也，爲加憂。」人之心加憂，則生其疑，故坎爲疑。
22. 爲積：別卦坎之名爲「習坎」，「習」爲「重」，「重」則「積」，故坎爲積。
23. 爲盜：《說卦傳》：「坎爲盜。」故坎爲盜。
24. 爲疾病：《說卦傳》言坎：「其於人也，爲加憂，爲心病，爲耳痛。」故坎爲疾病。
25. 爲志：前有所述，坎爲心，心必有其志，故坎爲志。
26. 爲曳：《說卦傳》言坎：「其於馬也，……爲曳。」故坎爲曳。
27. 爲大川：坎之象爲水，大川爲水之所聚集，故坎爲大川。
28. 爲河：坎之象爲水，水可聚流而成河，故坎爲河。
29. 爲憂：《說卦傳》言坎：「其於人也，爲加憂。」故坎爲憂。
30. 爲孚：前已有述，坎爲寇盜，寇盜劫取財物人民，人被寇盜所取爲俘，「孚」即「俘」也，故坎爲孚。
31. 爲通：《說卦傳》：「坎爲通」。故坎爲通。
32. 爲冬：「文王後天八卦方位」中，坎表冬，故坎爲東。
33. 爲平：坎之象爲水，水靜常處平，故坎爲平。
34. 爲罰：前已有述，坎爲法，對犯人施行處罰時，以法行之，故坎爲罰。
35. 爲聚：坎之象爲水，水聚而成江河，故坎爲聚。
36. 爲疾：《說卦傳》言坎：「其於人也，爲加憂，爲心病，爲耳痛。」前有所述「坎爲疾病」，故坎爲疾。
37. 爲獄：《說卦傳》：「坎爲盜。」盜者被捕則入其獄，故坎爲獄。
38. 爲校：前已有述，坎爲穿木，校爲刑具之屬，有穿木之形，故坎爲校。
39. 爲毒：坎之德爲險、陷，毒對人而言亦有使人陷於險中，故坎爲毒。
40. 爲災眚：前已有述，坎爲眚，災即眚，故坎爲災眚。
41. 爲流血：《說卦傳》：「坎爲血卦。」故坎爲流血。
42. 爲泣血漣如：无妄卦「謂四已變，上動體屯。」說明四爻及上爻經變動而之正後，形成一個屯卦，屯卦上爻之辭爲「泣血漣如」，又《說卦傳》：「坎爲血卦。」故坎爲泣血漣如。

43. 爲多眚：《說卦傳》：「其於輿也爲多眚。」故坎爲多眚。
44. 爲識：前已有述，坎爲志，「志」與「識」相近，記也，故坎爲識。
45. 爲閑習：坎爲心，心可學習，又「閑」者，習也，故坎爲閑習。
46. 爲豕：《說卦傳》：「坎爲豕。」故坎爲豕。
47. 爲亨：《說卦傳》言坎：「爲通。」亨者，通也。故坎爲通。
48. 爲欲：《說卦傳》言坎：「其於人也，爲加憂，爲心病。」坎爲心，心有其欲，故坎爲欲。
49. 爲川：坎之象爲水，水聚而成川，故坎爲川。
50. 爲習：習坎卦之名爲「習」，故坎爲習。
51. 爲常：習者常也，故坎爲常。
52. 爲入：坎之象水，水無所不入，故坎爲入。
53. 爲酒：坎之象爲水，酒爲水之類，故坎爲酒。
54. 爲木：《說卦傳》言坎：「其於木也，爲堅多節。」故坎爲木。
55. 爲內：前已有述，坎爲入，「內」爲「納」，將物納於其中，「入」與「納」意近，故坎爲內。
56. 爲叢棘：《說卦傳》言坎：「其於木也，爲堅多心。」叢生之棘堅而多心，故坎爲叢棘。
57. 爲北：《說卦傳》言「文王後天八卦方位」：「坎者，水也，正北方之卦也。」故坎爲北。
58. 爲思：前有所述，坎爲心，心之活動爲思，故坎爲思。
59. 爲脊：《說卦傳》言坎：「其於馬也，爲美脊。」故坎爲脊。
60. 爲耳：《說卦傳》：「坎爲耳。」故坎爲耳。
61. 爲災：前已有述，坎爲災眚，災即眚也，故坎爲災。
62. 爲艱：坎之象爲險，險者艱也，故坎爲艱。
63. 爲弧：《說卦傳》言坎：「爲弓輪。」弧爲弓輪之屬，故坎爲弧。
64. 爲險：《說卦傳》：「坎爲陷。」陷則險矣，故坎爲險。
65. 爲蹇：坎之象爲險，險有難義，蹇爲難，故坎爲蹇。
66. 爲罪：《說卦傳》：「坎爲盜。」盜者有其罪，故坎爲罪。

67. 為弓：《說卦傳》言坎：「為弓輪。」故坎為弓。
68. 為悖：坎之象為險，陰險之輩常為悖逆之事，故坎為悖。
69. 為臀：前已有述，坎為雲、為雨、為水，其性則下，又《說卦傳》言坎：「為溝瀆。」人體之下方溝瀆，引申為臀，故坎為臀。
70. 為破：坎為眚，坎為災眚，眚則有破，故坎為破。
71. 為弓弧：《說卦傳》言坎：「為弓輪。」弧即弓也，故坎為弓弧。
72. 為恤：前有所述，坎為憂，恤即憂，故坎為恤。
73. 為蒺藜：前已有述，坎為叢棘，又延伸為「蒺藜」，故坎為蒺藜。
74. 為勸：《說卦傳》：「勞乎坎，……坎者水也，正北方之卦也，勞卦也。」坎有辛勞之意，辛勞者常相勸勉，故坎為勸。
75. 為棘匕：前已有述，坎為叢棘，棘匕為棘做之匕，叢棘可做成棘匕，故坎為棘匕。
76. 為則：前已有述，坎為法，法為則也，故坎為則。
77. 為要：艮卦九三爻虞翻注：「『限』要帶處也，坎為要。」「要」為「腰」也，坎之象為水，又《經典釋文》引荀爽云：「坎為腎。」腎在人體腰部，故坎為要。
78. 為歲：孟喜及《易緯》的卦氣中，以四正卦與節氣相配對，四個正卦分別為坎卦、震卦、離卦、兌卦，每一正卦皆有六爻，四正卦共為二十四個爻，分別與二十四節氣相對應，坎卦值冬至，離卦值夏至，震卦值春分，兌卦值秋分，因坎卦所值為冬至，冬至為一年歲之首，故坎為歲。
79. 為北中：於「文王後天八卦方位」中，坎為正北方，故坎為北中。
80. 為疑疾：前已有述，坎為疑，坎為疾，故坎為疑疾。
81. 為三歲：坎卦上六爻有：「三歲不得。」故坎為三歲。
82. 為勞：《說卦傳》言坎：「其於人也，為加憂，為心病，為耳痛。」人之加憂為心之勞也，故坎為勞。
83. 為忘：前已有述，坎為心，心有忘之作，故坎為忘。
84. 為棘：前已有述，坎為叢棘，故坎為棘。
85. 為矯輮：《說卦傳》言坎：「為矯輮。」故坎為矯輮。
86. 為逖：「逖」為憂，又前已有述，坎為憂，故坎為逖。

87. 爲美：《說卦傳》言坎：「其於馬也，爲美脊。」故坎爲美。
88. 爲陰夜：《易緯・乾鑿度》：「坎藏之於北方，位在十一月。」又《說卦傳》：「坎者，水也，正北方之卦也。」虞翻注云：「坎月夜中，故『正北方』。」以坎爲月夜，月夜即陰夜，故坎爲陰夜。
89. 爲涕洟：坎之象爲水，「涕」爲眼淚，「洟」爲鼻涕，涕洟皆水之屬，故坎爲涕洟。
90. 爲弓彈：《說卦傳》言坎：「爲弓輪。」而延伸出「弓彈」之逸象，故坎爲弓彈。
91. 爲玄雲：前已有述，坎爲雲，又坎值北方，北方爲色黑，黑即玄，故坎爲玄雲。
92. 爲子：《說卦傳》：「坎再索而得男，故謂之中男。」中男爲子，故坎爲子。
93. 爲暴：前已有述，坎爲寇盜，寇盜行事常以暴行爲之，故坎爲暴。
94. 爲悔：前已有述，坎爲心，心能生悔意，故坎爲悔。
95. 爲淫：前已有述，坎爲水，水多爲淫，故坎爲淫。
96. 爲聰：前已有述，坎爲思，坎爲謀，坎爲心，心有所思謀則聰，故坎爲聰。
97. 爲瀆：《說卦傳》言坎：「爲溝瀆。」故坎爲瀆。
98. 爲慮：前已有述，坎爲心，坎爲思，心有思慮之活動，故坎爲慮。
99. 爲溝瀆：《說卦傳》言坎：「爲溝瀆。」故坎爲溝瀆。
100. 爲弓輪：《說卦傳》言坎：「爲弓輪。」故坎爲弓輪。
101. 爲加憂：《說卦傳》言坎：「爲加憂。」故坎爲加憂。
102. 爲心病：《說卦傳》言坎：「爲心病。」故坎爲心病。
103. 爲堅多心：《說卦傳》言坎：「其於木也，爲堅多心。」故坎爲堅多心。
104. 爲聖：前已有述，坎爲心、爲思、爲加憂，聖人常以天下爲務，因而天下之事加憂於心，故坎爲聖。

七、虞翻之逸象「離」

（一）逸象總目

離爲日〔註873〕，爲飛〔註874〕，爲女子〔註875〕，爲大腹〔註876〕，爲目〔註877〕，爲光〔註878〕，爲戎〔註879〕，爲明〔註880〕，爲夏〔註881〕，爲火〔註882〕

〔註873〕乾卦九三爻注、訟卦上九爻注、小畜卦上九爻注、履卦六三爻注、豫卦《彖傳》注、豫卦六二爻注、蠱卦《彖傳》注、噬嗑卦六三爻注、噬嗑卦六五爻注、賁卦《彖傳》注、大畜卦《彖傳》注、大畜卦九三爻注、離卦《彖傳》注、恆卦《彖傳》注、大壯卦《彖傳》注、解卦卦辭注、益卦《彖傳》注、萃卦《彖傳》注、革卦卦辭注、革卦《大象傳》注、震卦六二爻注、歸妹卦卦辭注、歸妹卦《彖傳》注、歸妹卦九四爻注、歸妹卦六五爻注、豐卦初九爻注、豐卦九二爻注、巽卦九五爻注、中孚卦六四爻注、既濟卦六四爻注、《繫辭上傳》「是故剛柔相摩，八卦相盪；鼓之以雷霆，潤之以風雨；日月運行，一寒一暑。」注、《繫辭上傳》「是故君子所居而安者，《易》之序也；所樂而玩者，爻之辭也。」注、《繫辭上傳》「顯道神德行」注、《繫辭上傳》「是以明於天之道，而察於民之故。」注、《繫辭下傳》「《易》之爲書也不可遠，爲道也屢遷，變動不居，周流六虛，上下无常，剛柔相易，不可爲典要，唯變所適。」注、《繫辭下傳》「能說諸心，能研諸侯之慮，定天下之吉凶，成天下之亹亹者。」注、《說卦傳》「聖人南面而聽天下，嚮明而治，蓋取諸此也。」注、《雜卦傳》「賁，无色也。」注、《雜卦傳》「晉，晝也。」注。

〔註874〕乾卦九五爻注、泰卦六四爻注。

〔註875〕屯卦六二爻注。

〔註876〕屯卦六二爻注、泰卦六五爻注、睽卦上九爻注、艮卦六四爻注、《說卦傳》「離爲火，爲日，爲電，爲中女，爲甲冑，爲戈兵；其於人也，爲大腹；爲乾卦；爲鼈，爲蟹，爲蠃，爲蚌，爲龜；其於木也，爲科上槁。」注。

〔註877〕屯卦上六爻《小象傳》注、小畜卦九三爻注、頤卦卦辭注、頤卦六四爻注、咸卦上六卦注、夬卦九四爻《小象傳》注、歸妹卦九二爻注、小過卦《大象傳》注、《繫辭上傳》「是故君子居則觀其象而玩其辭，動則觀其變而玩其占，是以自天祐之，吉无不利。」注、《繫辭下傳》「作結繩而爲罔罟，以佃以漁，蓋取諸離。」注。

〔註878〕需卦卦辭注、夬卦卦辭注、未濟卦六五爻注。

〔註879〕需卦九三爻注、同人卦九三爻注、夬卦卦辭注、夬卦九二爻注。

〔註880〕小畜卦《大象傳》注、隨卦九四爻《小象傳》注、噬嗑卦卦辭注、賁卦《彖傳》注、賁卦《大傳卦》注、晉卦《大象傳》注、明夷卦《大象傳》注、革卦《大象傳》注、旅卦《大象傳》注、《繫辭上傳》「聖人以此洗心，退藏於密，吉凶與民同患，神以知來，知以藏往，其孰能與於此哉！古之聰明睿知神武而不殺者夫！」注、《說卦傳》「聖人南面而聽天下，嚮明而治，蓋取諸此也。」注。

〔註881〕大有卦《彖傳》注、豫卦《彖傳》注、隨卦《彖傳》注、觀卦《彖傳》注、賁卦《彖傳》注、恆卦《彖傳》注、萃卦六二爻注、升卦九二爻注、革卦《彖傳》注、歸妹卦九四爻注、節卦《彖傳》注、既濟卦九五爻注、《繫辭上傳》「是故《易》有太極，是生兩儀，兩儀生四象，四象生八卦，八卦定吉凶，吉凶生大業。」注。

〔註882〕大有卦初九爻注、革卦《彖傳》注、旅卦九三爻注、旅卦上九爻注、旅卦上

，爲惡人〔註 883〕，爲文明〔註 884〕，爲見〔註 885〕，爲龜〔註 886〕，爲南〔註 887〕，爲罔〔註 888〕，爲矢〔註 889〕，爲甲〔註 890〕，爲黃矢〔註 891〕，爲兵〔註 892〕，爲隼〔註 893〕，爲瓶〔註 894〕，爲甕〔註 895〕，爲雉〔註 896〕，爲黃〔註 897〕，爲贏蚌〔註 898〕，爲鴻〔註 899〕，爲孕〔註 900〕，爲戈兵〔註 901〕，爲甲冑

九爻《小象傳》注、《繫辭上傳》「方以類聚，物以群分，吉凶生矣；在天成象，在地成形，變化見矣。」注、《說卦傳》「聖人南面而聽天下，嚮明而治，蓋取諸此也。」注。

〔註 883〕大有卦初九爻注。

〔註 884〕賁卦《彖傳》注。

〔註 885〕復卦《彖傳》注、睽卦初九爻《小象傳》注、睽卦六三爻注、睽卦上九爻注、蹇卦卦辭注、蹇卦《彖傳》注、蹇卦上六爻注、益卦《大象傳》注、姤卦初六爻注、萃卦卦辭注、升卦卦辭注、豐卦六二爻注、巽卦卦辭注。

〔註 886〕頤卦初九爻注、損卦六五爻注、益卦六二爻注、《繫辭上傳》「以卜筮者尚其占。」注、《繫辭上傳》「探賾索隱，鉤深致遠，以定天下之吉凶，成天下之亹亹者，莫大乎蓍龜。」注、《繫辭下傳》「能說諸心，能研諸侯之慮，定天下之吉凶，成天下之亹亹者。」注、《說卦傳》「離爲火，爲日，爲電，爲中女，爲甲冑，爲戈兵；其於人也，爲大腹；爲乾卦；爲鼈，爲蟹，爲蠃，爲蚌，爲龜；其於木也，爲科上槁。」注。

〔註 887〕離卦《大象傳》注、歸妹卦《彖傳》注。

〔註 888〕大壯卦九三爻注、晉卦初六爻注。

〔註 889〕睽卦上九爻注、旅卦六五爻注、《繫辭下傳》「弦木爲弧，剡木爲矢，弧矢之利，以威天下，蓋取諸睽。」注、《繫辭下傳》「《易》曰：『公用射隼于高墉之上，獲之，无不利。』子曰：『隼者，禽也；弓矢者，器也；射之者，人也。君子藏器於身，待時而動，何不利之有？動而不括，是以出而有獲，語成器而動者也。』」注。

〔註 890〕解卦卦辭注。

〔註 891〕解卦九二爻注。

〔註 892〕解卦六三爻《小象傳》注、困卦九五爻注。

〔註 893〕解卦上六爻注、《繫辭下傳》「《易》曰：『公用射隼于高墉之上，獲之，无不利。』子曰：『隼者，禽也；弓矢者，器也；射之者，人也。君子藏器於身，待時而動，何不利之有？動而不括，是以出而有獲，語成器而動者也。』」注。

〔註 894〕井卦卦辭注。

〔註 895〕井卦九二爻注。

〔註 896〕鼎卦九三爻注、巽卦六四爻注。

〔註 897〕鼎卦六五爻注。

〔註 898〕震卦六二爻注。

〔註 899〕漸卦初六爻注。

〔註 900〕漸卦九三爻注。

〔註 901〕漸卦九三爻注、小過卦九三爻注、《說卦傳》「離爲火，爲日，爲電，爲中女，

〔註 902〕，爲麗〔註 903〕，爲鳥〔註 904〕，爲刀〔註 905〕，爲闃〔註 906〕，爲資斧〔註 907〕，爲斧〔註 908〕，爲鶴〔註 909〕，爲爵〔註 910〕，爲飛鳥〔註 911〕，爲鳥矢〔註 912〕，爲婦〔註 913〕，爲罟〔註 914〕，爲鼈〔註 915〕，爲蟹〔註 916〕，爲蠃〔註 917〕，爲蚌〔註 918〕，爲折上槁〔註 919〕，爲女〔註 920〕。

（二）逸象銓釋

爲甲胄，爲戈兵；其於人也，爲大腹；爲乾卦；爲鼈，爲蟹，爲蠃，爲蚌，爲龜；其於木也，爲科上槁。」注。

〔註 902〕漸卦九三爻注、《說卦傳》「離爲火，爲日，爲電，爲中女，爲甲胄，爲戈兵；其於人也，爲大腹；爲乾卦；爲鼈，爲蟹，爲蠃，爲蚌，爲龜；其於木也，爲科上槁。」注。

〔註 903〕漸卦六四爻注。

〔註 904〕漸卦上九爻注、旅卦上九爻注。

〔註 905〕歸妹卦上六爻注。

〔註 906〕豐卦上六爻注。

〔註 907〕旅卦九四爻注。

〔註 908〕巽卦上九爻注。

〔註 909〕中孚卦卦辭注、中孚卦九二爻注。

〔註 910〕中孚卦九二爻注。

〔註 911〕小過卦卦辭注、小過卦初六爻注、小過卦上六爻注。

〔註 912〕小過卦六五爻注。

〔註 913〕既濟卦六二爻注。

〔註 914〕《繫辭下傳》「上古結繩而治，後世聖人易之以書契，百官以治，萬民以察，蓋取諸夬。」注。

〔註 915〕《說卦傳》「離爲火，爲日，爲電，爲中女，爲甲胄，爲戈兵；其於人也，爲大腹；爲乾卦；爲鼈，爲蟹，爲蠃，爲蚌，爲龜；其於木也，爲科上槁。」注。

〔註 916〕《說卦傳》「離爲火，爲日，爲電，爲中女，爲甲胄，爲戈兵；其於人也，爲大腹；爲乾卦；爲鼈，爲蟹，爲蠃，爲蚌，爲龜；其於木也，爲科上槁。」注。

〔註 917〕《說卦傳》「離爲火，爲日，爲電，爲中女，爲甲胄，爲戈兵；其於人也，爲大腹；爲乾卦；爲鼈，爲蟹，爲蠃，爲蚌，爲龜；其於木也，爲科上槁。」注。

〔註 918〕《說卦傳》「離爲火，爲日，爲電，爲中女，爲甲胄，爲戈兵；其於人也，爲大腹；爲乾卦；爲鼈，爲蟹，爲蠃，爲蚌，爲龜；其於木也，爲科上槁。」注。

〔註 919〕《說卦傳》「離爲火，爲日，爲電，爲中女，爲甲胄，爲戈兵；其於人也，爲大腹；爲乾卦；爲鼈，爲蟹，爲蠃，爲蚌，爲龜；其於木也，爲科上槁。」注。

〔註 920〕《雜卦傳》「睽，外也。」注。

1. 為日：見《說卦傳》言離：「為日。」故離為日。
2. 為飛：《說卦傳》云：「離為雉。」「雉」屬鳥類，能飛，故離為飛。
3. 為女子：《說卦傳》言「離」：「為中女。」故離為女子。
4. 為大腹：《說卦傳》言「離」：「其於人也，為大腹。」故離為大腹。
5. 為目：離象為目，故離為目。
6. 為光：離之象為日，日有其光，故離為光。
7. 為戎：《說卦傳》離之象：「為甲胄，為戈兵。」故離為戎。
8. 為明：離之象為日，日為光明之源，故離為明。
9. 為夏：「文王後天八卦方位」中，離表夏，故離為夏。
10. 為火：《說卦傳》：「離為火。」故離為火。
11. 為惡人：離卦九四爻：「焚如，死如，棄如。」以人而言，為惡人，方需將此人焚如，死如，棄如。故離為惡人。
12. 為文明：前已有述，離為明，對於人事而言「明」則為文采彰明、文明，故離為文明。
13. 為見：《說卦傳》：「相見乎離。」故離為見。
14. 為龜：《說卦傳》言離：「為龜。」故離為龜。
15. 為南：《說卦傳》有言「文王後天八卦方位」：「離也者，……南方之卦也。」故離為南。
16. 為罔：《繫辭下傳》：「古者庖犧氏之王天下也，……作結繩而為罔罟，蓋取諸離。」故離為罔。
17. 為矢：《說卦傳》言離：「為戈兵。」矢為戈兵之屬，故離為矢。
18. 為甲：十天干之方位，甲在東方，離為日，離日也從東方起，故離為甲。
19. 為黃矢：前已有述，離為矢，又離卦六二爻有「黃離」一文，故離為黃矢。
20. 為兵：《說卦傳》言離：「為戈兵。」故離為兵。
21. 為隼：前已有述，離為飛，隼為鳥類而能飛，故離為隼。
22. 為瓶：離之卦象，內虛而外實，如瓶之象，故離為瓶。
23. 為甕：前已有述，離為大腹，甕有其大腹，故離為甕。
24. 為雉：《說卦傳》：「離為雉。」故離為雉。

25. 為黃：離卦六二爻云：「黃離」，黃為中色，坤地為黃，離卦為坤卦二爻於乾二爻之中，故離為黃。
26. 為蠃蚌：《說卦傳》言離：「為蠃，為蚌。」故離為蠃蚌。
27. 為鴻：前已有述，離為雉，雉為鳥之屬，鴻也為鳥之屬，故離為鴻。
28. 為孕：前已有述，離為大腹，大腹有孕之象，故離為孕。
29. 為戈兵：《說卦傳》言離：「為戈兵。」故離為戈兵。
30. 為甲冑：《說卦傳》言離：「為甲冑。」故離為甲冑。
31. 為麗：離卦《彖傳》：「離，麗也。」故離為麗。
32. 為鳥：前已有述，離為雉，雉為鳥之屬，故離為鳥。
33. 為刀：前已有述，離為戈兵，由「戈兵」延伸出「刀」之意，故離為刀。
34. 為闚：離為目，目可闚視，故離為闚。
35. 為資斧：前已有述，離為戈兵，「戈兵」延伸出「資斧」，故離為資斧。
36. 為斧：前已有述，離為戈兵，「戈兵」延伸出「斧」，故離為斧。
37. 為鶴：前已有述，離為鳥，鶴為鳥之屬，故離為鶴。
38. 為爵：離卦為二陽在外，一陰在內，有中空之象，似酒爵，故離為爵。
39. 為飛鳥：離之象一陰在內，二陽在外，又虞翻注小過卦卦辭云「又有飛鳥之象，故知從晉來。」飛鳥之象乃從晉卦之上卦離而來，故離為飛鳥。
40. 為鳥矢：前已有述，離為鳥，離為矢，故離為鳥矢。
41. 為婦：前已有述，離為女子，女子長而為人婦，故離為婦。
42. 為罟：《繫辭下傳》虞翻注：「以罟取獸曰田，故『取諸離』也。」以離之象延伸出罟，故離為罟。
43. 為鼈：《說卦傳》言離：「為鼈。」故離為鼈。
44. 為蟹：《說卦傳》言離：「為蟹。」故離為蟹。
45. 為蠃：《說卦傳》言離：「為蠃。」故離為蠃。
46. 為蚌：《說卦傳》言離：「為蚌。」故離為蚌。
47. 為折上槁：《說卦傳》言離：「為折上槁。」故離為折上槁。

48. 爲女：前已有述，離爲女子，故離爲女。

八、虞翻之逸象「艮」

（一）逸象總目

艮爲手〔註 921〕，爲子〔註 922〕，爲居〔註 923〕，爲兩肱〔註 924〕，爲止〔註 925〕，

〔註 921〕坤卦六四爻注、蒙卦初六爻注、蒙卦上九爻注、訟卦上九爻注、小畜卦九五爻注、泰卦初九爻注、隨卦上六爻注、觀卦《象傳》注、噬嗑卦卦辭注、大畜卦六四爻注、坎卦上六爻注、咸卦九三爻注、遯卦六二爻注、晉卦六二爻注、解卦六三爻《小象傳》注、益卦上九爻注、夬卦九四爻注、萃卦初六爻注、萃卦六二爻注、困卦六三爻注、井卦卦辭注、艮卦九三爻注、巽卦六四爻注、兌卦上六爻注、節卦《象傳》注、中孚卦九五爻注、小過卦六五爻注、小過卦上六爻注、《繫辭上傳》「子曰：『作《易》者，其知盜乎！《易》曰：「負且乘，致寇至。」「負」也者，小人之事也；「乘」也者，君子之器也。小人而乘君子之器，盜思奪之矣。上慢下暴，盜思伐之矣。慢藏誨盜，冶容誨淫。《易》曰：「負且乘，致寇至。」盜之招也。』」注、《繫辭下傳》「庖犧氏沒，神農氏作，斲木爲耜，揉木爲耒，耒耨之利，以教天下，蓋取諸益。」注、《繫辭下傳》「斷木爲杵，掘地爲臼，臼杵之利，萬民以濟，蓋取諸小過。」注、《說卦傳》「艮爲山，爲徑路，爲小石；爲門闕；爲果蓏；爲閽寺；爲指；爲狗，爲鼠，爲黔喙之屬；其於木也，爲堅多節。」注。

〔註 922〕坤卦《文言傳》注、蠱卦初六爻注、家人卦《象傳》注、中孚卦九二爻注、《繫辭上傳》「乾以易知，坤以簡能；易則易知，簡則易從；易知則有親，易從則有功。」注、《序卦傳》「有天地然後有萬物，有萬物然後有男女，有男女然後有夫婦，有夫婦然後有父子，有父子然後有君臣，有君臣然後有上下，有上下然後禮義有所錯。」注。

〔註 923〕坤卦《文言傳》注、隨卦六三爻注、頤卦六五爻注、睽卦《象傳》注、夬卦《大象傳》注、革卦《象傳》注、革卦上六爻注、漸卦《大象傳》注、渙卦九五爻注、節卦九五爻《小象傳》注、未濟卦《大象傳》注、《繫辭上傳》「子曰：『君子居其室，出其言善，則千里之外應之，況其邇者乎！居其室，出其言不善，則千里之外違之，況其邇者乎！言出乎身，加乎民；行發乎邇，見乎遠。言行，君子之樞機。樞機之發，榮辱之主也。言行，君子之所以動天地也，可不愼乎？』」注、《繫辭下傳》「八卦以象告，爻、彖以情言，剛柔雜居而吉凶可見矣。」注。

〔註 924〕坤卦《文言傳》注。

〔註 925〕屯卦初六爻注、屯卦上六爻注、剝卦《象傳》注、无妄卦六三爻注、坎卦九五爻注、坎卦上六爻注、睽卦初九爻注、蹇卦《象傳》注、損卦《大象傳》注、艮卦六二爻注、艮卦六四爻《小象傳》注、艮卦六五爻注、豐卦六二爻注、節卦六四爻注、小過卦卦辭注、小過卦《大象傳》注、小過卦六二爻注、《繫辭下傳》「斷木爲杵，掘地爲臼，臼杵之利，萬民以濟，蓋取諸小過。」注。

爲山〔註926〕，爲狐狼〔註927〕，爲童蒙〔註928〕，爲求〔註929〕，爲果〔註930〕，爲執〔註931〕，爲背〔註932〕，爲尾〔註933〕，爲城〔註934〕，爲多〔註935〕，爲石〔註936〕，爲成〔註937〕，爲拘〔註938〕，爲童〔註939〕，爲宮室〔註940〕，爲星〔註941〕，爲舍〔註942〕，爲指〔註943〕，爲膚〔註944〕，爲碩果〔註945〕，爲廬〔註946〕，爲對時〔註947〕，爲鼻〔註948〕，爲小木〔註949〕，爲道〔註950〕，

〔註926〕屯卦六三爻注、蒙卦《大象傳》注、蒙卦上九爻注、否卦《大象傳》注、隨卦上六爻注、賁卦六五爻注、坎卦《彖傳》注、咸卦《大象傳》注、遯卦卦辭注、漸卦初六爻注、《繫辭上傳》「方以類聚，物以群分，吉凶生矣；在天成象，在地成形，變化見矣。」注。

〔註927〕屯卦六三爻注。

〔註928〕蒙卦卦辭注、蒙卦六五爻注。

〔註929〕蒙卦卦辭注、隨卦六三爻注、頤卦卦辭注、《繫辭下傳》「子曰：『君子安其身而後動，易其心而後語，定其交而後求。君子修此三者，故全也。危以動，則民不與也；懼以語，則民不應也；无交而求，則民不與也。莫之與，則傷之者至矣。《易》曰：「莫益之，或擊之，立心勿恆，凶。」』」注。

〔註930〕蒙卦《大象傳》注。

〔註931〕師卦六五爻注。

〔註932〕比卦卦辭注、睽卦上九爻注、解卦六三爻注。

〔註933〕履卦卦辭注、履卦六三爻注、遯卦初六爻《小象傳》注、未濟卦卦辭注。

〔註934〕泰卦上六爻注。

〔註935〕謙卦《大象傳》注、晉卦卦辭注。

〔註936〕豫卦六二爻注、无妄卦九五爻注、萃卦《大象傳》注。

〔註937〕豫卦上六爻注。

〔註938〕隨卦上六爻注、《說卦傳》「艮爲山，爲徑路，爲小石；爲門闕；爲果蓏；爲閽寺；爲指；爲狗，爲鼠，爲黔喙之屬；其於木也，爲堅多節。」注。

〔註939〕觀卦初六爻注、大畜卦六四爻注。

〔註940〕觀卦六二爻注、剝卦六五爻注、《繫辭下傳》「上古穴居而野處，後世聖人易之以宮室，上棟下宇，以待風雨，蓋取諸大壯。」注。

〔註941〕賁卦《彖傳》注、革卦《大象傳》注、豐卦六二爻注。

〔註942〕賁卦初九爻注。

〔註943〕剝卦六二爻注、咸卦初六爻注、解卦九四爻注、《說卦傳》「艮爲山，爲徑路，爲小石；爲門闕；爲果蓏；爲閽寺；爲指；爲狗，爲鼠，爲黔喙之屬；其於木也，爲堅多節。」注。

〔註944〕剝卦六四爻注、睽卦六五爻注、夬卦九四爻注、姤卦九三爻注。

〔註945〕剝卦上九爻注。

〔註946〕剝卦上九爻注。

〔註947〕无妄卦《大象傳》注。

〔註948〕无妄卦六三爻注、萃卦上六爻注、困卦九五爻注、巽卦九三爻注、小過卦《大象傳》注、《說卦傳》「巽爲木，爲風，爲長女，爲繩直，爲工，爲白，爲長，爲高，爲進退，爲不果，爲臭；其於人也，爲寡發，爲廣顙，爲多白眼；爲

爲賢人〔註951〕，爲牖〔註952〕，爲小光照戶〔註953〕，爲時〔註954〕，爲皮〔註955〕，爲弟〔註956〕，爲篤實〔註957〕，爲男〔註958〕，爲徑路〔註959〕，爲碩〔註960〕，爲狐〔註961〕，爲宗廟〔註962〕，爲庭〔註963〕，爲廟〔註964〕，爲順〔註965〕，爲宮〔註966〕，爲君子〔註967〕，爲豹〔註968〕，爲慎〔註969〕，爲

近利市三倍；其究爲躁卦。」注。

〔註949〕大畜卦六四爻注、《繫辭下傳》「庖犧氏沒，神農氏作，斲木爲耜，揉木爲耒，耒耨之利，以教天下，蓋取諸益。」注、《繫辭下傳》「斷木爲杵，掘地爲臼，臼杵之利，萬民以濟，蓋取諸小過。」注、《繫辭下傳》「弦木爲弧，剡木爲矢，弧矢之利，以威天下，蓋取諸睽。」注。

〔註950〕大畜卦上九爻注。

〔註951〕頤卦《彖傳》注。

〔註952〕坎卦六四爻注。

〔註953〕坎卦六四爻注。

〔註954〕遯卦《彖傳》注、蹇卦初六爻《小象傳》注、損卦《彖傳》注、益卦《彖傳》注、《繫辭下傳》「《易》曰：『公用射隼于高墉之上，獲之，无不利。』子曰：『隼者，禽也；弓矢者，器也；射之者，人也。君子藏器於身，待時而動，何不利之有？動而不括，是以出而有獲，語成器而動者也。』」注。

〔註955〕遯卦六二爻注。

〔註956〕家人卦《彖傳》注。

〔註957〕家人卦六四爻《小象傳》注。

〔註958〕睽卦《彖傳》注、損卦卦辭注、《繫辭下傳》「天地絪縕，萬物化醇；男女構精，萬物化生。《易》曰：『三人行，則損一人；一人行，則得其友。』言致一也。」注、《序卦傳》「有天地然後有萬物，有萬物然後有男女，有男女然後有夫婦，有夫婦然後有父子，有父子然後有君臣，有君臣然後有上下，有上下然後禮義有所錯。」注、《雜卦傳》「漸，女歸待男行也。」注。

〔註959〕睽卦九二爻注、《說卦傳》「艮爲山，爲徑路，爲小石；爲門闕；爲果蓏；爲閽寺；爲指；爲狗，爲鼠，爲黔喙之屬；其於木也，爲堅多節。」注。

〔註960〕蹇卦上六爻注。

〔註961〕解卦九二爻注。

〔註962〕益卦六二爻注、渙卦卦辭注。

〔註963〕夬卦卦辭注、艮卦卦辭注、節卦初九爻注。

〔註964〕萃卦卦辭注、渙卦《大象傳》注。

〔註965〕升卦《大象傳》注。

〔註966〕困卦六三爻注。

〔註967〕革卦上六爻注。

〔註968〕革卦上六爻注。

〔註969〕鼎卦九二爻注、旅卦《大象傳》注、未濟卦《大象傳》注、《繫辭上傳》「子曰：『君子居其室，出其言善，則千里之外應之，況其邇者乎！居其室，出其言不善，則千里之外違之，況其邇者乎！言出乎身，加乎民；行發乎邇，見乎遠。言行，君子之樞機。樞機之發，榮辱之主也。言行，君子之所以動天地也，可不愼乎？』」注。

宗廟社稷〔註 970〕，爲多節〔註 971〕，爲背〔註 972〕，爲腓〔註 973〕，爲閽〔註 974〕，爲小徑〔註 975〕，爲小子〔註 976〕，爲山石〔註 977〕，爲斗〔註 978〕，爲沫〔註 979〕，爲肱〔註 980〕，爲取〔註 981〕，爲僮僕〔註 982〕，爲狼〔註 983〕，爲友〔註 984〕，爲制〔註 985〕，爲門庭〔註 986〕，爲小狐〔註 987〕，爲節〔註 988〕，爲霆〔註 989〕，爲厚〔註 990〕，爲穴居〔註 991〕，爲待〔註 992〕，爲山丘〔註 993〕，爲官〔註 994〕，

〔註 970〕震卦《彖傳》注。
〔註 971〕艮卦卦辭注。
〔註 972〕艮卦卦辭注、艮卦九三爻注、《繫辭下傳》「服牛乘馬，引重致遠，以利天下，蓋取諸隨。」注。
〔註 973〕艮卦六二爻注。
〔註 974〕艮卦九三爻注。
〔註 975〕漸卦初六爻注。
〔註 976〕漸卦初六爻注。
〔註 977〕漸卦六二爻注。
〔註 978〕豐卦六二爻注。
〔註 979〕豐卦九二爻注。
〔註 980〕豐卦九二爻注。
〔註 981〕旅卦初六爻注。
〔註 982〕旅卦六二爻注、旅卦九三爻注。
〔註 983〕巽卦六四爻注。
〔註 984〕兑卦《大象傳》注。
〔註 985〕節卦《大象傳》注。
〔註 986〕節卦九二爻注。
〔註 987〕未濟卦卦辭注。
〔註 988〕未濟卦上九爻《小象傳》注。
〔註 989〕《繫辭上傳》「是故剛柔相摩，八卦相盪：鼓之以雷霆，潤之以風雨；日月運行，一寒一暑。」注。
〔註 990〕《繫辭上傳》「『勞謙，君子有終，吉。』子曰：『勞而不伐，有功而不德，厚之至也。語以其功下人者也。德言盛，禮言恭。謙也者，致恭以存其位者也。』」注、《繫辭下傳》「古之葬者，厚衣之以薪，葬之中野，不封不樹，喪期无數，後世聖人易之以棺槨，蓋取諸大過。」注。
〔註 991〕《繫辭下傳》「上古穴居而野處，後世聖人易之以宮室，上棟下宇，以待風雨，蓋取諸大壯。」注。
〔註 992〕《繫辭下傳》「上古穴居而野處，後世聖人易之以宮室，上棟下宇，以待風雨，蓋取諸大壯。」注、《繫辭下傳》「《易》曰：『公用射隼于高墉之上，獲之，无不利。』子曰：『隼者，禽也；弓矢者，器也；射之者，人也。君子藏器於身，待時而動，何不利之有？動而不括，是以出而有獲，語成器而動者也。』」注。
〔註 993〕《繫辭下傳》「古之葬者，厚衣之以薪，葬之中野，不封不樹，喪期无數，後世聖人易之以棺槨，蓋取諸大過。」注。
〔註 994〕《繫辭下傳》「上古結繩而治，後世聖人易之以書契，百官以治，萬民以察，

爲小〔註 995〕，爲山陵〔註 996〕，爲山中徑路〔註 997〕，爲門闕〔註 998〕，爲鼠〔註 999〕，爲堅多節〔註 1000〕，爲男位〔註 1001〕。

（二）逸象詮釋

1. 爲手：《說卦傳》：「艮爲手。」故艮爲手。
2. 爲子：《說卦傳》：「艮爲少男」，少男爲子，故艮爲子。
3. 爲居：《說卦傳》：「艮爲門闕。」「門闕」引申擴大爲居，故艮爲居。
4. 爲兩肱：《說卦傳》：「艮爲手。」兩肱爲人之胳膊，屬手的一部份，故艮爲兩肱。
5. 爲止：《雜卦傳》：「艮止也。」故艮爲止。
6. 爲山：艮象爲山，故艮爲山。
7. 爲狐狼：《說卦傳》言艮：「鼠，爲黔喙之屬。」狐、狼爲黔喙之屬，故艮爲狐狼。
8. 爲童蒙：艮之象爲少男，少男爲年少而心智較未開發者，有童蒙之義，故艮爲童蒙。
9. 爲求：乾卦九五爻《文言傳》「同氣相求」虞翻注：「謂艮、兌；山澤同氣，故相求。」艮多一逸象「求」，故艮爲求。
10. 爲果：《說卦傳》：「其於木也，爲堅多節。」於木爲堅，於人爲果決。又《說卦傳》：「艮爲果蓏。」故艮爲果。
11. 爲執：艮之象爲手，手之用能執物，故艮爲執。
12. 爲背：《說卦傳》言艮：「其於木也，爲堅多節。」艮卦卦辭：「艮其

蓋取諸夬。」注。

〔註 995〕《繫辭下傳》「子曰：『小人不恥不仁，不畏不義，不見利不勸，不威不懲。小懲而大誡，此小人之福也。《易》曰：「履校滅趾，无咎。」此之謂也。』」注。

〔註 996〕《繫辭下傳》「夫乾，天下之至健也，德行恆易以知險；夫坤，天下之至順也，德行恆簡以知阻。」注。

〔註 997〕《說卦傳》「艮爲山，爲徑路，爲小石；爲門闕；爲果蓏；爲閽寺；爲指；爲狗，爲鼠，爲黔喙之屬；其於木也，爲堅多節。」注。

〔註 998〕《說卦傳》「艮爲山，爲徑路，爲小石；爲門闕；爲果蓏；爲閽寺；爲指；爲狗，爲鼠，爲黔喙之屬；其於木也，爲堅多節。」注。

〔註 999〕《說卦傳》「艮爲山，爲徑路，爲小石；爲門闕；爲果蓏；爲閽寺；爲指；爲狗，爲鼠，爲黔喙之屬；其於木也，爲堅多節。」注。

〔註 1000〕《說卦傳》「艮爲山，爲徑路，爲小石；爲門闕；爲果蓏；爲閽寺；爲指；爲狗，爲鼠，爲黔喙之屬；其於木也，爲堅多節。」注。

〔註 1001〕《雜卦傳》「未濟，男之窮也。」注。

背。」虞翻注：「艮爲多節，故稱背。」，故艮爲背。

13. 爲尾：《說卦傳》言艮：「爲狗，爲鼠，爲黔喙之屬。」狗、鼠、黑嘴類的動物多有尾巴。又艮爲少男，少男爲子之末，末有尾之意，故艮爲尾。
14. 爲城：《說卦傳》：「艮爲門闕。」城樓亦稱闕，故艮爲城。
15. 爲多：艮之象爲山，山中物產豐富多樣，故艮爲多。
16. 爲石：《說卦傳》：「艮爲小石。」故艮爲石。
17. 爲成：《說卦傳》說其「文王後天八卦方位」時云：「成言乎艮，……艮，東北之卦也，萬物之所成終而所成始也。」故艮爲成。
18. 爲拘：《說卦傳》言艮：「爲狗。」虞翻本「狗」作「拘」，故艮爲拘。
19. 爲童：艮爲少男，故稱童，故艮爲童。
20. 爲宮室：《說卦傳》：「艮爲門闕。」門闕擴大爲裝有門闕之宮室，故艮爲宮室。
21. 爲星：《說卦傳》中「文王後天八卦方位」中，艮卦爲「萬物之所成終而所成始」，以艮卦爲天地萬物中一個循環系統，然而日月星辰更是具象地每日不斷運行交替，因此艮卦有星之逸象，故艮爲星。
22. 爲舍：艮爲手，艮爲止，手之止，其動作爲舍，故艮爲舍。
23. 爲指：《說卦傳》言艮：「爲指。」故艮爲指。
24. 爲膚：艮卦一陽在二陰之上，有皮、膚覆蓋在物上之象，故艮爲膚。
25. 爲碩果：《說卦傳》言艮：「爲果蓏。」碩果爲果類中較大者，故艮爲碩果。
26. 爲廬：前以所述，艮爲宮室，廬爲室之屬，故艮爲廬。
27. 爲對時：《說卦傳》中「文王後天八卦方位」中，艮卦爲「萬物之所成終而所成始」，艮卦與天地萬物的時序有相當關連，人置身其中必須對應其時，才能順應天時，故艮爲對時。
28. 爲鼻：《說卦傳》：「山澤通氣。」鼻爲人體通氣之器官，故艮爲鼻。
29. 爲小木：《說卦傳》言艮：「其於木也，爲堅多節。」艮有木象。又艮爲少男，少有小之意，故艮爲小木。
30. 爲道：《說卦傳》言艮：「爲徑路。」徑路爲道，故艮爲徑路。
31. 爲賢人：大畜卦《彖傳》：「剛健篤實。」虞翻以「篤實」言「艮」，而聖賢之人以篤實爲性，故艮爲賢人。
32. 爲牖：《說卦傳》：「艮爲門闕。」牖爲門闕之屬，故艮爲牖。

33. 爲小光照戶：艮爲牖，牖能使小光透入門戶中，故艮爲小光照戶。
34. 爲時：前已有述，艮爲對時，「對時」有「時」之意，故艮爲時。
35. 爲皮：前已有述，艮爲膚，膚即皮也，故艮爲皮。
36. 爲弟：艮爲少男，故稱弟，故艮爲弟。
37. 爲篤實：大畜卦《彖傳》:「剛健篤實。」虞翻以「篤實」言「艮」，故艮爲篤實。
38. 爲男：艮爲少男，故艮爲男。
39. 爲徑路：《說卦傳》:「震爲大塗，艮爲徑路。」故艮爲徑路。
40. 爲碩：前已有述，艮爲碩果，有碩之意，故艮爲碩。
41. 爲狐：前已有述，艮爲狐狼，有狐之象，故艮爲狐。
42. 爲宗廟：前已有述，艮爲宮室，宮室與宗廟皆爲建築物，故艮爲宗廟。
43. 爲庭：《說卦傳》:「艮爲門闕。」由「門闕」延伸出「庭」之意，故艮爲庭。
44. 爲廟：前已有述，艮爲宗廟，故艮爲廟。
45. 爲順：艮爲對時，對時即順天之時，故艮爲順。
46. 爲宮：前已有述，艮爲宮室，故艮爲宮。
47. 爲君子：前已有述，艮爲篤實，君子之性篤實，故艮爲君子。
48. 爲豹：《說卦傳》言艮:「爲狗，爲鼠，爲黔喙之屬。」豹爲黔喙之屬，故艮爲豹。
49. 爲愼：前已有述，艮爲君子，艮爲篤實，篤實君子行事甚愼，故艮爲愼。
50. 爲宗廟社稷：前已有述，艮爲宗廟，然而「社稷」爲帝王所管治，社稷治理的好而帝王之宗廟，始得保全，因此，宗廟社稷爲密不可分，故艮爲宗廟社稷。
51. 爲多節：《說卦傳》言艮:「其於木也，爲堅多節。」故艮爲多節。
52. 爲背：前已有述，艮爲多節，人之背部有脊椎，爲多節，由多節又延伸出背之意，故艮爲背。
53. 爲腓：巽卦二陽在上爲長，爲股象，而艮卦一陽在上，較短，有腓象，故艮爲腓。
54. 爲閽：《說卦傳》言艮:「爲閽寺。」故艮爲閽。
55. 爲小徑：《說卦傳》言艮:「爲徑路。」故艮爲小徑。
56. 爲小子：艮爲少男，艮爲子，故艮爲小子。

57. 為山石：前已有述，艮為山、為石，故艮為山石。
58. 為斗：前已有述，艮為星，斗為北斗星，故艮為斗。
59. 為沬：「沬」為小星，又艮為星，由「星」延伸為「小星」、「沬」，故艮為沬。
60. 為肱：前已有述，艮為兩肱，故艮為肱。
61. 為取：艮為手，手能取物，故艮為取。
62. 為僮僕：艮為少男，僮僕者多為年少之士，故艮為僮僕。
63. 為狼：前已有述，艮為狐狼，故艮為狼。
64. 為友：《說卦傳》：「山澤通氣。」艮為山，而氣息相通則為友，故艮為友。
65. 為制：虞翻節卦《大象傳》注：「艮止為制」，又前已有述，艮為止，故艮為制。
66. 為門庭：《說卦傳》：「艮為門闕。」由「門闕」延伸出「門庭」之逸象，故艮為門庭。
67. 為小狐：艮為少男，為小，又前已有述，艮為狐，故艮為小狐。
68. 為節：《說卦傳》言艮：「為堅多節。」故艮為節。
69. 為霆：震之象為一陽在下，震為雷，「霆」為「雷之餘聲」，而艮之象為一陽於後，從象而觀，如震雷之後，故其義也為「雷」之後的「雷之餘聲」，故艮為霆。
70. 為厚：前已有述，艮為篤實，「篤實」與「忠厚」相近，故艮為厚。
71. 為穴居：前已有述，艮為居，又艮之象為山，山多有穴，故艮為穴居。
72. 為待：前已有述，艮為止，「止」延伸出「待」之意，故艮為待。
73. 為山丘：前已有述，艮為山，半山為丘，故又延伸「山丘」之逸象，故艮為山丘。
74. 為官：前已有述，艮為賢人，為官者當為賢人，故艮為官。
75. 為小：艮為少男，故有「小」之意，故艮為小。
76. 為山陵：前已有述，艮為山，艮為山丘，又延伸出「山陵」之逸象，故艮為山陵。
77. 為山中徑路：《說卦傳》：「艮為山，為徑路。」故艮為山中徑路。
78. 為門闕：《說卦傳》言艮：「為門闕。」故艮為門闕。
79. 為鼠：《說卦傳》言艮：「為鼠。」故艮為鼠。
80. 為堅多節：《說卦傳》言艮：「其於木也，為堅多節。」故艮為堅多節。

81. 爲男位：艮之象爲少男，「少男」延伸爲「男位」，故艮爲男位。

九、虞翻之逸象「兌」

（一）逸象總目

兌爲口〔註 1002〕，爲刑人〔註 1003〕，爲說〔註 1004〕，爲見〔註 1005〕，爲密〔註 1006〕，爲西〔註 1007〕，爲悅〔註 1008〕，爲澤〔註 1009〕，爲小〔註 1010〕，爲

〔註 1002〕乾卦《文言傳》注、需卦《大象傳》注、需卦九二爻注、泰卦上六爻注、臨卦《大象傳》注、臨卦六三爻注、頤卦卦辭注、離卦六五爻注、睽卦上九爻注、姤卦九五爻注、困卦《彖傳》注、井卦《彖傳》注、歸妹卦六五爻注、兑卦《彖傳》注、《繫辭上傳》「是故君子居則觀其象而玩其辭，動則觀其變而玩其占，是以自天祐之，吉无不利。」注、《繫辭上傳》「《易》曰：『自天祐之，吉无不利。』子曰：『祐者，助也。天之所助者，順也；人之所助者，信也。履信思乎順，又以尚賢也，是以自天祐之，吉无不利也。』」注、《繫辭下傳》「古之葬者，厚衣之以薪，葬之中野，不封不樹，喪期无數，後世聖人易之以棺槨，蓋取諸大過。」注、《繫辭下傳》「八卦以象告，爻、彖以情言，剛柔雜居而吉凶可見矣。」注。

〔註 1003〕蒙卦初六爻注、睽卦六三爻注、困卦上六爻注。

〔註 1004〕蒙卦初六爻注、解卦《大象傳》注、夬卦九五爻注、困卦九五爻注、歸妹卦九二爻注、兑卦《彖傳》注、節卦《大象傳》注、《繫辭下傳》「能説諸心，能研諸侯之慮，定天下之吉凶，成天下之亹亹者。」注。

〔註 1005〕蒙卦六三爻注、蠱卦六四爻注、《繫辭上傳》「子曰：『君子居其室，出其言善，則千里之外應之，況其邇者乎！居其室，出其言不善，則千里之外違之，況其邇者乎！言出乎身，加乎民；行發乎邇，見乎遠。言行，君子之樞機。樞機之發，榮辱之主也。言行，君子之所以動天地也，可不愼乎？』」注、《繫辭上傳》「子曰：『作《易》者，其如盜乎！《易》曰：「負且乘，致寇至。」「負」也者，小人之事也；「乘」也者，君子之器也。小人而乘君子之器，盜思奪之矣。上慢下暴，盜思伐之矣。慢藏誨盜，冶容誨淫。《易》曰：「負且乘，致寇至。」盜之招也。』」注。

〔註 1006〕小畜卦《彖傳》注、小過卦六五爻注。

〔註 1007〕小畜卦《彖傳》注、小畜卦九五爻注、小畜卦上九爻注、泰卦《大象傳》注、泰卦六四爻注、隨卦上六爻注、離卦《大象傳》注、震卦上六爻注、歸妹卦《彖傳》注、歸妹卦六五爻注、中孚卦六四爻注、小過卦六五爻注、既濟卦九五爻注。

〔註 1008〕履卦卦辭注、履卦九二爻《小象傳》注。

〔註 1009〕履卦《大象傳》注、《繫辭上傳》「方以類聚，物以群分，吉凶生矣；在天成象，在地成形，變化見矣。」注、《説卦傳》「兑爲澤，爲少女，爲巫，爲口舌，爲毀折，爲附決；其於地也，爲剛鹵；爲妾，爲羊。」注。

〔註 1010〕履卦六三爻注、革卦上六爻《小象傳》注、小過卦《大象傳》注、小過卦六五爻注。

右〔註 1011〕，為朋〔註 1012〕，為妹〔註 1013〕，為秋〔註 1014〕，為刑〔註 1015〕，為少〔註 1016〕，為水澤〔註 1017〕，為講習〔註 1018〕，為女〔註 1019〕，為雨澤〔註 1020〕，為少女〔註 1021〕，為口舌〔註 1022〕，為妾〔註 1023〕，為毀折〔註 1024〕，為友〔註 1025〕，為羊〔註 1026〕，為妻〔註 1027〕，為水〔註 1028〕，

〔註 1011〕泰卦《大象傳》注、大有卦上九爻注、豐卦九二爻注。

〔註 1012〕泰卦九二爻注、豫卦九四爻注、復卦卦辭注、咸卦九四爻注、蹇卦九五爻注、解卦九四爻注、損卦六五爻注、益卦六二爻注。

〔註 1013〕泰卦六五爻注、歸妹卦卦辭注、《序卦傳》「否三進之四，巽為進也。震嫁兑，兑為妹；嫁，歸也。」注。

〔註 1014〕大有卦《象傳》注、豫卦《象傳》注、隨卦《象傳》注、觀卦《象傳》注、賁卦《象傳》注、恆卦《象傳》注、革卦《象傳》注、歸妹卦九四爻注、節卦《象傳》注、《繫辭上傳》「是故《易》有太極，是生兩儀，兩儀生四象，四象生八卦，八卦定吉凶，吉凶生大業。」注。

〔註 1015〕豫卦《象傳》注、困卦九五爻注、鼎卦九四爻注、豐卦《大象傳》注、旅卦《大象傳》注。

〔註 1016〕隨卦六二爻注、大過卦九五爻注。

〔註 1017〕臨卦《象傳》注、大過卦上六爻注。

〔註 1018〕臨卦《大象傳》注、《序卦傳》「渙者，離也；物不可以終離，故受之以節。」注。

〔註 1019〕觀卦六二爻注、睽卦《象傳》注、損卦卦辭注、漸卦卦辭注、《繫辭下傳》「天地絪縕，萬物化醇；男女構精，萬物化生。《易》曰：『三人行，則損一人；一人行，則得其友。』言致一也。」注、《序卦傳》「有天地然後有萬物，有萬物然後有男女，有男女然後有夫婦，有夫婦然後有父子，有父子然後有君臣，有君臣然後有上下，有上下然後禮義有所錯。」注、《雜卦傳》「漸，女歸待男行也。」注。

〔註 1020〕大過卦九二爻注、《說卦傳》「兑，正秋也，萬物之所說也，故曰說言乎兑。」注。

〔註 1021〕大過卦九二爻注、《說卦傳》「兑為澤，為少女，為巫，為口舌，為毀折，為附決；其於地也，為剛鹵；為妾，為羊。」注。

〔註 1022〕咸卦上六卦注、《繫辭下傳》「將叛者，其辭慙；中心疑者，其辭枝；吉人之辭寡；躁人之辭多；誣善之人，其辭游；失其守者，其辭屈。」注、《說卦傳》「兑為澤，為少女，為巫，為口舌，為毀折，為附決；其於地也，為剛鹵；為妾，為羊。」注。

〔註 1023〕遯卦九三爻注、《說卦傳》「兑為澤，為少女，為巫，為口舌，為毀折，為附決；其於地也，為剛鹵；為妾，為羊。」注。

〔註 1024〕大壯卦卦辭注、歸妹卦《大象傳》注、《說卦傳》「兑為澤，為少女，為巫，為口舌，為毀折，為附決；其於地也，為剛鹵；為妾，為羊。」注。

〔註 1025〕損卦六三爻注。

〔註 1026〕夬卦九四爻注、歸妹卦上六爻注。

〔註 1027〕困卦六三爻注。

〔註 1028〕革卦《象傳》注。

爲妻妾〔註 1029〕，爲折〔註 1030〕，爲雨〔註 1031〕，爲契〔註 1032〕，爲小知〔註 1033〕，爲下〔註 1034〕，爲通〔註 1035〕，爲震聲〔註 1036〕，爲巫〔註 1037〕，爲附決〔註 1038〕，爲剛鹵〔註 1039〕，爲羔〔註 1040〕。

（二）逸象詮釋

1. 爲口：《說卦傳》：「兌爲口。」故兌爲口。
2. 爲刑人：《說卦傳》：「兌爲毀折。」虞翻注：「二折震足，故爲毀折。」以震爲足，震體二爻毀壞，係言由二爻之位由陰轉變成陽，因此兌象乃出，兌爲折足、毀折，折足乃爲受刑之人，故兌爲刑人。
3. 爲說：《說卦傳》：「兌爲說。」蒙卦初六爻注，借「說」爲「脫」。故兌爲說。
4. 爲見：《雜卦傳》：「兌見而巽伏也。」故兌爲見。
5. 爲密：兌之象爲少女，少者小也，密有小義，故兌爲密。
6. 爲西：《說卦傳》「文王後天八卦方位」中言：「兌，正秋也。」秋之位對應在西，故兌爲西。

〔註 1029〕鼎卦初六爻注。

〔註 1030〕豐卦九二爻注。

〔註 1031〕《繫辭上傳》「是故剛柔相摩，八卦相盪；鼓之以雷霆，潤之以風雨；日月運行，一寒一暑。」注、《繫辭下傳》「上古穴居而野處，後世聖人易之以宮室，上棟下宇，以待風雨，蓋取諸大壯。」注。

〔註 1032〕《繫辭下傳》「上古結繩而治，後世聖人易之以書契，百官以治，萬民以察，蓋取諸夬。」注。

〔註 1033〕《繫辭下傳》「子曰：『德薄而位尊，知小而謀大，力小而任重，鮮不及矣。《易》曰：「鼎折足，覆公餗，其形渥，凶。」言不勝其任也。』」注。

〔註 1034〕《繫辭下傳》「夫乾，天下之至健也，德行恆易以知險；夫坤，天下之至順也，德行恆簡以知阻。」注。

〔註 1035〕《說卦傳》「兑爲澤，爲少女，爲巫，爲口舌，爲毀折，爲附決；其於地也，爲剛鹵；爲妾，爲羊。」注。

〔註 1036〕《說卦傳》「兑爲澤，爲少女，爲巫，爲口舌，爲毀折，爲附決；其於地也，爲剛鹵；爲妾，爲羊。」注。

〔註 1037〕《說卦傳》「兑爲澤，爲少女，爲巫，爲口舌，爲毀折，爲附決；其於地也，爲剛鹵；爲妾，爲羊。」注。

〔註 1038〕《說卦傳》「兑爲澤，爲少女，爲巫，爲口舌，爲毀折，爲附決；其於地也，爲剛鹵；爲妾，爲羊。」注。

〔註 1039〕《說卦傳》「兑爲澤，爲少女，爲巫，爲口舌，爲毀折，爲附決；其於地也，爲剛鹵；爲妾，爲羊。」注。

〔註 1040〕《說卦傳》「兑爲澤，爲少女，爲巫，爲口舌，爲毀折，爲附決；其於地也，爲剛鹵；爲妾，爲羊。」注。

7. 爲悅：兌之卦德爲說，說通悅，故兌爲悅。
8. 爲澤：兌之象爲澤，故兌爲澤。
9. 爲小：兌之象爲少女，少者小也，故兌爲小。
10. 爲右：「文王後天八卦方位」中，兌位於西方、右方，故兌爲右。
11. 爲朋：兌卦《大象傳》：「君子以朋友講習。」故兌爲朋。
12. 爲妹：兌爲少女，因此稱妹，故兌爲妹。
13. 爲秋：「文王後天八卦方位」中，兌表秋，故兌爲秋。
14. 爲刑：前已有述，兌爲刑人，刑人犯刑方爲刑人，故兌爲刑。
15. 爲少：兌爲少女，故兌爲少。
16. 爲水澤：《說卦傳》：「兌爲澤。」澤爲水所聚，故兌爲水澤。
17. 爲講習：前已有述，兌爲口，口可用以講習，故兌爲講習。
18. 爲女：兌爲少女，少女爲女子中較小者，故兌爲女。
19. 爲雨澤：《說卦傳》：「兌爲澤。」雨聚爲澤，故兌爲雨澤。
20. 爲少女：《說卦傳》言兌：「爲少女。」故兌爲少女。
21. 爲口舌：《說卦傳》言兌：「爲口舌。」故兌爲口舌。
22. 爲妾：《說卦傳》言兌：「爲妾。」故兌爲妾。
23. 爲毀折：《說卦傳》：「兌爲毀折。」故兌爲毀折。
24. 爲友：前已有述，兌爲朋，朋即友也，故兌爲友。
25. 爲羊：《說卦傳》言兌：「爲羊。」故兌爲羊。
26. 爲妻：兌之象爲少女，少女長成爲人妻，故兌爲妻。
27. 爲水：《繫辭上傳》：「潤之以風雨。」以兌爲雨、爲水之象，故兌爲水。
28. 爲妻妾：前已有述，兌爲妻，兌爲妾，故兌爲妻妾。
29. 爲折：前已有述，兌爲毀折，毀折有折之意，故兌爲折。
30. 爲雨：兌之象爲澤，澤爲水，水從天降則爲雨，故兌爲雨。
31. 爲契：《說卦傳》言兌：「爲毀折。」由「毀折」而延伸出「契」之折意，故兌爲契。
32. 爲小知：前已有述，兌爲少女，少女則有小之意，少女所知亦爲少，故兌爲小知。
33. 爲下：前已有述，兌爲水，兌爲水澤，水性爲下，故兌爲下。
34. 爲通：《說卦傳》：「山澤通氣。」虞翻注：「謂艮、兌，同氣相求，故

『通氣』。」故兌爲通。

35. 爲震聲：震之象爲一陽二陰，當陽息至二爻則爲兌，又震之象爲聲，故兌爲震聲。

36. 爲巫：《說卦傳》言兌：「爲巫。」故兌爲巫。

37. 爲附決：《說卦傳》言兌：「爲附決。」故兌爲附決。

38. 爲剛鹵：《說卦傳》言兌：「其於地也，爲剛鹵。」故兌爲剛鹵。

39. 爲羔：《說卦傳》言兌：「爲羊。」虞翻以「羊」爲「羔」，故兌爲羔。

總覽虞翻逸象「乾卦」爲一百零六例，「坤卦」爲一百五十一例，「震卦」爲一百零四例，「巽卦」爲六十八例，「坎卦」爲一百零四例，「離卦」爲四十八例，「艮卦」爲八十一例，「兌卦」爲三十九例，總數有七百零一之逸象。

第八章　虞翻之「以乾通坤，進德脩業」論

第一節　易道主變

《周易》有「簡易、變易、不易」，「變易」即《易》理之常道，而虞翻注解《周易》經傳有老陽、老陰之九六相變，相對爻位互易之變、陰陽爻得正之變，蓍筮占卜策卦之變，卦變系統卦原之變，卦體互反、旁通之變，由初爻開始易動之變，及權變等，皆以「變」來說明《易》道，與漢代氣論思想融合形上、形下，氣論於天地宇宙實存事物中發顯，而此實存事物並非清空不動，而是在具體時間、空間下不停地變化、互動、因應，而「變」即氣論實存之眞實驗證。

一、九六相變

「七」爲少陽、「八」爲少陰，「七」、「八」皆不變，而「六」爲老陰，「九」爲老陽，「六」、「九」則變，《繫辭上傳》「彖者，言乎象者也；爻者，言乎變者也；吉凶者，言乎其失得也。」注曰：

> 在天成象，八卦以象告，彖說三才，故「言乎象」也。爻有六畫，所變而玩者，爻之辭也，謂九、六變化，故「言乎變者也」。得正言「吉」，失位言「凶」也。〔註 1〕

〔註 1〕〔唐〕李鼎祚輯：《周易集解》（臺北：臺灣商務印書館，2004 年），頁 316。

「象」即卦辭，日月在天以八卦之象展現，八卦之象告示人們所隱喻之理，故曰「言乎象」，爻在一卦之中有六畫，六爻中有所變化、值得玩味即爲「九」、「六」，陰陽九六以得正言吉，失位言凶。「九」爲老陽，「六」爲老陰，處陰陽之極而當變，故六爻中能變者爲「九」、「六」。又《繫辭下傳》「八卦成列，象在其中矣；因而重之，爻在其中矣；剛柔相推，變在其中矣；繫辭焉而命之，動在其中矣。」注曰：

> ……謂參重三才爲六爻，發揮剛柔，則「爻在其中」；六畫稱爻，六爻之動，三極之道也。謂十二消息，九、六相變，剛柔相推而生變化，故「變在其中矣」。謂繫彖、象九、六之辭，故「動在其中」，鼓天下之動者存乎辭者也。〔註2〕

又《繫辭下傳》「是故《易》者，象也；象也者，像也。彖者，材也；爻也者，效天下之動者也。是故吉凶生而悔吝著也。」注曰：

> 「易」謂日月在天成八卦象，縣象著明，莫大日月是也。「象」說三才，則三分天象以爲三才，謂天、地、人道也。「動」發也，謂兩三才爲六畫，則發揮剛柔而生爻也。爻象動內，則吉凶見外，吉凶悔吝者，生乎動者也，故曰「著」。〔註3〕

「參」即三，三才爲天、地、人道，表徵三才之三爻畫重覆而爲六爻，陰陽剛柔之道在於六爻之中，六畫稱爻，六爻之變動則爲三才極致之表現，而「十二消息」之陰陽消長變動即爲九、六之變化，一卦體若有變動，實際上眞正變動者爲卦中之爻，故整體而觀，變者爲卦辭與九、六爻辭，故《繫辭上傳》注曰：「爻者，言乎變者也」〔註4〕、《繫辭上傳》注曰：「謂觀爻動也，以動者尚其變，占事知來，故『翫其占』」〔註5〕、《繫辭上傳》注曰：「『動』謂六爻矣。」〔註6〕、《繫辭下傳》注曰：「『動』謂爻也，爻者，效天下之動者也，爻象動內，吉凶見外，吉凶生而悔吝著，故『生乎動』也。」〔註7〕皆以「爻」效法天下變動之道，卦體之爻動於內，吉凶現於外，吉凶之生而悔吝顯明。

〔註2〕《周易集解》，頁359。
〔註3〕同註2，頁368～369。
〔註4〕同註2，頁315。
〔註5〕同註2，頁316。
〔註6〕同註2，頁315。
〔註7〕同註2，頁359。

二、陰陽爻變

乾卦《文言傳》「九五曰：『飛龍在天，利見大人。』何謂也？子曰：同聲相應，同氣相求；水流濕，火就燥；雲從龍，風從虎。」注曰：

> 謂震、巽也；庖犧觀變而放八卦，雷風相薄，故「相應」也。謂艮、兌；山澤通氣，故「相求」也。離上而坎下，水火不相射。乾爲龍，雲生天，故「從龍」也。坤爲虎，風生地，故「從虎」也。〔註8〕

庖犧觀察天地之間陰陽變化，倣效其道而畫八卦，如震之雷、巽之風相互迫近，曰「相應」，艮之山、兌之澤彼此氣息相通，曰「相求」，離之火、坎之水上下不相厭，乾爲龍，雲生於乾天，曰「從龍」，坤爲虎，風生於坤地，曰「從虎」。庖犧觀自然界變化而畫八卦，換言之，八卦之象出於自然變化，天地宇宙中有常與變，八卦中亦有常變之道，但八卦之「常」與「變」爲何？如履卦卦辭注曰：「謂變訟初爲兌也。與謙旁通。……剛當位，故通。」〔註9〕謂履卦由訟卦而來，訟卦初爻失位而當變，變而下卦爲兌，成履卦，履卦與謙卦旁通，故知虞翻以陽爻居奇位、陰爻居偶位爲得位，得位爲卦爻之常，若陰陽失位則變，又履卦九五之爻，陽爻居陽位且處上卦之中位，故當位通達，故知虞翻變動之道以得位之正爲依歸。

前文已述在相應爻位上的兩爻若皆失位，則可互易其位而得正，如履卦九五爻《小象傳》「『夬履，貞厲』，位正當也。」注曰：

> 謂三、上已變，體夬象，故「夬履」。……〔註10〕

履卦上爻與三爻相應，且兩爻皆失位，故互易而變，得一新卦體「夬」，曰「夬履」。相應爻位之兩爻互易之變，其「變」又可稱「發」、「易位」及「動」，見大有卦六五爻「厥孚交如，威如，吉。」注曰：「『孚』，信也。發而孚二，故『交如』。乾稱威，發得位，故『威如，吉』。」〔註11〕謂大有卦五爻失位，「發」即變，與相應之二爻互易其位，曰「交如」，變易之後上卦爲乾，乾稱威，二、五變動而得位，故曰「吉」。解卦初六爻「无咎。」注曰：「與四易位，體震得正，故『无咎』也。」〔註12〕指解卦初爻失位，與相應之四爻

〔註8〕《周易集解》，頁13。
〔註9〕同註8，頁69。
〔註10〕同註8，頁72。
〔註11〕同註8，頁90。
〔註12〕同註8，頁197。

易位，得一新卦體「臨」，臨卦二至四爻互體爲震，初爻得正，即以「易位」稱「變」。損卦上九爻「弗損，益之，无咎，貞吉，利有攸往，得臣无家。」注曰：「損上益三也，上失正，之三得位，故『弗損，益之，无咎，貞吉』。動成既濟，故大得志。謂三往之上，故『利有攸往』。二、五已動成益，坤爲臣，三變據坤，成家人，故曰「『臣』；動而應三，成既濟，則家人壞，故曰『无家』。」〔註 13〕謂損卦上爻失正，與相應三爻互易其位，故成泰卦，又二爻、五爻失位而互易，終成「既濟卦」，此例以「動」稱「變」。虞翻於相應兩爻位因失位而互易之外，又有將不相應兩爻彼此互易其位者，如歸妹卦六五爻《小象傳》「『帝乙歸妹』，『不如其娣之袂良』也，其位在中，以貴行也。」注曰：「三、四復正，乾爲良；三、四復，二之五，成既濟，五貴，故『以爲行也』。」〔註 14〕歸妹卦三、四爻位皆失，故「復正」，而爲泰卦，泰卦下卦爲乾，此以「復正」稱「變」。

一爻獨自的變動，又可分爲「陽爻變爲陰爻」、「陰爻變爲陽爻」，而「陽爻變陰爻」中，虞翻將「變」以「動」、「之正」、「發」來代稱，如中孚卦九二爻「鳴鶴在陰，其子和之；我有好爵，吾與爾靡之。」注曰：

> ……二動成坤，體益，五艮爲子，震、巽同聲者相應，故「其子和之」。坤爲身，故稱「我」，「吾」謂五也，離爲爵，爵位也，坤爲邦國，五在艮，閽寺庭闕之象，故稱「好爵」；五利二變之正，應坎，故「吾與爾靡之」矣。〔註 15〕

中孚卦二爻變動之正，而爲益卦，中孚卦三至五爻互體爲艮，艮爲子，二至四爻互體爲震，上卦爲巽，震雷巽風而同聲相應，曰「其子和之」，二爻變動之正後，成益卦，益卦二至四爻互體爲坤，坤爲身、爲邦國，「身」引申爲「我」，「吾」指五爻之陽，中孚卦由訟卦而來，訟卦二至四爻互體爲離，離爲爵、爵位，五爻居中孚卦三至五爻互體艮中，有閽寺庭闕之象，曰「好爵」，五爻與二爻爲相應之位，故五爻利於二爻變動之正而與之相應，故知以「動」、「之正」稱「變」。又《繫辭上傳》「子曰：『君子居其室，出其言善，則千里之外應之，況其邇者乎！居其室，出其言不善，則千里之外違之，況其邇者乎！言出乎身，加乎民；行發乎邇，見乎遠。言行，君子之樞機。

〔註 13〕《周易集解》，頁 203。
〔註 14〕同註 13，頁 267。
〔註 15〕同註 13，頁 297。

樞機之發，榮辱之主也。言行，君子之所以動天地也，可不愼乎？』」注曰：

> 「君子」謂初也，二變五來應之，……。謂二變則五來應之，……二變順初，……謂二發應五，……二已變，成益，……。〔註16〕

此爲解說中孚卦九二爻辭，以中孚卦初爻稱「君子」，二爻失正而變，而與五爻相應，後文又曰「二發應五」，以「發」爲「變」。

「陰爻變陽爻」之「變」，虞翻《易》注中有各種名稱，如蠱卦《彖傳》「『先甲三日，後甲三日』，終則有始，天行也。」注曰：

> 謂初變成乾，乾爲甲……變三至四體離……易出震，……。〔註17〕

闡明蠱卦初爻由陰變陽，故下卦成乾，變化至三爻、四爻而上卦成離，「易出震」即蠱卦經變易而下卦爲震，「易」爲變易。又臨卦卦辭注曰：「陽息至二，與遯旁通，剛浸而長，乾來交坤，動則成乾」〔註18〕謂臨卦陽息至二爻，若繼續息長，爻變而下卦爲乾，以「動」稱「變」。復卦《彖傳》注曰：「坤爲復，謂三復位時，離爲見，坎爲心」〔註19〕謂復卦上卦爲坤，若三爻復位得正而下卦成離，二至四爻互體爲坎，以「復位」稱「變」。恆卦初六爻《小象傳》注曰：「失位，變之正，乾爲始」〔註20〕謂恆卦初爻失位，變之正，而下卦爲乾，以「之正」稱「變」。明夷卦《彖傳》注曰：「五，乾天位，今化爲坤，箕子之象；坤爲晦，箕子正之，出五成坎，體離，重明麗正，坎爲志」〔註21〕謂明夷卦五爻爲天位，但今卻陰爻居陽位，故「出五成坎」，以「出」稱「變」，而上卦成坎，三至五爻互體爲離。豐卦六五爻注曰：「五發得正則來應二」〔註22〕謂豐卦五爻陰居陽位，「發得正」以應二爻，以「發」稱「變」。《序卦傳》注曰：「謂咸上復乾成遯」〔註23〕指咸卦上爻變易，而上卦爲乾，成一新卦體「遯」，以「復」稱「變」。統合而言「變動」、「變易」之「變」又可稱爲「易」、「動」、「復位」、「之正」、「出」、「發」、「復」，故虞翻相應二爻之變或爻位之變都是以「之正」爲目標而有陰陽爻變之說。

〔註16〕《周易集解》，頁327～328。
〔註17〕同註16，頁106。
〔註18〕同註16，頁108。
〔註19〕同註16，頁131。
〔註20〕同註16，頁165。
〔註21〕同註16，頁178。
〔註22〕同註16，頁272。
〔註23〕同註16，頁436。

三、蓍策之變

蓍筮占斷時需經由蓍策操作而成一爻，如《繫辭上傳》「歸奇于扐以象閏，五歲再閏，故再扐而後掛。」注曰：

> 「奇」所掛一策；「扐」所揲之餘，不一則二，不三則四也。取奇以歸扐，扐並合掛左手之小指爲一扐，則以閏月定四時成歲，故「歸奇於扐以象閏」者也。謂已一扐，復分掛如初揲之歸奇於初扐，并掛左手次小指間爲「再扐」，則再閏也；又分扐揲之如初，而掛左手第三指間，成一變，則布掛之一爻；謂已二扐，又加一爲三，並重合前二扐爲五歲，故「五歲再閏，再扐而後掛」。此參五以變，據此爲三扐，不言「三閏」者，閏歲餘十日，五歲閏六十日盡矣；後扐閏餘分，不得言三扐二閏，故從言「再扐而後掛」者也。〔註24〕

又《繫辭上傳》「參伍以變，錯綜其數，通其變，遂成天地之文，極其數，遂定天下之象，非天下之至變，其孰能與於此！」注曰：「……謂五歲再閏，再扐而後掛，以成一爻之變，而倚六畫之數」〔註25〕，「奇」爲掛於指間之一策，而「扐」即經分數後所餘之策，而所餘之策其數爲一、二、三、或四。經一扐、再扐、後掛而成就一卦中一爻，「一爻之變」之「變」即蓍占數策之變，所變有少陽之七、少陰之八、老陽之九、老陰之六。《說卦傳》「昔者聖人之作《易》也，幽贊於神明而生蓍，參天兩地而倚數，觀變於陰陽而立卦，發揮於剛柔而生爻，和順於道德而理於義，窮理盡性以至於命。」注曰：

> ……六爻三變，三六十八，則十有八變而成卦，八卦而小成是也；《繫》曰：「陽一君二臣，陰二君一民」，不道乾、坤者也。謂立地之道，曰柔與剛，「發」動，「揮」變，變剛生柔爻，便柔生剛爻，以三爲六也，因而重之，爻在其中，故「生爻」。……〔註26〕

一爻三變而六爻則經十八變而成卦，其「變」皆指蓍策掛數之變，一爻三變，一卦十八變，藉以體悟天地變化之道。

四、卦原之變

虞翻《易》學大義多在「卦變說」，乾、坤生六子與十二消息卦生雜卦，

〔註24〕《周易集解》，頁337。
〔註25〕同註24，頁342。
〔註26〕同註24，頁404。

係虞翻建構《易》學世界之始，所有卦爻皆有所源，有「卦原之變」，以某卦生於某卦而相互變化，或以所生之卦來解釋經傳，如坎卦上六爻「係用徽纆，寘于叢棘，三歲不得，凶。」注曰：

> 「徽纆」，黑索也，觀巽爲繩，艮爲手，上變入坎，故「係用徽纆」。
>
> ……〔註27〕

坎卦由觀卦而來，觀卦上卦爲巽，三至五爻互體爲艮，巽爲繩，艮爲手，觀卦上爻變動而上卦爲坎，曰「上變入坎」，而「上變入坎」之卦爲坎卦所來之卦「觀」，故曰「卦原之變」。

五、互反之變

「互反」即一卦六爻之爻位順序完全相反，如姤卦初六爻注曰：「三，夬之四，在夬動而體坎」〔註28〕姤卦九三互反而爲夬卦九四，《繫辭下傳》注曰：「謂反損成益」〔註29〕、觀卦《彖傳》注曰：「觀，反臨也。」〔註30〕、明夷卦卦辭注曰：「臨二之三而反之晉也」〔註31〕，上述皆以互反之變詮說卦爻之辭，此「變」即互反之變。

六、旁通之變

虞翻《易》注中有許多《易》學體例，「旁通」爲其一，而「旁通」係指兩卦之中六個爻位陰陽皆相反，如履卦《大象傳》「上天下澤，履；君子以辯上下，定民志。」注曰：

> 「君子」謂乾。「辯」，別也。乾天爲上，兑澤爲下。謙坤爲民，坎爲志。謙時坤在乾上，變而爲履，故「辯上下，定民志」也。〔註32〕

履卦上卦爲乾，乾爲君子、爲天，下卦爲兌，兌爲澤，曰「上天下澤」、「君子以辯上下」，履卦旁通謙卦，謙卦上卦爲坤，履卦上卦爲乾，若履卦旁通謙卦則坤在乾上，坤爲民，謙卦二至四爻互體爲坎，坎爲志，謙卦由初爻變至上爻則成履卦，曰「變而爲履」，此「變」即旁通之變。又恆卦卦辭「亨，无

〔註27〕《周易集解》，頁152～153。
〔註28〕同註27，頁218。
〔註29〕同註27，頁381。
〔註30〕同註27，頁112。
〔註31〕同註27，頁177。
〔註32〕同註27，頁70。

咎，利貞，利有攸往。」注曰：

> 恆，久也，與益旁通，乾初之坤四，剛柔皆應，故「通，无咎，利貞」矣。初利往之四，終變成益，則初、四、二、五皆得其正，終則有始，故「利有攸往」也。〔註 33〕

恆即久，與益卦旁通，恆卦初爻與四爻、二爻與五爻、三爻與上爻皆互易其位，則成益卦，即恆卦上、下卦相易其位，因恆卦上、下卦皆相應，故上、下卦互易而與旁通之卦體相同，曰「終變成益」，其「變」爲旁通之變。

七、始於初爻之變

虞翻《易》注中以卦由初爻變至上爻，依次變化來解說經傳，如《說卦傳》「巽爲木，爲風，爲長女，爲繩直，爲工，爲白，爲長，爲高，爲進退，爲不果，爲臭；其於人也，爲寡髮，爲廣顙，爲多白眼；爲近利市三倍；其究爲躁卦。」注曰：

> ……變至三，坤爲廣，四動成乾爲顙，在頭口上，故「爲廣顙」，與震的顙同義；震一陽，故的顙；巽變乾二陽，故廣顙。……變至三，成坤，坤爲近，四動乾，乾爲利，至五成噬嗑，故稱市，乾三爻爲三倍，故「爲近利市三倍」；動上成震，故「其究爲躁卦」，八卦諸爻，唯震、巽變耳。變至五，成噬嗑爲市，動上成震，故「其究爲躁卦」，明震內體爲專，外體爲躁。〔註 34〕

巽卦由初爻變化至三爻時而成益卦，益卦二至四爻互體爲坤，坤爲廣，變至四爻時而成无妄卦，无妄卦上卦爲乾，乾爲顙、爲額，額頭在口之上，曰「廣顙」，又震卦有一陽，曰「的顙」，而巽卦動至四爻，已變動其中二爻、三爻之兩陽，與震卦「的顙」相較而爲「廣顙」。後文再次闡明巽卦由初爻始變，巽卦變動至三爻，互體坤爲近，動至四爻，上卦乾爲利，巽卦變動至五爻而成噬嗑卦，所以言市，變動至五爻已改易乾陽三爻，乾三爻曰三倍，曰「爲近利市三倍」，變動至上爻而成震卦，震卦爲躁卦，曰「其究爲躁卦」，此爲震卦、巽卦之特變。此種「變易」係由下往上推衍，由初爻變至上爻，由巽卦變成「益卦」、「无妄卦」、「噬嗑卦」直至「震卦」。

〔註 33〕《周易集解》，頁 162～163。
〔註 34〕同註 33，頁 422～423。

八、權　變

以「變」稱「權變」者，如漸卦上九爻「鴻漸于陸，其羽可用爲儀，吉。」注曰：

> 「陸」謂三也，三坎爲平，變而成坤，故稱「陸」也。謂三變受成既濟，與家人《彖》同義；上之三得正，離爲鳥，故「其羽可用爲儀吉」。三動失位，坤爲亂，乾四止坤，《象》曰：「不可亂」，《彖》曰：「進以正邦」，爲此爻發也；三已得位，又變受上，權也；孔子曰：「可與適道，未可與權」，宜无怪焉。〔註35〕

漸卦二至四爻互體爲坎，坎爲平，而三爻變動而成坤，坤爲地、爲陸，漸卦在初爻變動之下，三爻與相應之上爻互易成既濟卦，經「上之三得正」後，既濟卦下卦爲離，離爲鳥，曰「其羽可用爲儀吉」，漸卦由否卦而來，否卦下卦爲坤，坤爲亂，故三爻與四爻相易，以「乾四止坤」，故阻斷坤陰之亂，而得以正邦，故所謂「權變」即漸卦三爻已得正，但爲了與上爻相應而變易其性，三爻由陽變陰，再與上爻相易其位，故能與上爻相應，虞翻雖以得正、當位爲鵠的，但偶遇變易之事仍以權變來對應。

第二節　成既濟定

一、失　位

陽爻居奇位，陰爻居偶位，則曰當位，《繫辭下傳》「若夫雜物撰德，辨是與非，則非其中爻不備。」注曰：

> 「撰德」謂乾，「辯」別也，「是」謂陽，「非」謂陰也；「中」正，乾六爻二、四、上非正，坤六爻初、三、五非正，故「雜物」；因而重之，爻在其中，故「非其中」則爻辭不備；道有變動，故曰爻也。〔註36〕

「乾六爻二、四、上非正」謂乾卦初、三、五爻皆正，二、四、上爻不正，「坤六爻初、三、五非正」謂坤卦二、四、上爻皆正，初、三、五爻不正，故知以陽爻居奇位、陰爻居偶位稱爲正位，「以陰居陽，以陽居陰，爲『悔

〔註35〕《周易集解》，頁263。
〔註36〕同註35，頁392。

且吝』也。」〔註 37〕、「得正言『吉』，失位言『凶』也。」〔註 38〕、「失位爲咎，悔，變而之正」〔註 39〕以陰爻居陰位、陽爻居陽位爲陰陽之正位，得正則吉、失位則凶，失位則可變而之正。

「失位」虞翻又稱「失正」、「不正」、「非其位」等，如訟卦九二爻「不克訟，歸而逋。」注曰：

> 謂與四訟。坎爲隱伏，故「逋」。乾位剛在上，坎濡失正，故「不克」也。〔註 40〕

爻辭係言二爻與四爻相互爭訟，訟卦下卦爲坎，坎爲隱伏，曰「逋」，坎爲水，二爻在下卦坎濡之中，九二陽爻居陰位曰「失正」。又噬嗑卦卦辭「亨，利用獄。」注曰：

> 否五之坤初，坤初之五，剛柔交，故「亨」也。坎爲獄，艮爲手，離爲明，四以不正而係於獄；……〔註 41〕

噬嗑卦由否卦五爻之陽與初爻之陰相易而至，曰「剛柔交」，噬嗑卦三至五爻互體爲坎，二至四爻互體爲艮，上卦爲離，坎爲獄，艮爲手，離爲明，九四陽爻居陰位，曰「不正」故係於坎獄中。恆卦九四爻「田无禽」注曰：

> 「田」謂二也，地上稱「田」;「无禽」謂五也；九四失位，利二上之五，已變承之，故曰「田无禽」;言二、五皆非其位，故《象》曰：「久非其位，安得禽也？」〔註 42〕

二爻曰「田」，五爻曰「无禽」，九四爻失位，二爻、五爻互易其位，九四爻變爲陰，以承五爻之陽，二爻、五爻其位不正，曰「非其位」。

陰陽爻失位之際，文中常稱以凶辭，如蒙卦六三爻「勿用取女，見金夫，不有躬，无攸利。」注曰：

> 謂三。誡上也。「金夫」謂二。初發成兑，故三稱「女」。兑爲見，陽稱金，震爲夫；三逆乘二陽，所行不順，爲二所淫，上來之三陟陰，故曰「勿用娶女，見金夫」矣。坤身稱躬，三爲二所乘，兑澤動下，不得之應，故「不有躬」。失位多凶，故「无攸利」也。

〔註 37〕《周易集解》，頁 400。
〔註 38〕同註 37，頁 316。
〔註 39〕同註 37，頁 317。
〔註 40〕同註 37，頁 53。
〔註 41〕同註 37，頁 115。
〔註 42〕同註 37，頁 165。

〔註 43〕蒙卦三爻失位多凶，又以陰居陽上，曰「三逆乘二陽」而行不順。又蠱卦九二爻注曰：「失位，故『不可貞』」〔註 44〕、臨卦六三爻注曰：「失位乘陽，故『无攸利』。言三失位，无應，故『憂之』。」〔註 45〕、噬嗑卦六三爻注曰：「失位承四，故『小吝』」〔註 46〕、頤卦上九爻注曰：「失位，故『厲』」〔註 47〕、大過卦初六爻注曰：「失位，『咎』也」〔註 48〕、恆卦九二爻注曰：「失位，悔也」〔註 49〕，爻位失位而多凶辭，如「不可貞」、「无攸利」、「小吝」、「厲」、「咎」、「悔」等。而在六十四卦中，未濟卦是唯一六爻皆失之卦，未濟卦上九爻「有孚于飲酒，无咎；濡其首，有孚失是。」注曰：

坎爲孚，謂四也，上之三介四，故「有孚」；飲酒流頤中，故「有孚于飲酒」；終變之正，故「无咎」。乾爲首，五動首在酒中，失位，故「濡其首」矣。「孚」信，「是」正也，六位失正，故「有孚失是」；謂若殷紂沈湎於酒以失天下也。〔註 50〕

未濟卦三至五爻互體爲坎，坎爲孚，「孚」指四爻之陽，上爻之陽與三爻之陰相應，但中間四爻卻是兩爻相應之阻礙，曰「有孚」，坎爲水、酒流面頰，曰「有孚于飲酒」，上爻之陽終與三爻相易而得正，故无咎，乾陽爲首，五爻之陰動而上卦爲乾陽，居坎酒中，上爻之陽失位，故曰「濡其首」，「孚」爲信，「是」爲正，未濟卦六爻失正，曰「有孚失正」。

虞翻有崇陽之思想，當爻位居正，但陰爻處陽爻之上而言「失正」者，如革卦上六爻「君子豹變，小人革面；征凶，居貞吉。」注曰：

……乘陽失正，故「征凶」；得位，故「居貞吉」，蒙艮爲居也。

〔註 51〕革卦上六之陰居於九五陽爻之上，曰「乘陽失正」，陰爻居陰位、陽爻居陽位，本爲當位則吉，因陰爻乘九五陽爻之上，而曰「失正」，但後文又曰「得位」，

〔註 43〕《周易集解》，頁 45～46。
〔註 44〕同註 43，頁 107。
〔註 45〕同註 43，頁 110。
〔註 46〕同註 43，頁 117。
〔註 47〕同註 43，頁 144。
〔註 48〕同註 43，頁 146。
〔註 49〕同註 43，頁 165。
〔註 50〕同註 43，頁 310。
〔註 51〕同註 43，頁 244。

可知五爻、上爻本爲得位，因彼此上下關係而曰「失正」。

二、動而得正

虞翻常以「得正」言爻位失正而經變動，「得位」常指陰陽爻居正位，不需之正變動，如漸卦六四爻注曰：「得位順五」〔註52〕謂漸卦四爻之陰居偶位，稱「得位」，但若失位則需變而得正，渙卦九二爻「渙奔机，悔亡。」注曰：

> ……二失位，變得正，故「渙奔其机，悔亡」也。〔註53〕

渙卦二爻失位，變而得正。又剝卦六五爻注曰：「動得正，成觀，故『无不利』也。」〔註54〕、坤卦六三爻注曰：「三失位，發得正，故『可貞』也。」〔註55〕、歸妹卦六三爻注曰：「三失位，四反得正」〔註56〕、巽卦初六爻注曰：「初失位，利之正爲乾，故『利武人之貞』矣。」〔註57〕，故知「變得正」又可曰「動得正」、「發得正」、「反得正」、「利之正」等。

當陰陽爻居失正之位，有單獨爻位自己變異爻性，或相應兩爻互易其位者，如姤卦初六爻「繫于金柅，貞吉；有攸往，見凶；羸豕孚蹢躅。」注曰：

> 「柅」謂二也，巽爲繩，故「繫柅」；乾爲金，巽木入金，柅之象也；初、四失正，易位乃吉，故「貞吉」矣。……〔註58〕

姤卦二爻曰「柅」，下卦爲巽，巽爲繩，曰「繫柅」，上卦爲乾，乾爲金，巽木入於乾金之中，有柅之象，初爻、四爻皆失正，兩相應之爻互易其位，則貞吉也。但又有不相應兩爻因失位而相易爻位，如萃卦卦辭「亨，王假有廟；利見大人，亨，利貞；用大牲吉；利有攸往。」注曰：

> ……「大人」謂五，三、四失位，利之正，變成離，離爲見，故「利見大人，亨，利貞」，聚以正也。坤爲牛，故曰「大牲」；四之三折坤得正，故「用大牲吉」；三往之四，故「利有攸往」，順天命也。〔註59〕

〔註52〕《周易集解》，頁262。
〔註53〕同註52，頁288。
〔註54〕同註52，頁126。
〔註55〕同註52，頁29。
〔註56〕同註52，頁266。
〔註57〕同註52，頁279。
〔註58〕同註52，頁218。
〔註59〕同註52，頁221。

萃卦五爻爲大人，三爻、四爻雖不相應，但皆失位而兩爻互易之正，之正後而成蹇卦，蹇卦三至五爻互體爲離，離爲見，曰「利見大人」，萃卦下卦爲坤，坤爲牛，稱「大牲」，四爻與三爻相易而折其坤，變易後兩爻皆得正，故曰「用大牲吉」，三爻之陰因前往四爻之位而得正，曰「利有攸往」，此爲順天命。虞翻以卦體六爻皆正稱「天命」，陽爻居陽之位，陰爻居陰之位，若有失正則不論以何種變易方式，皆以六爻皆正爲鵠的，以卦爻位之得位與失位來比喻順天命、逆天命，順天命者則吉，逆天命者則凶，虞翻皆以卦爻中所展現之象來說明其意。

三、成既濟定

虞翻卦爻以六爻皆正爲極致，如人修養成賢爲聖，不正之卦藉變動爻性，或始不相應之兩爻相易，或相應兩爻互易其位等方式而成既濟卦，「變動爻性」者如屯卦《彖傳》「雷雨之動滿盈。」注曰：

> 震雷，坎雨，坤爲形也。謂三已反正，成既濟，坎水流坤，故「滿形〔註60〕」。謂雷動雨施，品物流形也。〔註61〕

屯卦下卦爲震，上卦爲坎，震爲雷，坎爲雨，二至四爻互體爲坤，坤爲形，而三爻已變動之正，屯卦變而成既濟卦，上卦坎水流至坤形中，雷動雨降，殊異形類各自流動，此爲變動屯卦六三陰爻而成既濟。以變動不相應之兩爻而成既濟者，賁卦上九爻《小象傳》「『白賁，无咎』，上得志也。」注曰：

> 上之五，得位，體成既濟，故曰「得志」；坎爲志也。〔註62〕

賁卦上爻與五爻兩個不相應之爻互相易位，而上爻爲陰，五爻爲陽，各自得正，體成既濟卦，以兩個不相應的爻位相互變易而成既濟卦。又有以相應兩爻互易而成既濟者，咸卦《彖傳》「聖人感人心而天下和平。」注曰：

> 乾爲聖人，初、四易位成既濟，坎爲心，爲平，故「聖人感人心而天下和平」；此保合太和，品物流形也。〔註63〕

咸卦三至五爻互體爲乾，乾爲聖人，初爻與相應之四爻相互易位，故成既濟，

〔註60〕孫堂作「滿形」，《周易集解》作「滿盈」，但依「坤爲形」及「坎水流坤」及後文「品物流形」，皆以「形」爲文，故此處當作「滿形」。〔清〕孫堂撰：《虞翻周易注》（臺北：成文出版社《求無備齋易經集解》，1976年），頁481。

〔註61〕《周易集解》，頁38。

〔註62〕同註61，頁123。

〔註63〕同註61，頁160。

既濟卦上卦爲坎，坎爲心、爲平，故曰「聖人感人心而天下和平」，既濟卦爲「保合太和，品物流形」，當一卦六爻，陽爻居陽位，陰爻居陰位，象徵飛潛動植各展其性，各司其位，如同氣論思想以無限的有限之物發顯其無限性，無限多的有限之物各行其道，使天地宇宙有其秩序性，進而達成「保合太和」之境，「保合太和」非形上清空不動之態，係於品物流形中展現。故漸卦上九爻《小象傳》注曰：「六爻得位，成既濟定，故『不可亂也』。」〔註 64〕、既濟卦卦辭注曰：「六爻得位，各正性命，保合大和，故『利貞』矣。」〔註 65〕、《說卦傳》注曰：「謂乾變而坤化，乾道變化，各正性命，成既濟定，故『既成萬物』矣。」〔註 66〕皆爲其義。又革卦《大象傳》「澤中以火，革；君子以治歷明時。」注曰：

> 「君子」，遯乾也；歷象，謂日月星辰也；離爲明，坎爲月，離爲日，蒙艮爲星；四動成坎、離，日月得正，天地革而四時成，故「君子以治歷明時」也。〔註 67〕

革卦由遯卦而來，遯卦上卦爲乾，乾爲君子，革卦下卦爲離，四爻變動而上卦成坎，坎爲月，離爲明、爲日，革卦旁通蒙卦，蒙卦上卦爲艮，艮爲星，革卦四爻變動而成既濟卦，上卦爲坎，下卦爲離，坎月離日，日月得正，天地變革而四時成形，故知既濟卦上坎下離代表日月相迭，晝夜更替，日月相互轉換之際，天地變化則處於其中，四時轉易輪替亦隨其變化而自然成形，因此既濟卦之六爻得位、六爻皆正不僅爲一卦六個爻位體正，更象徵天地宇宙潛默地、有序地轉易。

又《繫辭下傳》「《易》曰：『憧憧往來，朋從爾思。』子曰：『天下何思何慮？天下同歸而殊塗，一致而百慮。天下何思何慮！日往則月來，月往則日來，日月相推而明生焉。』」注曰：

> 《易》无思也，既濟定，六位得正，故「何思何慮」。謂咸初往之四，與五成離，故「日往」，與二成坎，故「月來」；之外「日往」，在內「月來」，此就爻之正者也。初變之四，與上成坎，故「月往」；四變之初，與三成離，故「日來」者也。既濟體兩離、坎象，故「明

〔註 64〕《周易集解》，頁 263。

〔註 65〕同註 64，頁 302。

〔註 66〕同註 64，頁 412。

〔註 67〕同註 64，頁 241～242。

生焉」。〔註 68〕

六十四卦中以既濟卦爲六位得正之卦，陰爻居偶位，陽爻居奇位，陰陽各居當立之位，有如聖賢之性，故曰「何思何慮」，「憧憧往來，朋從爾思」爲咸卦九四爻辭，謂咸卦初爻與四爻互易而成既濟卦，既濟卦三至五爻互體而成離，離爲日，又三、四、五爻之外曰「往」，稱「日往」，既濟卦二至四爻互體而成坎，坎爲月，二、三、四爻在內曰「來」，稱「月來」，皆係由咸卦初爻與四爻互易之正後而言，既濟卦下卦爲離，三至五爻互體爲離，上卦爲坎，二至四爻互體爲坎，故既濟卦有兩離、兩坎，離爲日，兩離則明上加明，可曰「明生焉」，亦可解釋兩離、兩坎，如日月相續接繼綿延不斷，日月運轉即道之常，如天行健而君子自強不息，人們依循天地自然常理而行，會發現其中自有常道，常道爲人所遵循明理，又可曰「明生焉」。

第三節　與時偕行

一、變通趨時

《周易》經傳中有「時、德、位、應」，當時運不順時，如乾卦《文言傳》「確乎其不可拔，『潛龍』也」注曰：「『確』，剛貌也。乾剛潛初，坤亂於上，君子弗用，隱在下位，確乎難拔，『潛龍』之志也。」〔註 69〕此爲乾卦初九《文言傳》，謂乾陽處初爻之位，其上皆坤陰之亂，君子不利發展，需由等待、隱遯、弗用來養心志，但「時」是無時無刻都在運行，乾卦《大象傳》「天行健，君子以自強不息。」注曰：

> 「君子」謂三，乾健故「強」，天一日一夜過周一度，故「自強不息」；老子曰：「自勝者強。」〔註 70〕

又坎卦卦辭「有孚維心，亨，行有尚。」注曰：

> ……水行往來，朝宗于海，不失其時，如月行天，故習坎爲孚也。……〔註 71〕

君子所指三爻，三爻之陽乾健剛強，一晝一夜運行而度過一周天，此爲天地

〔註 68〕《周易集解》，頁 370。

〔註 69〕同註 68，頁 10。

〔註 70〕同註 68，頁 5。

〔註 71〕同註 68，頁 148。

間永恆不變之道，曰「自強不息」。而坎卦上下卦皆坎，坎為水，水往來流行而歸之於海，不失其時，如同月之運行於天一般。由上述兩例，可知「時」即天時，天地日月運轉而有四時，故豫卦《彖傳》注曰：「謂天地亦動以成四時」〔註 72〕、革卦《大象傳》注曰：「四動成坎、離，日月得正，天地革而四時成，故『君子以治歷明時』也。」〔註 73〕豐卦卦辭注曰：「日中則昃，月盈則食，天地盈虛，與時消息。」〔註 74〕言天地之動為每天日月運行輪轉，故春夏秋冬四時乃成。而人們則需奉天時而行，乾卦《文言傳》「《易》曰：『見龍在田，利見大人。』君德也。」注曰：

> ……重言「君德」者，大人善世不伐，信有君德，後天而奉天時，故詳言之。〔註 75〕

所謂「君德」係指大人淑世而不驕矜，如此則具備君王之品德，後於天時而依時行動，故可順奉天時。又《說卦傳》「坤，順也」注曰：「純柔，承天時行，故『順』」〔註 76〕謂坤陰純柔而順承天、依時而行。但依時而行之際，「不失時」之具體做法為何？艮卦《彖傳》「艮，止也；時止則止，時行則行，動靜不失其時，其道光明。艮其止，止其所也；上下敵應，不相與也，是以『不獲其身，行其庭，不見其人，无咎』也。」注曰：

> 位窮於上，故「止」也。「時止」謂上陽窮上，故「止」；「時行」謂三體處震為行也。「動」謂三，「靜」謂上；艮止則止，震行則行，故不失時。……〔註 77〕

艮卦上爻為陽，處「窮」當「止」，而三至五爻互體為震，震為行，曰「時行」，動為三爻，靜為上爻，當動則動，當靜處靜，即為不失時，又如《繫辭上傳》注曰：「安其身而後動，謂當時也矣。」〔註 78〕人若能安其身而後採取行動，即是順應時機，因此得知「時」的掌握係需「變通趨時」，《繫辭上傳》「通變之謂事」注曰：

> 「事」，謂變通趨時，以盡利天下之民，謂之事業也。〔註 79〕

〔註 72〕《周易集解》，頁 96。
〔註 73〕同註 72，頁 241～242。
〔註 74〕同註 72，頁 268。
〔註 75〕同註 72，頁 19。
〔註 76〕同註 72，頁 412。
〔註 77〕同註 72，頁 255。
〔註 78〕同註 72，頁 316。
〔註 79〕同註 72，頁 322。

所謂「事業」乃為變通以隨順契應時機，以盡最大氣力便利天下之民。又如《繫辭下傳》注曰：「變通配四時，故『趣時者也』」〔註80〕、《繫辭下傳》注曰：「謂天施地生，其益无方，凡益之道，與時偕行，故『不設』也」〔註81〕天之施授、地之生化的萬物，所接受之恩惠是無方所、無限制，增益之道則是契應天時運行而推移。

二、陰陽之爻時

卦體中每爻皆有自己所處之時，居二、五爻則曰中，陰陽之爻各有不同，陰爻以偶為正，陽爻以奇為正，爻時又需與所處之卦相對，乾卦《文言傳》「《易》曰：『見龍在田，利見大人。』君德也。」注曰：

> 陽始觸陰，當升五為君。時舍於二，宜利天下。直方而大，德无不利。明言「君德」。……〔註82〕

又曰：「二非王位，時暫舍也。」〔註83〕闡明乾卦二爻開始觸及陰位，此二爻乾陽本當升至五爻為君，但此時暫居二爻，可利於天下，且九二陽爻居陰位而有坤陰大地般地品性，耿直、大方且胸襟懷大，以此高潔品德則不會有不利之事，此即「君德」，但二爻非君位、王位，乾陽居二爻僅為暫時駐留於此。如《雜卦傳》「大畜，時也。」注曰：「大畜五之復二成臨，時舍坤二，故『時』也。」〔註84〕以大畜卦五爻下所伏之陽至復卦二爻之位則成臨卦，此一伏陽居坤陰之位，為暫足之際，其時如此則順應之。又二爻、五爻為卦爻之中，稱之為「時中」，如蒙卦卦辭「亨」注曰：

> 艮三之二。「亨」謂二，震剛柔接，故亨。「蒙亨」，以通行，時中也。〔註85〕

又大有卦卦辭「元亨」注曰：

> 與比旁通。柔得尊位，大中應天而時行，故「元亨」也。〔註86〕

蒙卦為艮卦三爻與二爻相易而成，「亨」指二爻，蒙卦二至四爻互體為震，

〔註80〕《周易集解》，頁360。
〔註81〕同註80，頁387。
〔註82〕同註80，頁11。
〔註83〕同註80，頁15。
〔註84〕同註80，頁442。
〔註85〕同註80，頁42。
〔註86〕同註80，頁88。

震象爲剛柔相接，故曰亨，「蒙亨」係以亨通之道而行，二爻順應其時而契合中位。大有卦與比卦旁通，六五陰爻居尊位，上卦之中曰「大中」，下卦爲乾，乾爲天，謂六五陰爻處上卦之中而相應於乾天，順應時而行。此兩例皆爲陽爻居二爻之位，陰爻居五爻尊位，但因能契應時中，故亨通而行。

遯卦有隱藏、隱退之意，即是依時而避、順時而行，遯卦卦辭「亨，小利貞。」注曰：

> 陰消姤二也，艮爲山，巽爲入，乾爲遠，遠山入藏，故遯。以陰消陽，子弒其父，小人道長，避之乃通，故遯而通，則當位而應，與時行也。「小」陰謂二，得位浸長，以柔變剛，故「小利貞」。〔註 87〕

遯卦爲十二月消息卦以陰息至二爻，遯卦下卦爲艮，艮爲子，陰尚未消陽之前爲乾卦，乾爲父，有子弒父之象，陰爲小人，小人道長，是故此時當避隱山林，以隱遯爲通，但五爻當位而與二爻之陰相應，可知雖隱退山林，但待時機可行而行動。若遇到陰陽爻性與爻位不相合者則可依時變易之正，蹇卦初六爻《小象傳》「『往蹇來譽』，宜待時也。」注曰：

> 艮爲時，謂變之正，以待四也。〔註 88〕

又小過卦卦辭「亨，利貞」注曰：

> 柔得中而應乾剛，故「亨」；五失正，故「利貞」，過以利貞，與時行也。〔註 89〕

蹇卦下卦爲艮，艮爲時，初六失正而變，以陰變陽，故初九陽爻得與四爻相應。至於小過卦五爻失正，宜變之正，係順時行動。故知陰陽失位而可變，以順應爻位之時，其行乃順，故又曰：「時陽則陽，時陰則陰，故『唯其時物』」〔註 90〕說明此時當值陽則陽，當值陰則陰，爻爲卦體中觀察時機變動之物。又損卦《彖傳》「損剛益柔有時，損益盈虛，與時偕行。」注曰：

> 謂冬夏也；二、五已易成益，坤爲柔，謂損益上之三成既濟，坎冬離夏，故「損剛益柔有時」。乾爲盈，坤爲虛，損剛益柔，故「損益盈虛」；謂泰初之上，損二之五，益上之三，變通趨時，故「與時偕行」。〔註 91〕

〔註 87〕《周易集解》，頁 166～167。
〔註 88〕同註 87，頁 193。
〔註 89〕同註 87，頁 298。
〔註 90〕同註 87，頁 392。
〔註 91〕同註 87，頁 201。

泰卦初爻至上爻之位，而其餘諸爻皆下降一爻位則成損卦，損卦二爻與五爻相易而成益卦，益卦上爻與三爻相易而成既濟卦，既濟卦爲六爻位正之卦，能由泰卦至損卦，損卦至益卦，益卦至既濟卦係因卦爻中變通趨時，與時同行。

三、「月體納甲說」之時

《周易參同契》曰：「三日出爲爽，震庚受西方。八日兌受丁，上弦平如繩。十五乾體就，盛滿甲東方。蟾蜍與兔魄，日月氣雙明。蟾蜍視卦節，兔者吐生光。七八道已訖，屈折低下降。十六轉受統，巽辛見平明。艮值於丙南，下弦二十三。坤乙三十日，東北喪其朋。節盡相禪與，繼體復生龍。壬癸配甲乙，乾坤括始終。」〔註 92〕又曰：「坎戊月精，離己日光。日月爲易，剛柔相當。」〔註 93〕以八卦值日與十天干相互配對。而坤卦《彖傳》「『西南得朋』，乃與類行。」注曰：

謂陽得其類，月朔至望，從震至乾，與時偕行，故「乃與類行」。〔註 94〕

上文以「月體納甲說」立說，說明陽逐漸得其同類，由每月月初之「朔」至月中之「望」，以卦象表之，「震」卦（☳）表徵月相始生，月初之狀，至月相盈滿之「乾」卦（☰），以月體納甲之月相變化來說明時間的推移，曰「乃與類行」，其類係指乾陽，乾陽因時間增長而加益，如同月相震卦至乾卦。換言之，時間移動爲一日接一日，一晝一夜的交替前進，日相變化較爲人所熟知，但月夜轉變亦爲時間的更迭變化。

四、「卦氣說」之時

（一）虞翻之「後天八卦方位」

《說卦傳》曰：

帝出乎震，齊乎巽，相見乎離，致役乎坤，說言乎兌，戰乎乾，勞乎坎，成言乎艮。〔註 95〕

〔註 92〕劉國樑注譯；黃沛榮先生校閱：《新譯周易參同契》（臺北：三民書局，2010 年），頁 23～28。

〔註 93〕同註 92，頁 16。

〔註 94〕《周易集解》，頁 27。

〔註 95〕〔魏〕王弼、〔晉〕韓康伯注；〔唐〕孔穎達疏：《周易正義》（臺北：藝文印書館《十三經注疏》，2001 年），卷 9，頁 183。

> 萬物出乎震，震，東方也；齊乎巽，巽，東南也，齊也者，言萬物之絜齊也；離也者，明也，萬物皆相見，南方之卦也，聖人南面而聽天下，嚮明而治，蓋取諸此也；坤也者，地也，萬物皆致養焉，故曰致役乎坤；兑，正秋也，萬物之所説也，故曰説言乎兑；戰乎乾，乾，西北之卦也，言陰陽相薄也；坎者，水也，正北方之卦也，勞卦也，萬物之所歸也，故曰勞乎坎；艮，東北之卦也，萬物之所成終而所成始也，故曰成言乎艮。〔註96〕

《說卦傳》以八經卦與方位相互應對，邵雍《皇極經世書‧觀物外篇》曰：「起震終艮一節，明文王八卦也。」〔註97〕宋人以此稱之爲「文王後天八卦方位」或「後天八卦方位」，有「四正卦」、「四維卦」，「四正卦」爲震卦值春、位東，離卦值夏、位南，兌卦值秋、位西，坎卦值冬、位北，「四維卦」爲艮卦位居東北，巽卦位居東南，坤卦位居西南，乾卦位居西北。

虞翻亦以震、離、兌、坎象徵春、夏、秋、冬之時節，大有卦《彖傳》「其德剛健而文明，應乎天而時行，是以『元亨』。」注曰：

> 謂五以日應乾而行於天也。「時」謂四時也。大有亨比，初動成震爲春，至二兑爲秋，至三離爲夏，坎爲冬，故曰「時行」。以乾亨坤，是以「元亨」。〔註98〕

大有卦上卦爲離，離爲日，下卦爲乾，乾爲天，五爻處離日之中而運行於乾天，大有卦旁通比卦，比卦初爻變動而下卦爲震，震值春，變動至二爻而下卦爲兌，兌值秋，變動至三爻而三至五爻互體爲離，離值夏，上卦爲坎，坎值冬，大有卦五爻與乾天時行，乃爲具體四季更迭之行，以震、離、兌、坎闡明春、夏、秋、冬。又乾卦《文言傳》「與鬼神合其吉凶，先天而天孚違，後天而奉天時。」注曰：「震春，兌秋，坎冬，離夏，四時象具，故『後天而奉天時』，謂承天時，行順也。」〔註99〕、豫卦《彖傳》「天地以順動，故日月不過而四時不忒。」注曰：「……動初時，震爲春，至四兌爲秋，至五坎爲冬，離爲夏，四時位正，故『四時不忒』。通變之謂事，蓋此之類。」

〔註96〕《周易正義》，卷9，頁184。

〔註97〕〔宋〕邵雍撰：《皇極經世書》（臺北：中國子學名著集成編印基金會《中國子學名著集成珍本》據明萬曆丙午（34年）檇徐必達刊本邵子全集之一影印，1978年），卷6，頁390。

〔註98〕《周易集解》，頁89。

〔註99〕同註98，頁21。

〔註 100〕、隨卦《彖傳》「隨，剛來而下柔，動而說，隨。大亨貞无咎，而天下隨時。隨時之義大矣哉！」注曰：「……『動』震，『說』兌也。乾爲天，坤爲下，震春，兌秋；三、四之正，坎冬，離夏，四時位正，時行則行，故『天下隨時』矣。」〔註 101〕、益卦《彖傳》「益，動而巽；日進无疆；天施地生，其益无方；凡益之道，與時偕行。」注曰：「……上來益三，四時象正，艮爲時，震爲行，與損同義，故『與時偕行』也。」〔註 102〕謂益卦上爻與三爻互易，而成既濟卦，既濟卦上卦爲坎，下卦爲離，益卦下卦爲震，「與損同義」損卦下卦兌，則震、離、兌、坎之四時具象，與時而行。歸妹卦九四爻「歸妹愆期，遲歸有時。」注曰：「……『歸』謂反三，震春、兌秋、坎冬、離夏，四時體正，故『歸有時』也。」〔註 103〕謂歸妹卦三爻與四爻之正後而成泰卦，泰卦三至五爻互體爲震，二至四爻互體爲兌，再持續之正，將二爻與五爻相易而成既濟卦，既濟卦上卦爲坎，下卦爲離，四時體正，由歸妹卦回復而成泰卦、既濟卦，而體四時，乃稱「歸有時」。又豐卦《彖傳》「『豐』，大也，明以動，故豐。『王假之』，尙大也；『勿憂，宜日中』，宜照天下也；日中則昃，月盈則食，天地盈虛，與時消息，而況于人乎！況于鬼神乎！」注曰：

> ……五動息成乾爲盈，四消入坤爲虛，故「天地盈虛」也；豐之既濟，四時象具，乾爲神人，坤爲鬼，鬼神與人亦隨時消息，謂人謀鬼謀，百姓與能，與時消息。〔註 104〕

豐卦四爻與五爻相易而成既濟卦，豐卦上卦爲震，下卦爲離，三至五爻互體爲兌，既濟卦上卦爲坎，下卦爲離，故震、離、兌、坎之四時具象。又豐卦五動而三至五爻互體爲乾，四消爲陰，則上卦爲坤，乾爲神人，坤爲鬼，闡明不論人、鬼、神與時間共同消長，隨時間變易而推移，時間雖爲抽象、不可見之物，卻是對天地萬物有潛移靜默之作用，更可體證漢代人對時間概念的重視，氣論之存在天地宇宙的眞實感受。

（二）虞翻之「卦以配侯」

唐一行依據孟喜說法所制之卦氣圖於《新唐書・曆志》〔註 105〕，可知

〔註 100〕《周易集解》，頁 97。
〔註 101〕同註 100，頁 101。
〔註 102〕同註 100，頁 205。
〔註 103〕同註 100，頁 266。
〔註 104〕同註 100，頁 269。
〔註 105〕〔宋〕歐陽脩等撰：《新唐書》（臺北：藝文印書館，1966 年），卷 28 上，頁

除震、離、兌、坎「四正卦」之外，其餘六十卦配以「二十四節氣」、「七十二徵侯」，虞依循孟喜之說而將卦時相配，如損卦《彖傳》「二簋應有時」注曰：

> ……益正月，春也；損七月，……，秋也。……〔註106〕

孟喜將六十卦配以十二月、二十四節氣、七十二侯，故每一個月各有五個卦，如「十一月子」配以未濟卦、蹇卦、頤卦、中孚卦、復卦，「十二月丑」配以屯卦、謙卦、睽卦、升卦、臨卦，「正月寅」配以小過卦、蒙卦、益卦、漸卦、泰卦，「二月卯」配以需卦、隨卦、晉卦、解卦、大壯卦，「三月辰」配以豫卦、訟卦、蠱卦、革卦、夬卦，「四月巳」配以旅卦、師卦、比卦、小畜卦、乾卦，「五月午」配以大有卦、家人卦、井卦、咸卦、姤卦，「六月未」配以鼎卦、豐卦、渙卦、履卦、遯卦，「七月申」配以恆卦、節卦、同人卦、損卦、否卦，「八月酉」配以巽卦、萃卦、大畜卦、賁卦、觀卦，「九月戌」配以歸妹卦、无妄卦、明夷卦、困卦、剝卦，「十月亥」配以艮卦、既濟卦、噬嗑卦、大過卦、坤卦。而虞翻曰「益正月，春也；損七月，……，秋也。」以益卦值正月、春，損卦值七月、秋，係將卦爻與時節、月份相互配應。

（三）虞翻之「十二月消息卦」

《新唐書》唐一行《大衍曆議》曰：「十二月卦，出于《孟氏章句》，其說易本於氣，而後以人事明之。」〔註107〕「十二辟卦」分別有復卦、臨卦、泰卦、大壯卦、夬卦、乾卦、姤卦、遯卦、否卦、觀卦、剝卦、坤卦。十二月卦係本於氣，以一年十二月陰陽消息之情狀表徵自然節氣的變化，「十二辟卦」又稱「十二月卦」、「十二消息卦」。《繫辭上傳》「變通配四時。」注曰：

> 變通趨時，謂十二月消息也，泰、大壯、夬配春，乾、姤、遯配夏，否、觀、剝配秋，坤、復、臨配冬；謂十二月消息相變通而周於四時也。〔註108〕

泰卦值正月寅，大壯卦值二月卯，夬卦值三月辰，故配之以春，乾卦值四月巳，姤卦值五月午，遯卦值六月未，故配之以夏，否卦值七月申，觀卦值八月酉，剝卦值九月戌，故配之以秋，坤卦值十月亥，復卦值十一月子，臨卦

321～322。

〔註106〕《周易集解》，頁200。

〔註107〕《新唐書》，卷27上，卷301。

〔註108〕同註106，頁324。

值十二月丑，故配之以冬。以十二月陰陽消息相互變通而周流於四時，人能契應時令變化通達其行。

（四）虞翻之「八卦卦氣方位」

《易緯・乾鑿度》曰：

震生物於東方，位在二月；巽散之於東南，位在四月；離長之於南方，位在五月；坤養之於西南方，位在六月；兑收之於西方，位在八月；乾制之於西北方，位在十月；坎藏之於北方，位在十一月；艮終始之於東北方，位在十二月。〔註109〕

《易緯・乾鑿度》以震卦位在東方、值二月，巽卦位東南、值四月，離卦位南方、值五月，坤卦位西南、值六月，兌卦位西方、值八月，乾卦位西北、值十月，坎卦位北方、值十一月，艮卦位東北、值十二月。與上文《說卦傳》相較，皆以「四正卦」、「四維卦」之八經卦與時、位相配，但《易緯・乾鑿度》具體指出八經卦所相應之月份。損卦《彖傳》「二簋應有時」注曰：

「時」謂春秋也，損二之五，震二月，益正月，春也；損七月，兑八月，秋也。謂春秋祭祀，以時思之；艮爲時，震爲應，故「應有時」也。〔註110〕

損卦二爻與五爻相易而成益卦，益卦下卦爲震，震值二月、春，損卦下卦爲兌，兌值八月、秋，《孝經・喪親章》：「春秋祭祀，以時思之。」〔註111〕損卦上卦爲艮，艮爲時，益卦下卦爲震，震爲應，故又曰「應有時」，以春秋兩季來祭拜已故之親，擇時以得之。虞翻以損卦《彖傳》中「二簋」祭品發想祭祀之時，與後文「應以時」相應，損卦下卦爲兌，益卦下卦爲震，震值春、兌值秋，同春秋祭祀之時節，足見虞翻對於《易》注中每一字之斟酌，將其與卦氣說相互結合。又益卦初九爻「利用爲大作，元吉，无咎。」注曰：

「大作」謂耕播，耒耨之利，蓋取諸此也；坤爲用，乾爲大，震爲作，故「利用爲大作」。體復初得正，朋來无咎，故「元吉，无咎」。震二月卦，日中星鳥，敬授民時，故以耕播也。〔註112〕

益卦初九爲耕播之象，益卦下卦爲震，益卦由否卦而至，否卦上卦爲乾，下

〔註109〕〔漢〕鄭玄注：《易緯八種》（臺北：新興書局，1966年），卷上，頁55。

〔註110〕《周易集解》，頁200。

〔註111〕〔宋〕邢昺等校定：《孝經注疏》（臺北：藝文印書館《十三經注疏》，2001年），卷9，頁56。

〔註112〕同註110，頁206。

卦爲坤，坤爲用，乾爲大，震爲作，曰「利用爲大作」，又益卦初爻至四爻經「四爻連互」而體復象，復卦卦辭曰「朋來无咎」，故「元吉，无咎」，震爲二月卦，《尚書・堯典》:「日中星鳥」〔註 113〕、「敬授人時」〔註 114〕，「日中」指春分之際，「星」爲南方朱雀七宿之一，「鳥」爲朱雀，當春分時節，星宿升至南方中天，君王需懷著恭敬之心教授民眾時令變化，此時當以播種、耕作。此時即依震卦二月之時，亦爲《易緯・乾鑿度》八卦與節氣、月份相配之時。

第四節　爻位貴賤吉凶說

一卦體中由下至上有六個爻位，每個爻位各有貴賤、吉凶之別，筆者整理虞翻注文，於下文析論。

一、初爻之位

初爻爲爻位始出，其位不穩定又居於下，故有「賤」、「凶」之象，觀卦初六爻「童觀，小人无咎，君子吝。」注曰：

> 艮爲童，陰小人，陽君子；初位賤，以小人乘君子，故「无咎」；陽伏陰下，故「君子吝」矣。〔註 115〕

此乃闡明觀卦初爻之象，觀卦三至五爻互體爲艮，艮爲童，陰爻爲小人，陽爻爲君子，初六爲陰爻，居爻位最下，故曰「初位賤」，以初六之陰乘初爻下所伏之陽爻，曰「以小人乘君子」，故可知以「賤」稱初爻之位。

二、二爻之位

二爻位居下卦之中，未有初爻的初始不定之感，而常以「多譽」稱之，如臨卦九二爻「咸臨，吉，无不利。」注曰：

> 得中，多譽，兼有四陰，體復初元吉，故「无不利」。〔註 116〕

臨卦九二爻位得下卦之中位，故「多譽」。二爻之位以「多譽」稱之，又有

〔註 113〕〔唐〕孔穎達等奉勅撰：《尚書注疏》(臺北：藝文印書館《十三經注疏》，2001 年)，卷 2，頁 21。

〔註 114〕《周易集解》，卷 2，頁 21。

〔註 115〕同註 114，頁 113。

〔註 116〕同註 114，頁 110。

坤卦六四爻注曰：「陰在二多譽」〔註 117〕、大過卦九五爻注曰：「陰二在多譽」〔註 118〕、恆卦九二爻注曰：「動而得正，處中多譽」〔註 119〕、蹇卦初六爻注曰：「譽謂『二』，二多譽也」〔註 120〕、豐卦六五爻注曰：「『譽』謂二，二多譽」〔註 121〕、旅卦六五爻注曰：「『譽』謂二」〔註 122〕，二爻之位應爲陰爻而稱當位，由上可知，二爻之位不論爲陽爻或陰爻，並不影響二爻之位的「多譽」，九二之陽爻、六二之陰爻居處下卦中位者因「得中」而「多譽」。

天尊以五，地卑以二，陽爻以初、三、五爻爲當位，陰爻以二、四、上爲當位，故六個爻位中以五爻爲陽爻最上之位，爲君位、尊位，而以二爻爲地始之位，而《繫辭下傳》「天地設位」注曰：

> 天尊五，地卑二，故「設位」。〔註 123〕

天之尊貴而定於五爻，地之卑賤而立於二爻，以此稱爲「設位」，又《說卦傳》「天地定位」注曰：

> 謂乾、坤，五貴、二賤，故「定位」也。〔註 124〕

《繫辭下傳》、《說卦傳》虞翻注文以「天」爲乾天，爲尊、爲貴，貞定於五爻，「地」爲坤地，爲卑、爲賤，貞定於二爻，故二爻除了居中而「多譽」之外，因天地之位而二爻有「卑」、「賤」之意。

三、三爻之位

三爻之位居處上下卦之交而常多凶，如比卦六三爻「比之匪人」注曰：

> 「匪」，非也。失位无應，三又多凶，體剝傷象，弒父弒君，故曰「匪人」。〔註 125〕

比卦六三陰爻，失位而上爻又無以相應曰「三又多凶」，比卦初爻至五爻經「五爻連互」，或二爻至五爻經「四爻連互」皆可體剝之象，故三爻之凶如剝卦之「弒父弒君」而稱之「匪人」。又豫卦上六爻注曰：「三失位，无應，

〔註 117〕《周易集解》，頁 30。
〔註 118〕同註 117，頁 147。
〔註 119〕同註 117，頁 165。
〔註 120〕同註 117，頁 193。
〔註 121〕同註 117，頁 272。
〔註 122〕同註 117，頁 277。
〔註 123〕同註 117，頁 398。
〔註 124〕同註 117，頁 405。
〔註 125〕同註 117，頁 63。

多凶」〔註 126〕、益卦六三爻注曰：「三多凶」〔註 127〕，三爻以「凶」稱之。

三爻因居內卦、下卦，又以「賤」稱之，《雜卦傳》「謙輕。」注曰：

> 謙位三賤，故「輕」。〔註 128〕

又謙卦《彖傳》「謙，尊而光，卑而不可踰」注曰：「天道遠，故『尊、光』；三位賤，故『卑』；坎水就下，險弱難勝，故『不可踰』。」〔註 129〕因謙卦九三之陽係由「乾上九來之坤」〔註 130〕乾卦上九之陽降至坤卦三爻之位，上爻爲貴，三位爲賤，賤則輕之，賤則卑之。又小過卦《大象傳》注曰：「上貴三賤」〔註 131〕、《繫辭上傳》注曰：「以上之貴下居三賤」〔註 132〕，皆以三位爲「賤」。

四、四爻之位

四爻爲下卦升至上卦之初，故四爻「多懼」，履卦九四爻「履虎尾，愬愬，終吉。」注曰：

> 體與下絕，四多懼，故「愬愬」。變體坎，得位、承五、應初，故「終吉」。〔註 133〕

履卦九四爻辭「體與下絕」係指九四爻居上、下卦分離之際，故「四多懼」，又履卦九五爻注曰：「謂三、上已變」〔註 134〕又九四陽爻失位而變，故得一新卦體「需」，需卦上卦爲坎，變而體坎，六四陰爻得位、承五，與初爻相應，故「終吉」。又頤卦初九爻注曰：「謂四失離入坤，遠應多懼，故『凶』矣。」〔註 135〕、遯卦九四爻注曰：「陰在四多懼」〔註 136〕、震卦卦辭注曰：「四失位，多懼」〔註 137〕皆同其義。遇難解之事「多懼」，而易生「多咎」，如坤卦六四爻「括囊、无咎、无譽。」注曰：

〔註 126〕《周易集解》，頁 99。
〔註 127〕同註 126，頁 207。
〔註 128〕同註 126，頁 442。
〔註 129〕同註 126，頁 93。
〔註 130〕同註 126，頁 91。
〔註 131〕同註 126，頁 299。
〔註 132〕同註 126，頁 329。
〔註 133〕同註 126，頁 72。
〔註 134〕同註 126，頁 72。
〔註 135〕同註 126，頁 143。
〔註 136〕同註 126，頁 169。
〔註 137〕同註 126，頁 250。

「括」結也，謂泰反成否，坤爲囊，艮爲手，巽爲繩，故「括囊」。

在外多咎也，……〔註 138〕

以「十二月消息卦」而言，陽息至三爻爲泰卦，泰卦爲「天地交，萬物通」〔註 139〕，今爲四爻爻辭「括囊」，有不通之意，故泰卦互反爲否卦，否卦下卦爲坤，坤爲囊，二至四爻互體爲艮，艮爲手，三至五爻互體爲巽，巽爲繩，以手持繩結囊爲「括囊」，四爻位居外卦，「在外多咎」謂否卦四爻居於外卦而多所災咎。

四爻居上、下卦之交，有進退兩難之象，旅卦卦辭「小亨，旅貞吉。」注曰：

……再言「旅」者，謂四凶惡，進退无恆，無所容處，故再言「旅」，惡而愍之。〔註 140〕

旅卦九四之爻，因處上下相會而「進退无恆」、「无所容處」，四爻之陽凶惡且旅行在外，人既厭惡又憐憫，四爻之位進退兩難、無所相容，故以「凶惡」稱之，又《繫辭下傳》注曰：「困本咸……爲四所困，四失位惡人」〔註 141〕困卦四爻失位，以惡人稱之，係因四爻之位有進退無恆、凶惡之象。

五、五爻之位

五爻位居君位、尊位，而以「多功」稱之，需卦《彖傳》「『利涉大川』，往有功也。」注曰：

謂二失位，變而涉坎，坎爲大川；得位應五，故「利涉大川」。五多功，故「往有功也」。〔註 142〕

需卦二爻失位而變動，變而成既濟卦，既濟卦二爻至四爻互體爲坎，坎爲大川，變動後二爻得位應五，利涉大川，五爻多功，二爻與五爻得以相應，二爻往而有功。五爻之位爲「多功」，又師卦上六爻《小象傳》注曰：「謂五多功」〔註 143〕、比卦九五爻注曰：「五貴多功」〔註 144〕、隨卦九四爻《小象

〔註 138〕《周易集解》，頁 30。
〔註 139〕同註 138，頁 75。
〔註 140〕同註 138，頁 274。
〔註 141〕同註 138，頁 373。
〔註 142〕同註 138，頁 48。
〔註 143〕同註 138，頁 60。
〔註 144〕同註 138，頁 64。

傳》注曰：「『功』謂五也」〔註 145〕、坎卦《彖傳》注曰：「『功』謂五」〔註 146〕、蹇卦《彖傳》注曰：「五多功」〔註 147〕、漸卦《彖傳》注曰：「『功』謂五」〔註 148〕、巽卦六四爻注曰：「五多功」〔註 149〕、《繫辭上傳》注曰：「至五多功」〔註 150〕、《繫辭上傳》注曰：「五多功……五多功」〔註 151〕、《雜卦傳》注曰：「五之正爲功」〔註 152〕，五爻「多功」又可稱之爲「功」。

五爻居貴位，故又以「貴」名之，蒙卦六五爻「童蒙，吉。」注曰：

> 艮爲童蒙。處貴承上，有應於二，動而成巽，故「吉」也。〔註 153〕

蒙卦上卦爲艮，艮有童蒙之逸象，六五爻位居貴而承上爻，與二爻相應，「處貴」之「貴」即指五爻之位，又如歸妹卦六五爻《小象傳》注曰：「五貴」〔註 154〕、旅卦卦辭注曰：「『小』謂柔，得貴位而順剛」〔註 155〕、《繫辭上傳》注曰：「謂乾正位於五，五貴、坤富」〔註 156〕、《繫辭下傳》注曰：「五貴」〔註 157〕、《說卦傳》注曰：「謂乾、坤，五貴、二賤」〔註 158〕，皆以五爻爲「貴」，貴則尊之，貴而富之，又《繫辭下傳》注曰：「天尊五」〔註 159〕、小畜卦九五爻注曰：「五貴稱『富』」〔註 160〕。

五爻有尊貴、富貴之意，而延伸爲「喜」、「慶」，如大畜卦六四爻《小象傳》「六四『元吉』，有喜也。」注曰：

> 得位承五，故「元吉」而「喜」。「喜」謂五也。〔註 161〕

大畜卦四爻爲陰，得位，五爻變動之正後，四爻之陰承五爻之陽，九五陽爻

〔註 145〕《周易集解》，頁 104。
〔註 146〕同註 145，頁 149。
〔註 147〕同註 145，頁 192。
〔註 148〕同註 145，頁 259。
〔註 149〕同註 145，頁 280。
〔註 150〕同註 145，頁 313。
〔註 151〕同註 145，頁 329～330。
〔註 152〕同註 145，頁 445。
〔註 153〕同註 145，頁 46。
〔註 154〕同註 145，頁 267。
〔註 155〕同註 145，頁 274。
〔註 156〕同註 145，頁 350。
〔註 157〕同註 145，頁 378。
〔註 158〕同註 145，頁 405。
〔註 159〕同註 145，頁 398。
〔註 160〕同註 145，頁 68。
〔註 161〕同註 145，頁 139。

則曰「喜」。又豐卦六五爻「來章，有慶譽，吉。」注曰：

> 在內稱「來」，「章」顯也；「慶」謂五，陽出稱「慶」也；「譽」謂二，二多譽；五發得正則來應二，故「來章有慶譽吉」也。〔註162〕

豐卦五爻之陰變動得正而稱「慶」，如兌卦九四爻《小象傳》「九四之『喜』，有慶也。」注曰：「陽為慶，謂五也。」〔註163〕，五爻多以「多功」、「富」、「貴」、「尊」、「喜」、「慶」等稱說爻位貴賤吉凶，而五爻之位當居陽爻為正，除歸妹卦六五爻《小象傳》注曰：「五貴」〔註164〕、旅卦卦辭注曰：「『小』謂柔，得貴位而順剛」〔註165〕等例，其餘皆以五爻為陽或之正為陽而有「尊貴」、「吉祥」之意，故知爻位貴賤吉凶與奇偶之位當不當位有其關係。

六、上爻之位

爻位之極為上爻，其位居上則貴，故以「貴」稱之，鼎卦上九爻「鼎玉鉉，大吉，无不利。」注曰：

> 「鉉」謂三，乾為玉鉉；體大有上九，自天右之；位貴據五，三動承上，故「大吉，无不利」。〔註166〕

鼎卦三爻曰「鉉」，二至四爻互體為乾，乾為玉鉉，又二至上爻經「五爻連互」體大有卦，大有卦上九爻「自天祐之」，上爻位貴且據五爻之陰，三爻之陽經變動而與上爻相應、相承，故知上爻以「貴」稱之。又小過卦《大象傳》注曰：「上貴三賤」〔註167〕、《繫辭上傳》注曰：「坎以上之貴下居三賤」〔註168〕、《繫辭上傳》注曰：「天尊故『貴』……在上故『高』」〔註169〕，皆以上爻為「貴」，又居爻位最高而稱「高」。

爻位之貴賤、吉凶於《易傳》中已有明敘，《繫辭下傳》曰：「二與四同功而異位，其善不同，二多譽，四多懼，近也。柔之為道，不利遠者，其要无咎，其用柔、中也。」〔註170〕王弼注曰：「四之多懼，以近君也，柔之為道，

〔註162〕《周易集解》，頁272。
〔註163〕同註162，頁284。
〔註164〕同註162，頁267。
〔註165〕同註162，頁274。
〔註166〕同註162，頁249。
〔註167〕同註162，頁299。
〔註168〕同註162，頁329。
〔註169〕同註162，頁330。
〔註170〕同註162，頁175。

須援而濟，故有不利遠者，二之能无咎，柔而處中也。」〔註171〕二爻為柔居中，雖處下卦而能無其災咎，四爻雖居上卦，王弼認為係因接近五爻君位而當所戒懼，二爻與四爻居中而為「同功」，但因爻位與君位遠近不同而曰「其善不同」。又《繫辭下傳》曰：「三與五同功而異位，三多凶，五多功，貴賤之等也。其柔危，其剛勝邪。」〔註172〕王弼注曰：「三、五陽位，柔非其位，處之則危，居以剛健，勝其任也，夫所貴剛者，閑邪存誠，動而不違其節者也。所貴柔者，含弘居中，順而不失其貞者也，若剛以犯物則非剛之道，柔以卑佞則非柔之義也。」〔註173〕三、五爻位皆為陽位，故以剛健之陽為當道，又三爻居下卦而多凶，五爻處上卦之中而多功，係其「貴賤之等」。

《繫辭下傳》所謂「二與四同功而異位」、「三與五同功而異位」不僅需觀「同功」，更要察覺「異位」兩字，「異位」係闡明二爻與四爻、三爻與五爻其位之不同，更需以一卦六爻由下而上之對應關係，爻位居中與否，其位處上卦或下卦等問題全盤以觀，二爻、四爻以柔為當位，但因「異位」而各自善惡吉凶大相逕庭，而三爻與五爻亦與此同，此外，《繫辭下傳》未提及初爻與上爻之關係，從虞翻爻位吉凶貴賤之說可知下卦之初爻、二爻、三爻皆值發展之中而有「賤」之意，二爻居下卦之中，以陰爻為正，三爻與四爻時值上、下卦交替之際，故變動不拘而三爻「多凶」、四爻「多懼」，四爻「多懼」尚因近五爻尊位，五爻「多功」且「富」、「貴」、「喜」、「慶」，上爻則常「貴」、居「高」，綜合六爻之位，如觀人世處事發展由始而終，事物本初雖起始困難，但處發生之始，變化萬千而有各種不同可能性，故其位雖見卑微但卻有各種發展可能，至二爻居中，若又為陰爻則行事順暢，如人之居下處劣卻行其正道，亦可得到嘉譽，至三爻與四爻，如事情發展中期正值轉移變易而萬事萬物皆戒慎恐懼，故三爻於變動之前則多凶、又居下位則如同初爻、二爻其位卑賤，變動過後之四爻又近尊高之位，則行事多所畏懼，事多災咎、凶惡，至五爻尊位，若值陽爻居其位，如事物經凶咎後居尊位，名副其實則得其富貴，多喜慶之事，最終至其上爻，位已過尊君，但仍擁有貴位且其位尚高，是故虞翻認為行事處世最當位暢順即九五之位，歷煉萬千而發展至高，以此借喻人生修養之境，遇事面對之態度皆可以此為借鏡。

〔註171〕《周易正義》，頁175。
〔註172〕同註171，頁175。
〔註173〕同註171，頁175。

第五節　人事貴賤爻位說

《易緯‧乾鑿度》卷上：「初爲元士，二爲大夫，三爲三公，四爲諸侯，五爲天子，上爲宗廟。凡此六者，陰陽所以進退，君臣所以升降，萬人所以爲象則也，凡此六者，故陰陽有盛衰，人道有得失，聖人因其象、隨其變爲之設卦。方盛則托吉，人道有得失。」〔註 174〕由初至上的爻位比附人事位階之上下貴賤，以初爻爲元士之位，二爻爲大夫之位，三爻爲三公之位，四爻爲諸侯之位，五爻爲天子之位，上爻爲宗廟之位。

《京氏易傳》中談至每卦則常言爻位，如姤卦曰：「元士居世」〔註 175〕，遯卦曰：「大夫居世」〔註 176〕，乾卦曰：「九三三公爲應」〔註 177〕，京房亦以六種不同貴賤之位來說明人事上下之別。但虞翻《易》注中除初爻未有以人事貴賤吉凶說明之外，其餘諸爻皆有其注。

一、二爻：「大夫之位」

「二爲大夫」，二爻本指大夫之位，而虞翻以「家」稱之，如蒙卦九二爻「包蒙吉，納婦吉，子克家。」注曰：

> ……二稱「家」。震爲長子，主器者，納婦成初，故有子克家也。〔註 178〕

又師卦上六爻注曰：「二稱家」〔註 179〕、大畜卦卦辭注曰：「二稱家」〔註 180〕、家人卦九五爻《小象傳》注曰：「二稱家」〔註 181〕，二爻爲大夫之位，大夫又稱之爲「家」，故「二稱家」。

二、三爻：「三公之位」

「三爲三公」，係以三爻爲公位，如大有卦九三爻「公用亨于天子，小人

〔註 174〕《易緯八種》，頁 67。

〔註 175〕〔漢〕京房撰；〔吳〕陸績註：《京氏易傳》（臺北：臺灣商務印書館《四部叢刊》影印上海商務印書館縮印天一閣刊本，1976 年），卷上，頁 2。

〔註 176〕同註 175，卷上，頁 2。

〔註 177〕同註 175，卷上，頁 1。

〔註 178〕《周易集解》，頁 45。

〔註 179〕同註 178，頁 60。

〔註 180〕同註 178，頁 137。

〔註 181〕同註 178，頁 186。

弗克。」注曰：

> 「天子」謂五。三，公位也。「小人」謂四。二變得位，體鼎象，故「公用亨于天子」。……〔註 182〕

五爻曰天子，三爻曰公位，大有卦二爻變動而成離卦，離卦由二至上爻經「五爻連互」則體鼎卦，因此曰「公用亨于天子」天子設宴款請公侯。以三爻稱「公」尚有解卦上六爻「公用射隼于高墉之上」注曰：「上應在三，『公』謂三伏陽也；離爲隼，三失位，動出成乾，貫隼入大過死象」〔註 183〕、益卦六三爻「有孚，中行告公用圭。」注曰：「『公』謂三伏陽也，三動體坎，故『有孚』；震爲行〔註 184〕，爲告，位在中，故曰『中行』；三，公位，乾爲圭，乾之三，故『告公用圭』；『圭』，桓圭也。」〔註 185〕、益卦六四爻「中行告公從」注曰：「『中行』謂正，位在中，震爲行、爲從，故曰『中行』。『公』謂三，三、上失位，四利三之正，已得以爲實，故曰『告公從』矣。」〔註 186〕、小過卦六五爻「公弋取彼在穴」注曰：「『公』謂三也，『弋』矰繳射也，坎爲弓彈，離爲鳥矢，弋無矢也，巽繩連鳥，弋人鳥之象，艮爲手，二爲穴，手入穴中，故『公弋取彼在穴』也。」〔註 187〕、《繫辭下傳》「《易》曰：『公用射隼于高墉之上，獲之，无不利。』」注曰：「……『人』則公，三應上，故上令三出而射隼也。三伏陽爲君子……」〔註 188〕，三爻係以陽爻爲公，六三陰爻下所伏之陽或三爻與上爻經互易後之陽，故知「三爲三公」係以三爻爲陽作爲前提而論。而以「文王」來比喻三公，如明夷卦《彖傳》「內文明而外柔順，以蒙大難，文王以之。」注曰：

> 「以」用也，三喻文王；「大難」謂坤，坤爲弒父，迷亂荒淫若紂殺比干；三幽坎中，象文王之拘羑里；震爲諸侯，喻從文王者；紂懼

〔註 182〕《周易集解》，頁 90。

〔註 183〕同註 182，頁 198。

〔註 184〕《周易集解》原文爲：「震爲中行。」張惠言《張惠言易學十書・周易虞氏義》云：「震爲行，爲告，中字誤衍耳。」張惠言著：《張惠言易學十書》（臺北：廣文書局，1977 年），頁 192。震有行之逸象，且後文「位在中」，係指益卦從初爻至上爻之全卦而言，三爻爲全卦爻之中位，與二爻、五爻於下卦、上卦之中位，其意不同，然既後文又再次言說「位在中」，可見前文「震爲中行」之「中」爲衍文，故當從張惠言之說。

〔註 185〕同註 182，頁 207。

〔註 186〕同註 182，頁 207。

〔註 187〕同註 182，頁 302。

〔註 188〕同註 182，頁 374。

出之，故「以蒙大難」得身全矣。〔註 189〕

明夷卦內卦為離，離為文明，外卦為坤，坤為柔順，曰「內文明而外柔順」，又坤為弒父，此亂象如紂殺比干，明夷卦二至四爻互體為坎，坎為獄，相傳紂將文王拘於羑里，三至五爻互體為震，震為諸侯，文王受諸侯愛戴而為長，故從文王，三為三公之位，此例以三爻比喻文王。

三、四爻：「諸侯之位」

「四為諸侯」即四爻為諸侯之位，如觀卦六四爻「觀國之光，利用賓于王。」注曰：

> 坤為國，臨陽至二，天下文明；反上成觀，進顯天位，故「觀國之光」。「王」謂五陽，陽尊賓坤，坤為用、為臣，四在王庭，賓事於五，故「利用賓于王」矣。《詩》曰：「莫敢不來賓，莫敢不來王。」是其義也。〔註 190〕

觀卦下卦為坤，坤有國之逸象，觀卦與臨卦互反，以「十二月消息」而觀，臨卦陽息至二爻，乾卦九二爻《文言傳》曰：「見龍在田，天下文明。」〔註 191〕故曰「天下文明」，臨卦互反而成觀卦，二爻則為五爻之天位，觀卦九五為陽則稱「王」，觀卦下卦為坤，二至四爻互體亦為坤，坤為用、為臣，「四在王庭」即因五爻為王，四爻為五爻之先則四爻為王之門庭，門庭常駐坤臣，此臣即指「諸侯」之屬，諸侯之賓從而輔佐九五之王。故知虞翻雖未直言「四為諸侯」，但從「『王』謂五陽……四在王庭，賓事於五。」可推知以四爻為諸侯之位。

四、五爻：「天子之位」

「五為天子」五爻為天子之位，虞翻將「天子」另以「王」、「帝位」、「天」、「天位」、「大人」、「乾君」、「尊」等稱之，如大有卦九三爻「公用亨于天子，小人弗克。」注曰：

> 「天子」謂五。三，公位也。「小人」謂四。二變得位，體鼎象，故

〔註 189〕《周易集解》，頁 178。
〔註 190〕同註 189，頁 114。
〔註 191〕《周易正義》，頁 16。

「公用亨于天子」。……〔註192〕

五爻爲天子，三爻爲三公，大有卦九三之公經二爻變動而有享宴之鼎象，於是三公受五爻天子之請宴。又以五爻稱「王」，如比卦九五爻「王用三驅，失前禽。」注曰：

坎五稱「王」。……〔註193〕

比卦上卦爲坎，坎中五爻爲人事貴賤之「王」位，又渙卦九五爻「渙汗其大號，渙王居，无咎。」注曰：「五爲王」〔註194〕。以五爻爲「帝位」，如履卦《彖傳》「剛中正，履帝位而不疚，光明也。」注曰：

「剛中正」，謂五。謙震爲帝，五帝位，坎爲疾病，乾爲大明；五履帝位，坎象不見，故「履帝位而不疚，光明也」。〔註195〕

闡明履卦五爻既處中位又得正，履卦與謙卦爲旁通，謙卦三至五爻互體爲震，震爲帝，五爻爲帝位，謙卦二至四爻互體爲坎，坎爲疾病，履卦上卦爲乾，乾爲大明，履卦五爻居帝位而謙卦之坎象則不見，故無疾病災咎，反而有乾之光明，此例係以五爻爲「帝位」。五爻又爲「天」，如无妄卦《彖傳》「天命不祐，行矣哉？」注曰：

「天」，五也；巽爲命，「右」，助也；四已變，成坤，天道助順，上動逆乘巽命，故「天命不右，行矣哉」，言不可行也。馬君云：天命不右行，非矣。〔註196〕

无妄卦「天」指五爻，又革卦《彖傳》「湯武革命，順乎天而應乎人；革之時大矣哉！」注曰：「『湯武』謂乾，乾爲聖人，『天』謂五，『人』謂三，四動順五應三，故『順天應人』；巽爲命也。」〔註197〕革卦三至五爻互體爲乾，乾爲聖人，五爻稱「天」，三爻爲「人」，四爻之陽變動而成陰，故順五爻之天、應三爻之人，曰「順天應人」，此處需注意即「天」、「人」係在說明「三才」之「天、地、人」，或係人事貴賤之爻位？「三才」中以初爻、二爻爲地，三爻、四爻爲人，五爻、上爻爲天，因此以「三才」角度觀之，但漢代有「天授君權」思想，將「天子」、「王」爲「天」之代理者，此說亦可通，

〔註192〕《周易集解》，頁90。
〔註193〕同註192，頁64。
〔註194〕同註192，頁290。
〔註195〕同註192，頁70。
〔註196〕同註192，頁134。
〔註197〕同註192，頁241。

又觀卦《彖傳》「大觀在上，順而巽，中正以觀天下。」注曰：「……五以天神道觀示天下，咸服其化，賓於王庭。」〔註 198〕觀卦五爻之「天」神道示昭於天下，使天下眾民皆順服之教化，歸從於王庭，此以五爻爲「天」之位。然「天」又可直稱「天位」，如觀卦六四爻「觀國之光，利用賓于王。」注曰：

> 坤爲國，臨陽至二，天下文明；反上成觀，進顯天位，故「觀國之光」。……〔註 199〕

觀卦四爻若再前進而上至「天位」，故以五爻爲「天位」。又賁卦《彖傳》「天文也。」注曰：「謂五；利變之正，成巽體離；艮爲星，離日坎月，巽爲高，五天位，離爲文明，日月星辰高麗於上，故稱天之文也。」〔註 200〕、坎卦《彖傳》「天險不可升也」注曰：「謂五在天位，五從乾來，體屯難，故『天險不可升也』。」〔註 201〕、明夷卦《彖傳》「『利艱貞』，晦其明也，內難而能正其志，箕子以之。」注曰：「……五，乾天位……」〔註 202〕上文皆以五爻爲天位。

五爻或以「大人」稱之，如離卦《大象傳》「明兩作，離；大人以繼明照于四方。」注曰：

> ……陽氣稱大人，則乾五大人也；乾二、五之光繼日之明，坤爲方，二、五之坤，震東兌西，離南坎北，故曰「照于四方」。〔註 203〕

乾卦二、五兩爻之往坤卦二、五之位而成離卦、坎卦，「陽氣稱大人，則乾五大人也」指坎卦之九五，以五爻爲「大人」之位，其例尚有坎卦《彖傳》「天險不可升也」注曰：「……『王公』，大人，謂乾五……」〔註 204〕、蹇卦卦辭「利西南，不利東北；利見大人；貞吉。」注曰：「……離爲見，『大人』謂五，二得位應五，故『利見大人』……」〔註 205〕、蹇卦《彖傳》「『利見大人』，往有功也。」注曰：「『大人』謂五……」〔註 206〕、蹇卦上六爻「往蹇，來碩，

〔註 198〕《周易集解》，頁 112。
〔註 199〕同註 198，頁 114。
〔註 200〕同註 198，頁 120。
〔註 201〕同註 198，頁 150。
〔註 202〕同註 198，頁 178。
〔註 203〕同註 198，頁 154～155。
〔註 204〕同註 198，頁 149～150。
〔註 205〕同註 198，頁 191。
〔註 206〕同註 198，頁 192。

吉，利見大人。」注曰：「……『大人』謂五，故『利見大人』矣。」〔註 207〕、萃卦卦辭「利見大人，亨，利貞」注曰：「『大人』謂五，三、四失位，利之正，變成離，離爲見，故『利見大人，亨，利貞』」〔註 208〕、升卦卦辭「元亨，用見大人，勿恤，南征吉。」注曰：「……謂二當之五爲大人，離爲見，坎爲恤，二之五得正，故『用見大人，勿恤』……」〔註 209〕、困卦卦辭「亨，貞大人吉，无咎」注曰：「……『貞大人吉』謂五也，在困无應，宜靜則无咎，故『貞大人吉，无咎』。」〔註 210〕、革卦九五爻「大人虎變」注曰：「乾爲大人，謂五也；蒙坤爲虎變」〔註 211〕、巽卦卦辭「小亨，利有攸往，利見大人。」注曰：「……『大人』謂五，離目爲見；二失位，利正，往應五，故『利有攸往，利見大人』矣。」〔註 212〕、《繫辭上傳》「古之聰明睿知神武而不殺者夫！」注曰：「謂大人也；庖犧在乾五……」〔註 213〕。五爻又可稱爲「乾君」，如革卦上六爻《小象傳》「『君子豹變』，其文蔚也；『小人革面』，順以從君也。」注曰：

> 「蔚」蔇也，兑小，故「其文蔚也」；乾君，謂五也，四變順五，故「順以從君也」。〔註 214〕

革卦以五爻爲乾君之位，故又有「尊」之義，如離卦六五爻「出涕沱若，戚嗟若，吉。」注曰：「……動而得正，尊麗陽，故『吉』也。」〔註 215〕離卦六五之陰動而之正，而爲九五之尊，五爻爲天子、爲王，故爲無上尊崇之位，此「尊」字即由五爻在人事貴賤爻位中所延伸。

五、上爻：「宗廟之位」

「上爲宗廟」上爻爲宗廟之位，虞翻以「貴」稱之，如謙卦《彖傳》「天道虧盈而益謙」注曰：

> 謂乾盈履上，虧之坤三，故「虧盈」；貴處賤位，故「益謙」。

〔註 207〕《周易集解》，頁 194。
〔註 208〕同註 207，頁 221。
〔註 209〕同註 207，頁 225。
〔註 210〕同註 207，頁 229。
〔註 211〕同註 207，頁 243。
〔註 212〕同註 207，頁 278。
〔註 213〕同註 207，頁 347。
〔註 214〕同註 207，頁 244。
〔註 215〕同註 207，頁 156。

〔註 216〕

謙卦卦辭虞翻注曰「乾上九來之坤」，即乾卦上九之爻來至坤卦三爻之位而成謙卦，上爻爲貴卻移至三爻之賤位，上爻居五爻天子之上，以爲宗廟之位，故以「貴」稱之。

第六節　道德修養

一、以乾通坤，進德脩業

虞翻言道德修養由卦爻彼此相應關係以明之，如乾卦《文言傳》「子曰：君子進德修業。」注曰：

> 乾爲德，坤爲業；以乾通坤，謂爲「進德脩業」。〔註 217〕

以乾象爲德，坤象爲業，乾卦旁通坤卦則言「進德脩業」，又蹇卦《大象傳》「山上有水，蹇；君子以反身脩德。」注曰：

> 「君子」謂觀乾，坤爲身，觀上反三，故「反身」；陽在三進德脩業，故「以反身脩德」。孔子曰：「德之不脩，是吾憂也。」〔註 218〕

蹇卦係由觀卦上爻反至三爻，觀卦下卦爲坤，坤爲身，曰「反身」，蹇卦三爻之「進德脩業」爲觀卦上爻之陽至三爻之陰，故曰「以反身脩德」。又如震卦《大象傳》「洊雷，震；君子以恐懼脩省。」注曰：「『君子』謂臨二，二出之坤四，體以脩身，坤爲身；二之四，以陽照坤，故『以恐懼脩省』。老子曰：『脩之身，德乃眞』。」〔註 219〕藉由臨卦二爻之陽至四爻之位而成震卦，以二爻之陽照耀上卦之坤身，而「恐懼脩省」，如《老子》：「修之身，其德乃眞。」〔註 220〕所謂脩養需落實於自身，德性才會純眞。

虞翻於「乾爲德」基礎上指出凡是陽爻皆言「德」，《繫辭下傳》「是故履，德之基也；謙，德之柄也；復，德之本也；恆，德之固也。」注曰：

> 乾爲德，履與謙旁通，坤柔履剛，故「德之基」：坤爲基。坤爲柄，「柄」本也；凡言「德」者，皆陽爻也。復初，乾之元，故「德之

〔註 216〕《周易集解》，頁 92。
〔註 217〕同註 216，頁 11。
〔註 218〕同註 216，頁 192～193。
〔註 219〕同註 216，頁 251。
〔註 220〕陳錫勇先生著：《老子校正》（臺北：里仁書局，2003 年），頁 82。

> 本也」。立不易方，守德之堅固。〔註221〕

乾爲德，履卦上卦爲乾，故履卦爲「德之基」，履卦旁通謙卦，謙卦上卦爲坤，坤柔下伏履卦之乾剛，曰「坤柔履剛」，坤爲柄，故謙卦爲「德之柄」，復卦初爻爲陽，係爲乾陽之始，故復卦爲「德之本」，恆卦《大象傳》曰：「君子以立不易方」〔註222〕，故恆卦爲「德之固」，其中所有「德」相關者皆爲陽爻。又如乾卦《文言傳》「君子以成德爲行，日可見之行也。」注曰：

> 謂初。乾稱「君子」，陽出成爲上德，雲行雨施則成離，日新之謂上德，故「日可見之行」。〔註223〕

乾卦二爻、四爻、上爻變動之正後，乾卦變而爲既濟卦，既濟卦上卦爲坎，二至四爻互體爲坎，下卦爲離，三至五爻互體爲離，離爲日，兩離相連爲「日新」，又《繫辭上傳》曰：「日新之謂盛德。」〔註224〕「盛德」爲「上德」，故言「日新之謂上德」。乾卦初爻之陽即高尚之品德，兩離之日則爲日又繼日，日新之象亦如崇高之品格，因此可知虞翻以乾陽爲德，離日象徵君子終日乾乾而同乾陽之「上德」。虞翻所謂「君子」係爲「君子黃中通理，正位居體」〔註225〕君子如色之黃爲中色，具有中和之德性，能通達事理，居正位而行事，君子爲有德之士，有德之士則「默而成，不言而信，存於德行者也」〔註226〕，有德者行止皆有德，默默地做而有成就，行德是不需要透過言語即能使人信任他。

二、乾坤直方之源：持敬行義

乾坤各有動靜之性，乾體運動之際則正直，靜止時則專致於一，坤體運動則展開，靜止時則閉合，但如何養成「直」、「方」之性？坤卦《文言傳》「『直』，其正也；『方』，其義也；君子敬以直內，義以方外，敬義立而德不孤。」注曰：

> 謂二。陽稱「直」，乾，其靜也專，其動也直，故「直其正」。「方」謂闢，陰開爲方，坤，其靜也翕，其動也闢，故「方其義也」。陽息

〔註221〕《周易集解》，頁385～386。
〔註222〕《周易正義》，頁84。
〔註223〕同註221，頁19。
〔註224〕同註222，頁149。
〔註225〕同註221，頁315。
〔註226〕同註221，頁340。

在二，故「敬以直內」；坤位在外，故「義以方外」。謂陽見兑丁，西南得朋，乃與類行，故「德不孤」，孔子曰：「必有鄰」也。〔註 227〕

「陽息在二」係以十二月消息卦而言，陽爻息長至二爻，陽之動爲正直，涵養出正直之性爲「持敬」，君子行事心存其敬，曰「敬以直內」，「坤位在外」係指坤卦二爻現於外，坤卦運動而開展成方，曰「陰開爲方」，坤方之性係「行義」所養蘊而來，方正不苟之性爲處事合宜所育養而成。又以「月體納甲」說明「陽見兌丁，西南得朋，乃與類行」，陽息至二而成臨卦，臨卦下卦爲兌，《說卦傳》：「兌，正秋也，萬物之所說也，故曰說言乎兌。」〔註 228〕以兌値西方，「月體納甲說」兌納丁，丁位處南，故陽息至二則於西方、南方得其友朋，君子不論動靜皆行德，持以恭敬之心而涵養直之品格，處事得宜而蘊含方之性格，君子持敬行義皆順氣，爲氣化流順暢通之狀而氣息相近必相通，故《論語・里仁》曰：「德不孤，必有鄰。」〔註 229〕，乾、坤各有動靜之性，稟持不同方法來涵養氣性皆異的本性，體證殊異形類有獨立存在義。

三、「居寬行仁，德博而化」

人之二氣五行皆異，虞翻主張透過後天講習，時時教化習染而使氣質清暢，《序卦傳》「兌者，說也。」注曰：

兑爲講習，故學而時習之，不亦説乎？〔註 230〕

又兌卦《大象傳》「麗澤，兌；君子以朋友講習。」注曰：

「君子」，大壯乾也；陽息見兑，學以聚之，問以辯之；兑二陽同類爲朋，伏艮爲友，坎爲習，震爲講，兑兩口對，故「朋友講習」也。〔註 231〕

前文兌卦《大象傳》：「君子以朋友講習」〔註 232〕，兌爲講習，學習後因時而進行驗證實習，故引《論語・學而》曰：「學而時習之，不亦說乎。」後文闡明兌卦係由大壯卦而來，大狀卦下卦爲乾，乾爲君子，兌卦陽息至二爻，說

〔註 227〕《周易集解》，頁 34～35。

〔註 228〕《周易正義》，頁 184。

〔註 229〕〔魏〕何晏注；〔宋〕邢昺疏：《論語注疏》（臺北：藝文印書館《十三經注疏》，2001 年），卷 4，頁 38。

〔註 230〕同註 227，頁 440。

〔註 231〕同註 227，頁 283。

〔註 232〕同註 228，頁 130。

明經由學習而匯聚知識，透過相互辯答而得其正道，兌卦以相鄰陽爻爲朋，兌卦下伏「艮」，艮有友之逸象，艮卦二至四爻互體爲坎，坎爲習，三至五爻互體爲震，震爲講，兌卦上、下兩兌，兌爲口，以卦中之象闡明「君子以朋友講習」。又如乾卦九二爻《文言傳》「君子學以聚之，問以辨之。寬以居之，仁以行之。」注曰：

> 謂二。陽在二，兑爲口，震爲言、爲講論，坤爲文，故「學以聚之，問以辯之」；兑《象》：君子以朋友講習。震爲寬，仁爲行；謂居寬行仁，德博而化也。〔註 233〕

以十二月消息卦而言，陽息至二則成臨卦，臨卦下卦爲兌，二至四爻互體爲震，上卦爲坤，兌爲口，震爲言、爲講習，坤爲文，曰「學以聚之，問以辯之」，互體之震則爲寬、爲仁，持寬與仁即知即行，不論本來氣性爲善爲惡，皆化掉境遇，使氣性回復本性之善，故曰「德博而化」。故知虞翻強調後天修養氣性之工夫，透過朋友聚會講習以匯集知識，以寬厚之心自處並力行仁愛，進而使道德廣博推展、化己爲善之氣性。

四、「天之所助者順，人之所助者信」

天道無欺而誠信如一，虞翻認爲人們若崇尚天之道而行必能得天所祐，如大有卦上九爻「自天祐之，吉无不利。」注曰：

> 謂乾也。「右」，助也。大有通比，坤爲自，乾爲天，兑爲右，故「自天右之」。比坤爲順，乾爲信；天之所助者順，人之所助者信，履信思順，又以尚賢，故「自天右之，吉无不利」。〔註 234〕

大有卦下卦爲乾，乾爲天，三至五爻互體爲兌，兌爲右，大有卦旁通比卦，比卦下卦爲坤，坤爲自，曰「自天右之」，又比卦之坤爲順，大有卦之乾爲天，「天之所助者順，人之所助者信」上天所祐助者爲順從之人，人之所能得到幫助係因誠信之緣故，天地宇宙終日乾乾，表徵道之無窮止境，無限方所，人若能遵循不變之天道來行事，天自庇佑之，因此天之常道環伺於身，人若順天則能應天，而人與人之間相處本爲誠信，因此人會相助守信之人，故履賤誠信而心存謙順，又能崇尚賢達，則天與人皆會幫助你增益其道。

〔註 233〕《周易集解》，頁 19。
〔註 234〕同註 233，頁 91。

五、「无咎者善補過」

處世行事本始則難，故需「蒙以養正，聖功也。」〔註 235〕此爲蒙卦卦辭之注文，認爲當處蒙昧之際，需涵養正道，此爲成就聖賢之工夫，又如《繫辭下傳》「夫乾，確然示人易矣。」注曰：

> 陽在初，弗用，確然无爲，潛龍時也；不易世，不成名，故「示人易」者也。〔註 236〕

陽在初爻如潛龍之時，剛健而無所用，不被世俗所易動，不被外名所牽制，所以能「不易世，不成名」即爲以正之道安處蒙昧之際。渡過潛龍弗用又有不得其時之際，坤卦《文言傳》「天地變化，草木蕃；天地閉，賢人隱。」注曰：

> 謂陽息坤成泰，天地反，以乾變坤，坤化升乾，萬物出震，故「天地變化，草木蕃」矣。謂四，泰反成否，乾稱賢人，隱藏坤中，以儉德避難，不榮以祿，故「賢人隱」矣。〔註 237〕

立於十二月消息卦而言說，陽息至三爻則成泰卦，泰卦互反爲否卦，否卦《彖傳》曰：「天地不交而萬物不通也，上下不交而天下无邦也；……小人道長，君子道消也。」〔註 238〕又《大象傳》曰：「以儉德避難，不榮以祿。」〔註 239〕否卦上卦爲乾，乾爲賢人，但否卦下卦之乾象隱於坤象之中，坤陰顯耀，乾陽則持守節儉之道以避其難，不可再享榮祿之利，此即謂「賢人隱」。君子賢人除避隱之時，平日應對應具憂懼意識，如泰卦九三爻「无平不陂，无往不復。」注曰：

> 「陂」，傾，謂否上也。「平」，謂三；天地分，故「平」。天成地平，謂危者使平，易者使傾。「往」謂消外，「復」謂息內。從三至上體復象，終日乾乾，反復道，故「无平不陂，无往不復也。」〔註 240〕

「陂」即傾之義，係闡明否卦上爻，否卦旁通於泰卦，泰卦三爻相應於否卦上爻，泰卦九三爻辭「陂」對應爲否卦上爻之「傾」，泰卦下卦乾，乾爲天，故三稱平，又泰卦下卦爲乾，上卦爲坤，乾天坤地而天地分明，《左傳・文公

〔註 235〕《周易集解》，頁 43。
〔註 236〕同註 235，頁 360。
〔註 237〕同註 235，頁 35。
〔註 238〕《周易正義》，頁 43。
〔註 239〕同註 238，頁 43。
〔註 240〕同註 235，頁 78。

十八年》曰：「地平天成」〔註241〕而此爲「天成地平」，「危者使平，易者使傾」即人具危懼意識，行事舉止皆謹慎則平安無事，若處事傲慢懈怠則易遭傾頽覆滅。又泰卦三至上爻經「四爻連互」而體復象，象徵君子終日剛健不息，時時刻刻當勉勵自己遵循其道。君子以他律規律來規範自己，使他律道德終日乾乾而化爲自律之德。又《繫辭上傳》「憂悔吝者存乎介，震无咎者存乎悔。」注曰：

> 「介」纖也，介如石焉，斷可識也，故「存乎介」，謂識小疵。「震」動也，有不善未嘗不知之，知之未嘗復行，无咎者善補過，故「存乎悔」也。〔註242〕

君子有不善之處皆自知，如斷然辨別石之瑕，期許自我不再重覆犯錯，故常言君子無其災咎，原因並不是眞的無咎而是善於將過錯補救而不再犯，故知虞翻認爲君子爲眞實生命之體，將自律道德規律化，偶有遇不善之事則積極地善加補救，換言之，君子是時間、空間下之實有個體，會經過不斷與外界互動對應而產生善與不善之可能，善則持續以恆，不善則斷然改過，故能免於災禍的發生。

六、「乾道變化，各正性命」

虞翻卦爻以《易》理說明「理」、「義」、「性」、「命」，《說卦傳》「和順於道德而理於義，窮理盡性以至於命。」注曰：

> 謂立人之道，曰仁與義，「和順」謂坤，「道德」謂乾，以乾通坤，謂之「理義」也。以乾推坤謂之「窮理」，以坤變乾謂之「盡性」，性盡理窮，故「至於命」；巽爲命也。〔註243〕

「以乾通坤」即乾卦旁通於坤卦，坤有理、義之逸象，故旁通後曰「理義」，「以乾推坤」係立於十二月消息卦而言，乾陽息長而使坤陰有所推移消盡，坤陰爲理，陽息則陰消，故曰「窮理」，「以坤變乾」係以坤陰改變乾陽，乾有性之逸象，故經由坤陰改變而乾陽消盡，曰「盡性」，坤陰消乾於初則爲姤卦，姤卦下卦爲巽，巽爲命，故極盡其性，窮究以理，而可致於命。虞翻以此解說「窮理盡性以致於命」，運用乾卦、坤卦彼此間互動闡明「窮理」、「盡

〔註241〕〔周〕左丘明傳；〔晉〕杜預注；〔唐〕孔穎達疏：《左傳》（臺北：藝文印書館《十三經注疏》，2001年），卷20，頁353。

〔註242〕《周易集解》，頁317。

〔註243〕同註242，頁404。

性」，以乾爲性，以坤爲理、爲義，因「窮理盡性」而後可「至於命」，虞翻以乾、坤爲氣化宇宙之開端，「乾始開道，以陽通陰」而生成天地萬物，乾、坤爲生成萬物之二個基本素質，透過兩者間相摩相盪而「性」、「理」皆於其中，當「盡性」、「窮理」後而「命」之朗現於前。又《說卦傳》「昔者聖人之作《易》也，將以順性命之理。」注曰：

> 重言「昔者」，明謂庖犧也。謂乾道變化，各正性命；以陽順性，以陰順命。〔註 244〕

「將以順性命之理」所指爲乾道之變化，萬物各得其性命，而陽以順從性，陰以順從命。虞翻乾陽有主宰義、先發義，乾陽爲始而終於坤陰，以陽爲變而陰爲化，故「以陽順性，以陰順命」乾陽以順從爲事物本性，而坤陰從順者即「窮理盡性」後之「命」，故由此又可證乾陽坤陰之主從先後關係。《說卦傳》「故水火相逮，雷風不相悖，山澤通氣，然後能變化，既成萬物也。」注曰：

> 謂乾變而坤化，乾道變化，各正性命，成既濟定，故「既成萬物」矣。〔註 245〕

以乾爲變、坤爲化，虞翻此文係以一卦六爻各居正位而言，乾卦初、三、五爻皆得正，而二、四、上爻失正，故需改易其位，六爻各正性命而成既濟卦，以既濟卦闡論卦體每爻皆符合爻位陰陽，而此即成萬物。以氣論思想而言即爲飛潛動植各展其能，天下萬物各司其職，各展其才，而非所有物類皆以單一或固定方式變動，當依二五相異之氣性尋求「各正性命」，奇位以陽爲正，偶位以陰爲正，萬事萬物皆有千萬不同之貞定正位，虞翻簡約以六爻正位象喻人世之各有既濟之定。

七、「保合大和」

君子之行爲動靜皆有其觀，觀卦《彖傳》「觀，『盥而不薦，有孚顒若』，下觀而化也。」注曰：

> ……孔子曰：「禘自既灌，吾不欲觀之矣。」巽爲進退，容止可觀，進退可度，則下觀其德而順其化；……〔註 246〕

〔註 244〕《周易集解》，頁 404～405。
〔註 245〕同註 244，頁 412。
〔註 246〕同註 244，頁 112。

觀卦上卦爲巽，巽爲進退，聖人舉止儀容可觀，進退動作有度，如馬融曰：「盥者，進爵灌地，以降神也，此是祭祀盛時；及神降薦牲，其禮簡略，不足觀也。」〔註 247〕酌酒灌地乃祭祀將盡，而後之薦牲，禮儀簡單則不足以觀，故孔子曰「禘自既灌，吾不欲觀之矣。」聖人一舉一動，眾民皆觀仰其德而學習其行、順從教化。又《繫辭下傳》「初率其辭而揆其方，既有典常，苟非其人，道不虛行。」注曰：

> ……「苟」誠也，「其人」謂乾爲賢人；神而明之，存乎其人，不言而信，謂之德行，故「不虛行」也。〔註 248〕

乾爲賢人，賢者透過精神而使道與之契合，賢者無需言語即得人信任，此爲賢者之德性。賢者自律其德使其規律化，眾人觀之則爲他律，殊不知他律道德已浸染賢者而成自律之德，故無需言說而人們皆信服。鼎卦《彖傳》「鼎，象也，以木巽火，亨飪也；聖人亨以享上帝，而大亨以養聖賢；巽而耳目聰明，柔進而上行，得中而應乎剛，是以『元亨』。」注曰：

> ……「大亨」謂天地養萬物，聖人養賢以及萬民，賢之能者稱聖人矣。……〔註 249〕

「大亨」即天地涵養萬物，聖人養育賢人與萬民，賢者與聖人之別在於賢中之上者則稱爲「聖人」，虞翻明確道出品德之別，道德崇高者爲聖人，聖人之下爲賢人，賢人之下爲眾民，此文所該注意之處乃在虞翻認爲聖人係人人皆可達之，若修養其德，動靜進退皆合於道德，與朋友講習而進德脩業，平日終日乾乾而謹慎行事，當遇潛龍之際，勿被外務所左右，知過補救而不貳過，持敬行仁，履信思順，以賢者與萬民爲養，能行之道者爲聖人，聖人所遇達之境界，如既濟卦之六爻得位，既濟卦卦辭注曰：「六爻得位，各正性命，保合大和」〔註 250〕既濟卦六爻皆得其位，每爻各自貞定其性命，且保持在最佳之和諧之境。

八、「聖人與天地合德，鬼神合吉凶」

漢代思想中以鬼神爲陰陽之屬，如《論衡・論死篇》曰：「鬼神，陰陽之

〔註 247〕《周易集解》，頁 112。
〔註 248〕同註 247，頁 391。
〔註 249〕同註 247，頁 246。
〔註 250〕同註 247，頁 302。

名也，陰氣逆物而歸，故謂之鬼；陽氣導物而生，故謂之神。」〔註 251〕陰氣因逆物而行，如人出生後回歸本初，而配以鬼，陽氣能順勢利導物之生長，故配以神。乾卦《文言傳》「與鬼神合其吉凶」注曰：

> 謂乾神合吉，坤鬼合凶，以乾之坤，故「與鬼神合其吉凶」。〔註 252〕

乾陽爲明，似神之屬，以道爲行則招吉，坤陰爲幽，似鬼之屬，不依道而行故致凶，「以乾之坤」即乾卦變成坤卦，乾卦與坤卦爲旁通，曰「與鬼神合其吉凶」。豐卦《彖傳》「天地盈虛，與時消息，而況于人乎！況于鬼神乎！」注曰：

> 五息成乾爲盈，四消入坤爲虛，故「天地盈虛」也；豐之既濟，四時象具，乾爲神人，坤爲鬼，鬼神與人亦隨時消息，謂人謀鬼謀，百姓與能，與時消息。〔註 253〕

豐卦上卦爲震，下卦爲離，三至五爻互體爲兌，豐卦四爻與五互易而成既濟卦，既濟卦上卦爲坎，震春、離夏、兌秋、坎冬，故四季之象皆具，豐卦五爻陽息而三至五爻互體爲乾，若四爻爲陰則豐卦上卦成坤，乾爲神人，坤爲鬼，鬼神、人隨時移易而消長，爲謀之於人、謀之於鬼，順隨天地宇宙時間推移來行動，係眾人皆可行之事，故知「與鬼神合其吉凶」具體作爲係先配合天地運轉、時間移易，隨陰陽消息、日月盈缺而有所行動，更是虞翻所謂的「天之所助者順」，「順」用於此處更可解釋的更加清楚，「順」並非失去主宰義地一昧順從，而是順從天時，當行則行，當止則止，其中更帶有敬天之涵意。又《繫辭上傳》「精氣爲物，遊魂爲變，是故知鬼神之情狀；與天地相似，故不違。」注曰：

> 「魂」陽物，謂乾神也；「變」爲坤鬼。乾純粹精，故主爲物；乾流坤體，變成萬物，故「遊魂爲變」也。乾神似天，坤鬼似地，聖人與天地合德，鬼神合吉凶，「故不違」。〔註 254〕

「魂」即陽物，所指乾神，「變」爲坤鬼，乾爲純粹而精妙，故主掌生成事物，乾天透過雲雨流動而使坤地化育萬物，曰「遊魂爲變」，聖人懂得與天地合德，與鬼神合吉凶，天人相感而相應，聖人與天地、鬼神、萬物能相感，是因萬物皆爲陰陽二氣所構成，虞翻以乾爲天、坤爲地，乾爲神，坤爲鬼，陰陽施

〔註 251〕黃暉撰：《論衡校釋》（北京：中華書局，2006 年），卷 20，頁 872。
〔註 252〕《周易集解》，頁 21。
〔註 253〕同註 252，頁 269。
〔註 254〕同註 252，頁 318。

行而生萬物，總以言之，天地宇宙萬物係爲乾陽坤陰之剛柔相摩相盪所造，彼此間有著可以溝通之相同元素、素質，此質素即爲陰陽二氣，故「此則大衍之數五十有五，著龜所從生，聖人以通神明之德，以類萬物之情」〔註 255〕大衍之數五十五，由此而生蓍筮、龜卜，聖人藉此與神明相通，比擬萬物各種情狀。又《繫辭上傳》「是以自天祐之，吉无不利。」注曰：

> 文王則庖犧，亦與天地合德，日月合明；天道助順，人道助信，履信思順，故「自天右之，吉无不利」也。〔註 256〕

《繫辭上傳》「古之聰明睿知神武而不殺者夫！」注曰：

> 謂大人也；庖犧在乾五，動而之坤，與天地合聰明，……〔註 257〕

《繫辭下傳》「往者屈也，來者信也，屈信相感而利生焉。」注曰：

> 「感」咸象，故「相感」。天地感而萬物化生，聖人感人心而天下和平，故「利生」;「利生」，謂陽出震，陰伏藏。〔註 258〕

文王效法庖犧而與天地合德、與日月同明，甚而與天地合其聰明，虞翻將庖犧、文王視爲聖人，天地相感而萬物化生，聖人可體天地之德，故感天地化生之德，進而感動人心則天下和平，曰「利生」，利生不僅僅言養育生化之功，更蘊涵著天地萬物其氣通暢、彼此相感相應，係爲氣化思想中以橫向地人我之同類相感，聖人秉持氣質清暢之善來感化氣質不順之惡，使不暢通之氣經教化習染爲清暢氣質，虞翻不強調內在善性存有與否，而是注重外在後天之養育教化工夫，更未以人生而爲聖人，人有蒙昧、潛龍、隱遯等不同時遇，君子若能持敬行義、履順思信、居寬行仁則能進德脩業，而爲賢者之賢的聖人，聖人能與天地同德，達其天人爲一。

虞翻《易》學以卦變爲大義，但《易》道之變不僅於卦變，由老陽、老陰之九六相變、陰陽爻變、蓍策之變、互反之變、旁通之變、初爻之變、權變闡釋眞實世界變動不居爲不變之理，萬物變動存有時間、空間之實體義，故虞翻十分重視「時」、「位」概念，以「時」之角度而觀，事物需趨時而動，萬物生養皆配以時節氣候，卦爻與季節時候相配而有卦氣說，以「位」之角度而察，體現於卦體六爻之上，初爻多賤、二爻多譽、三爻多凶、四爻多懼、五爻多功、上爻貴高，如同人世所遇之境，又以人事貴賤置於爻位之中，有

〔註 255〕《周易集解》，頁 345。
〔註 256〕同註 255，頁 316。
〔註 257〕同註 255，頁 347。
〔註 258〕同註 255，頁 371。

元士之位、大夫之位、三公之位、諸侯之位、天子之位、宗廟之位，將時間與空間相合而爲一個眞正氣化整體。然六十四卦中六爻皆正爲既濟，故虞翻以既濟卦爲變化之終極目標，失位之卦動而得正，以成既濟之定，筆者認爲虞翻成既濟定可視爲人之成聖，但聖人爲存在實體，時時處於時空推移之流，故不同於既濟卦之六位得正而不需再有所變動，聖者係終日乾乾，行事謹愼，是故有所別異。

實際人生道德修養，虞翻以乾坤卦象變化來加以說明，乾爲德、坤爲業，以乾通坤爲「進德脩業」，由此以觀，乾旁通坤係指彼此之互動相通，「進德脩業」雖不似一般義理之解，而係以卦爻之象來詮說，可見進德脩業是乾坤、陰陽相摩相盪之下甫生之德，故道德非先天已有，乾坤各有動靜之別，乾動爲直、靜爲專，坤動爲方、靜爲翕，但持敬行義方能有直方之德，此外亦重義居寬行仁、履順思信之工夫，更提出人之初始蒙昧、遇其隱遯、處事有誤等對應之法，賢者愈賢則曰聖人，聖人係經由外在教化習染而使氣性清暢通達，故能與天地合德、與鬼神合吉凶，達至天人是一也。

第九章　虞翻對後代《易》學之影響

第一節　張載之「乾起知於易，坤效法於簡」

張載，字子厚，北宋陝西鳳翔人，世稱橫渠先生。張載思想本其《易》學，《正蒙》記載論易之思〔註1〕，而以乾起於易，坤法於簡，有如虞翻《繫辭上傳》注曰：「陽見稱『易』，陰藏爲『簡』，『簡』閱也；乾息昭物，天下文明，故『以易知』；坤閱藏物，故『以簡能』也。」〔註2〕又「知虛空即氣，……則深於易者也。」〔註3〕易以虛空、氣爲本體，如虞翻曰「《易》麗乾藏坤」〔註4〕易道附麗於乾天，藏匿於坤地，將本體義於實際日用中體現。

張載以「太和」爲道，「太和」爲相摩相蕩之始，究而爲易、爲簡，乾、坤則象之，《正蒙・太和篇》曰：

> 太和所謂道，中涵浮沉、升降、動靜相感之性，是生絪縕相盪，勝負屈伸之始，其來也幾微易簡，其究也廣大堅固，起知於易者乾乎，效法於簡者坤乎，散殊而可象爲氣，清通而不可象爲神，不如野馬

〔註1〕《宋史・道學傳一・張載傳》中曰：「以《易》爲宗，以《中庸》爲體，以孔孟爲法……載學古力行，爲關中士人宗師，世稱爲橫渠先生，著書號『正蒙』，又作《西銘》。」〔元〕脫脫等撰：《宋史》（臺北：鼎文書局，1979年），卷427，頁12724。

〔註2〕〔唐〕李鼎祚輯：《周易集解》（臺北：臺灣商務印書館，2004年），頁313。

〔註3〕〔宋〕張載撰；〔明〕王夫之注：《張子正蒙注》（臺北：世界書局，1962年），卷1，頁8。

〔註4〕同註2，頁354。

> 絪縕，不足謂之太和。〔註5〕

「太和」爲一切伸屈勝負之始，內含浮沉、升降、動靜之性，其道始發則微，深究之理爲易、簡，而乾卦起於知易者，坤卦是效法簡者而來，「太和」漫散而爲氣，清通則爲神，故知張載以易之乾坤倣效天地宇宙簡易之道，天地中以「太和」爲一切動靜伸屈未發之狀，其中實有之物爲散殊之氣，氣之清通無礙則曰「神」，「神」爲氣之通順暢達的條理義，「氣」爲眞實存在之物。然張載思想中最高之境爲「太虛」也，亦如虞翻之「易」、「太極」、「太一」。《正蒙・太和篇》曰：

> 知虛空即氣，則有無、隱顯、神化、性命，通一無二。顧聚散、出入、形不形，能推本所從來，則深於易者也。〔註6〕

> 兩不立，則一不可見；一不可見，則兩之用息。兩體者，虛實也，動靜也，聚散也，清濁也，其究一而已。〔註7〕

「太虛」與「氣」爲一也，有无、隱顯、出入、形與不形、虛實、動靜、聚散、清濁爲「一」之兩用，「太虛」、「氣」爲體，體者一也，而用者爲二，「兩不立，則一不可見；一不可見，則兩之用息」、「通一无二」足見體用是一，當太虛、氣發顯於虛實動靜之間則太虛、氣方有實義，若摒除運動作用義而太虛與氣亦不存在，太虛、氣非爲清空不動之本體，而是在天地間證成本體的實有性。又曰氣之聚散於太虛是不得不然之自然規律，其曰：

> 天地之氣，雖聚散功取百塗，然其爲理也，順而不妄。氣之爲物，散入無形，適得吾體；聚爲有象，不失吾常。太虛不能無氣，氣不能不聚而爲萬物，萬物不能不散而爲太虛。循是出入，是皆不得已而然也。然則聖人盡道其間，兼體而不累者，存神其至矣。〔註8〕

天地之氣聚散乃爲於太虛中順暢之理，聚氣之物散入無形則回歸太虛之體，氣聚而有象則是順其常道而行，「太虛不能无氣，氣不能不聚而爲萬物，萬物不能不散而爲太虛」說明氣之聚散、出入係不得已之爲，聖人則能循其常道而順應其理，使其暢達無礙。故曰「氣之聚散于太虛，猶冰凝釋於水，知太虛即氣則無無。」〔註9〕氣之聚散如冰與水之分別，然實體本爲一。又曰：

〔註5〕《張子正蒙潢》，卷1，頁1～2。
〔註6〕同註5，卷1，頁8。
〔註7〕同註5，卷1，頁18。
〔註8〕同註5，卷1，頁4～5。
〔註9〕同註5，卷1，頁13。

> 氣本之虛，則湛本無形。感而生，則聚而有象。有象斯有對，對必反其爲。有反斯有仇，仇必和其解。故愛惡之情，同出於太虛而卒歸於物欲，倏而生，忽而成，不容有毫髮之間，其神矣夫！〔註10〕

氣散於太虛之中本無形，因感動而生、聚而成象，有象則有對、反、仇、解，經神化作用而萬物之情方生方成，然此愛惡之情皆由太虛而來，終歸於應物之欲。又曰：

> 游氣紛擾，合而成質者，生人物之散殊，其陰陽兩端，循環不已者，立天地之大義。〔註11〕

氣本游散於太虛之中，「氣不能不聚而爲萬物」，是故合聚而爲物之形質，陰陽之氣循環不已故立成天地，又因氣中陰陽多寡比例各不相同，進而化生飛潛動植之群倫品庶，張載以太虛即氣、通一无二、體用是一說明天地宇宙實有之深義。

第二節　邵雍之「先天易之卦氣」

邵雍，字堯夫，謚康節，後世稱邵康節。邵雍繼承傳統《易》學〔註12〕，又開創先天《易》學之思，其中「氣」爲太極與萬物變化流行貫通之實體，氣論思想又載於卦爻之象與節氣相互的對應中。

邵雍不由文王經文、卦序而言《易》，而推演許多《易》圖、《易》數，而號稱「先天」之《易》圖與《易》說。〔註13〕邵雍之先天《易》學的基本

〔註10〕《張子正蒙注》，卷1，頁22。

〔註11〕同註10，卷1，頁19～20。

〔註12〕《宋史・道學傳一・邵雍傳》曰：「邵雍，字堯夫，其先范陽人……雍年三十，游河南，葬其親伊水上，遂爲河南人。……北海李之才攝共城令，聞雍好學，嘗造其廬，謂曰：『子亦聞物理性命之學乎？』雍對曰：『幸受教。』乃事之才，受河圖、洛書、宓義八卦六十四卦圖像。」《宋史》，卷427，頁12726。

〔註13〕此文之論爲高懷民撰：《宋元明易學史》（桂林：廣西師範大學出版社，2007年），頁49～50。文曰：「邵子先天易學與傳統易學大不同之處，即在於它不依從文王的經文與卦序以講易義，而是依從許多易圖與數的推演。這些號稱『先天』的易圖與數，有人說是傳自陳摶，有人說是邵子自創，當然也有人說是後來研究邵子易學的人（如蔡元定）師邵子之意而作，現在我們已無法確切辨別，只可以大約地推斷，那就是：邵子或前有所受，但主要還是來自他的研究心得，尤其是幾個基本的圖與數，如八卦的次序與方位圖、六十四卦的次序與方位圖、經世天地之象圖、經世聲音圖及元、會、運、世之數，這些都是今存《皇極經世書》觀物內外篇中時刻不離的思想內容，我們把這

卦圖，黃宗羲於《宋元學案．百源學案》稱之為「卦氣圖」〔註 14〕。《皇極經世書．觀物外篇》曰：

> 四正者，乾、坤、坎、離也，觀其象無反覆之變，所以為正也。〔註 15〕

又曰：

> 乾坤定上下之位，離坎列左右之門，天地之所闔闢，日月之所出入。是以春夏秋冬，晦朔弦望，晝夜長短，行度盈縮，莫不由乎此矣。〔註 16〕

邵雍以乾、坤、坎、離之四卦為四正，因這四卦經「反」、「覆」的《易》例變化後仍為原本卦體，故以乾、坤、坎、離之四正卦統攝一年四季、其餘六十卦。此與虞翻卦氣說以「震、離、兌、坎」為四正卦有所不同，又孟喜卦起於中孚，而邵雍以復卦為先，孟喜以「六日七分」來解決一年中有五又四分之一日之餘，但邵雍以五又四分之一日全納入四正卦之中，故四正卦又可曰「閏卦」，邵雍以此說明天地宇宙變化之理。

離卦統攝十五卦，有「復卦、頤卦、屯卦、益卦、震卦、噬嗑卦、隨卦、无妄卦、明夷卦、賁卦、既濟卦、家人卦、豐卦、革卦、同人卦」，復卦起於十一月、子之半，復卦、頤卦、屯卦、益卦、震卦與冬至、小寒之氣相應；十二月、丑與噬嗑卦、隨卦、无妄卦、明夷卦、賁卦相會，氣應大寒、立春；正月、寅與既濟卦、家人卦、豐卦、革卦、同人卦相會，氣應雨水、驚蟄。

乾卦統攝之卦有「臨卦、損卦、節卦、中孚卦、歸妹卦、睽卦、兌卦、履卦、泰卦、大畜卦、需卦、小畜卦、大壯卦、大有卦、夬卦」，二月、卯與臨卦、損卦、節卦、中孚卦、歸妹卦相會，氣應春分、清明；三月、辰與睽卦、兌卦、履卦、泰卦、大畜卦相會，氣應穀雨、立夏；四月、巳與需卦、小畜卦、大壯卦、大有卦、夬卦相會，氣應小滿、芒種。

坎卦統攝之卦有「姤卦、大過卦、鼎卦、恆卦、巽卦、井卦、蠱卦、升卦、訟卦、困卦、未濟卦、解卦、渙卦、蒙卦、師卦」，五月、午與姤卦、大過卦、鼎卦、恆卦、巽卦相會，氣應夏至、小暑；六月、未與井卦、蠱卦、

些易圖與數視為邵子的創見，絕不為過。」

〔註 14〕〔清〕黃宗羲撰；黃百家纂輯；全祖望修定；何紹基等校刊：《宋元學案》（臺北：廣文書局，1971 年），卷 10，頁 197。

〔註 15〕《皇極經世書》，卷 5，頁 345。

〔註 16〕同註 15，卷 5，頁 324。

升卦、訟卦、困卦相會，氣應大暑、立秋；七月、申與未濟卦、解卦、渙卦、蒙卦、師卦，氣應處暑、白露。

坤卦統攝之卦有「遯卦、咸卦、旅卦、小過卦、漸卦、蹇卦、艮卦、謙卦、否卦、萃卦、晉卦、豫卦、觀卦、比卦、剝卦」，八月、酉與遯卦、咸卦、旅卦、小過卦、漸卦相會，氣應秋分、寒露；九月、戌與蹇卦、艮卦、謙卦、否卦、萃卦相會，氣應霜降、立冬；十月、亥與晉卦、豫卦、觀卦、比卦、剝卦相會，氣應小雪、大雪。

虞翻以「震、離、兌、坎」爲四正卦，配以四時、月份、方位，邵雍以復卦起於十一月、子之半，此際輕清元氣方升於濁重陰氣，天地日月星象始顯，爲混沌方開之狀，後至元氣上騰於天、陰氣凝滯於地之十二月、丑，其後飛潛動植、群倫品庶之萬類皆活動於天地設位，爲正月、寅，最終返至天地閉塞之混沌狀態，此即邵雍「乾、坤、坎、離」之四正卦，四正卦統領六十卦，與一年四時、十二月、十二地支及二十四節氣相互對應，然孟喜卦氣說爲占驗卜筮，虞翻卦氣說爲注經解《易》，而邵雍四正卦與氣息相應乃闡明天地宇宙變化之道，乾、坤、坎、離四卦經反覆之變卻不易其象，以此強調天圓復道之理，係繼孟喜、虞翻之卦氣說而構築一套獨立卦氣系統。

第三節　王夫之之「乾坤陰陽即太極實體」

王船山，名夫之，字而農，號薑齋，湖南湘陽人。生於明神宗萬曆年間，著有《周易稗疏》、《周易考異》、《周易內傳》、《周易內傳發例》等，對張載之學多所崇敬，故有《張子正蒙注》，因此受張載思想影響甚深，王夫之以乾爲陽氣、坤爲陰氣，乾坤與其它六十二卦爲《易》之體用，太極實體即爲陰陽之氣，故開展以氣論《易》之道。

王夫之以乾坤爲陽氣、陰氣，如《船山易學》注解乾卦曰：

> 乾，氣之舒也。陰氣之結，爲形爲魄，恆凝而有質。陽氣之行於形質之中外者，爲氣爲坤，恆舒而畢通，推盪乎陰而善其變化，無大不屆，無小不入，其用和煦而靡不勝，故又曰健也。〔註17〕

乾卦爲陽氣之舒，舒而畢通，行之於形質則曰氣、曰神，坤卦爲陰氣之結，

〔註17〕〔清〕王夫之撰：《船山易學》（臺北：廣文書局《易學叢書》，1971年），卷1，頁4～5。

凝而有質，可成形魄，故可知乾卦之作用乃在舒通其氣，使處於形質之內外皆暢達通理，而坤卦之作用即爲凝滯爲形，因此而言陽氣能推蕩陰氣而使其變化，但此處需注意爲「乾，氣之舒也」，王夫之並未直言乾爲陽氣之舒，筆者認爲即爲「陰陽二氣」不相離爲伏筆，如虞翻以乾爲陽物，坤爲陰物。又見《船山易學．周易內傳》卷一，注解坤卦曰：

> 陰陽二氣絪縕於宙合，融結於萬彙，不相離，不相勝。〔註18〕

乾爲陽氣，坤爲陰氣，陰陽二氣充斥於天地宇宙之間，是「不相離，不相勝」的，換言之，乾卦非爲純陽、坤卦非爲純陰，乾卦主氣的舒通之樣狀、作用，此之稱爲陽氣，陽氣作用爲盛，坤卦主氣的凝結之狀態、作用，而稱之爲陰氣，陰氣作用爲多，但實際上陰陽兩氣是無法絕對分離的。

《周易》六十四卦以乾坤爲體，其餘六十二卦爲用，又乾卦、坤卦并建，《船山易學．周易內傳》卷一曰：

> 《周易》之書，乾坤竝建以爲首，易之體也。六十二卦錯綜乎三十四象而交列焉，易之用也。純乾純坤未有易也，而相峙以竝立，則易之道在。〔註19〕

《易》之體爲乾、坤兩卦，而易之用則爲其餘六十二卦，乾卦爲陽氣、坤卦爲陰氣，《易》道所在乃爲乾坤、陰陽並立之際，換言之，即爲陰陽二氣活動作用之時才足以稱爲《易》道，「純乾純坤未有易」《易》道存在係爲氣化運動、陰陽二氣相互摩盪之實有之狀，而非以形上存有之本體爲《易》道，形而上之純陽純陰清空無限、清朗不動，王夫之認爲此狀不爲《易》道，《易》道是遍在實際世界中，道與氣並不支離、分散。又《船山易學．周易內傳》卷一，解釋乾卦之辭曰：

> 《周易》竝建乾坤爲太始，以陰陽至足者統六十二卦之變。通古今之遙，兩間之大，一物之體性，一事之功能，無有陰而無陽，無有陽而無陰，無有地而無天，無有天而無地，不應立一純陽無陰之卦。而此以純陽爲乾者，蓋就陰陽合運之中，舉其陽之盛大流行者言之也。六十二卦有時而乾坤無時，乾於大造爲天之運，於人物爲性之神，于＝於萬事爲知之徹，於學問爲克治之誠，於吉凶治亂爲經營之盛，故與神竝建而乾自有其體用焉。〔註20〕

〔註18〕《船山易學》，卷1，頁37。
〔註19〕同註18，卷1，頁3。
〔註20〕同註18，卷1，頁5。

天地宇宙間「无有陰而无陽，无有陽而无陰，无有地而無天，无有天而无地」陰陽相併相依，而本不應有乾卦、坤卦之純陽、純陰之象，但王夫之要說明的是乾卦並不是純陽之卦，而是陰陽合運時，陽氣盛於陰氣者，反觀之，坤卦即爲陰氣盛於陽氣者，但乾坤兩卦即陰陽並建之卦，唯其陰陽二氣多寡而有所別，六十二卦爲以乾坤爲體而有所用，故六十二卦皆爲陰陽二氣所構，又六十二卦有時需應，而乾坤兩卦無時間上的對應問題，因乾卦陽氣大造之際則顯爲天運順行，人物之陽氣盛行則其性通達，行事以陽氣爲主則能知事之微著，求其學問以陽氣爲順則以誠進業，以陽氣來治亂則爲經營暢盛，但仍要知曉乾卦陽氣與坤之陰氣爲並建不悖。

虞翻所言「易有太極，是生兩儀，兩儀生四象」〔註21〕，「易」即「太極」，「兩儀」即爲天地、乾坤，王夫之以「太極」涵統一切陰陽二氣充斥化育萬物之道，「太極」二字係言不可複加之義，《船山易學》對《繫辭上傳》「易有太極」注曰：

> 太者極其大而无尚之辭。極，至也，語道至此而盡也。其實陰陽之渾合者而已，而不可名之陰陽，則但贊其極至而无以加曰太極。太極者，无有不極也，无有一極也，惟无有一極，則无所不極，故周子又從而贊之「无極謂太極」，陰陽之本體絪縕相得，和同而化，充塞於兩間，此所謂太極也。……在易則乾坤竝建，六位交函，而六十四卦之爻象該而存焉。〔註22〕

「太極」即無有一極而無所不極，如周敦頤之言「无極而太極」，係爲陰陽渾合之體，故不以陰陽言之而代以「太極」，「太極」爲陰陽二氣充滿天地之間，絪緼相得、和同而化，以易言之則乾坤兩卦、一卦中之六爻、及六十四卦中每一爻象皆存有太極，換言之，太極之陰陽本體存在於《易》之體用中，如前所言「存乎相易之大用」，太極即於存在萬物間方能體現其道。故又曰「陰陽一太極之實體」，《張子正蒙注・太和篇》曰：

> 蓋陰陽者氣之二體，動靜者氣之二幾，體同而用異，則相感而動，動而成象則靜，動靜之幾聚散出入，形不形之從來也。易之爲道，乾坤而已，乾六陽以成健，坤六陰以成順，而陰陽相摩則生六子，以生五十六卦，皆動之不容已者。或聚或散，或出或入，錯綜變化，

〔註21〕《周易集解》，頁363。

〔註22〕《船山易學》，卷5，頁515。

要以動靜夫陰陽，而陰陽一太極之實體。唯其富有充滿於虛空，故變化日新，而六十四卦之吉凶大業生焉。陰陽之消息隱見不可測，而天地人物屈伸往來之故盡於此，知此者盡易之蘊矣。〔註23〕

氣分陰陽之二體，有動與靜二個不同事物之發端，實其爲同體而所用異，「易之道」乃顯於乾坤陰陽之中，乾坤陰陽而生六子，再生五十六卦，《易》之道以六十四卦展現生生不息之意，陰陽二氣相互摩盪化生天地萬物，故言「太極實體」爲陰陽二氣之聚散、出入、動靜等變化，《易》之陰陽消息變動如同天地之人物伸屈往來，此即爲「盡易之蘊」，爲《易》道證成之實有義。《張子正蒙注・太和篇》曰：

太和之中有氣有神，神者非他，二氣溝通之理也。不可象者即在象中，陰與陽和，氣與理和，是謂太和。〔註24〕

陰陽二氣溝通順暢之理即爲「神」，「氣」與「神」爲一不爲二，「氣」爲「神」之載體，「神」爲氣之作用，而「太和」是謂陰陽二氣諧和之態，二氣能通達順理，故曰「太和之中有氣有神」。又《張子正蒙注・太和篇》曰：

神化者氣之聚散不測之妙，然而有迹可見。性命者氣之健順有常之理，主持神化而寓於神化之中，無迹可見。若其實，則理在氣中，氣無非理；氣在空中，空無非氣。通一而無二者也。〔註25〕

上文已言「氣」與「神」兩者是一的關係，此處再說明「神化」與「性命」的關聯，氣之運動變化、聚散出入的神妙不測即爲「神化」，係從氣之作用義上言，而「性命」爲氣之乾坤、陰陽的健順常道，主宰神化而又寓居神化之中，係由氣之價值義上言，將陰陽二氣具體落於萬物之中，統以論之，「氣」、「神」、「理」、「性命」皆爲一而不二。《船山易學・周易內傳發例》曰：

夫陰陽之實有二物明矣。自其氣之沖微而未凝者則陰陽皆不可見，自其成象成形者言之則各有成質而不相紊，自其合同而化者則渾淪於太極之中而爲一，自其清濁虛實大小之殊異則固爲二，就其二而統言其性情功效，則曰剛曰柔。陰陽必動必靜，而動靜者陰陽之動靜也。體有用而用其體，豈待可用而始乃有體乎！〔註26〕

〔註23〕〔清〕王夫之撰：《張子正蒙注》（上海：上海古籍出版社《續修四庫全書》據天津圖書館藏清同治四年（1865）曾氏金陵節署刻船山遺書本影印，1997年），卷1上，頁601～602。

〔註24〕同註23，卷1上，頁598。

〔註25〕同註23，卷1上，頁601。

〔註26〕《船山易學》，下冊，頁617。

王夫之注解張載《正蒙・太和篇》「太虛无形，氣之本體。」則曰：「虛空即氣」，有「虛空皆氣」之思想，〔註27〕王夫之的「氣」究竟爲一氣或陰陽二氣，有先後之別？以「陰陽」而論實有二物，氣在沖和未有凝結之狀爲一氣之整體，而凝結爲陰陽之形則各有形質卻彼此不相離、不相棄，若此二氣和同而化則處於太極之中而爲一，陰陽二氣又有清濁、大小、虛實、剛柔之分，若以氣爲體，陰陽爲用，則「體有用而用其體，豈待可用而始乃有體乎」體與用在實際活動中是有用即有體，有體即可用，體用是一也，氣即陰陽，陰陽即氣，但由思想論理之路而有氣之未凝、氣之成象成形的先後別異，乾坤陰陽并建則陰陽二氣即爲氣性多寡，並非純陽、純陰之陰陽二氣，因此如此有異之陰陽二氣當相和相化之際，於太極中即爲一氣，是故太極即氣，太極實爲乾坤、陰陽二氣。

第四節　惠棟之「氣變」與「卦氣說」

惠棟，字定宇，號松崖，江蘇吳縣人。著有《周易述》，深受漢人虞翻《易》注影響甚遠，雜有鄭玄、荀爽、干寶等人《易》說，爲其作注與疏。《四庫全書總目》曰：「其目錄凡四十卷；自一卷至二十一卷，皆訓釋經文；二十二卷、二十三卷爲〈易微言〉，皆雜抄經典論《易》之語；……其〈易微言〉二卷，亦皆雜錄舊說以備參考；他時蕆事，則此爲當棄之糟粕，非欲別勒一編，附諸注疏之末。」〔註28〕《周易述》以虞翻爲宗，補以李鼎祚《周易集解》，故惠棟書著而虞翻《易》學廣而流傳。梁啓超《清代學術概論》中更言惠棟治學「凡古必真，凡漢皆好。」〔註29〕雖評之過甚，但不難見其

〔註27〕《張子正蒙注・太和篇》曰：「虛空者氣之量，氣彌淪無涯而希微不形，則人見虛空而不見氣。凡虛空皆氣也，聚則顯，顯則人謂之有；散則隱，隱則人謂之無。」，卷1上，頁601。又〈太和〉曰：「陰陽二氣充滿太虛，此外更無他物，亦無間隙。天之象地之形，皆其所範圍也，散入無形而適得氣之體，聚爲有形而不失氣之常，通乎死生猶晝夜也，晝夜者豈陰陽之或有或無哉！」，卷1上，頁603。

〔註28〕〔清〕永瑢、紀昀等撰：《欽定四庫全書總目》（臺北：臺灣商務印書館，1983年），頁150。

〔註29〕梁啓超曰：「惠派治學方法，吾得以八字蔽之，曰『凡古必真，凡漢皆好。』其言『漢經師說與經並行』，意蓋欲尊之使儕於經矣。王引之嘗曰『惠定宇先生考古雖勤，而識不高，心不細，見異於今者則從之，大都不論是非。』（《焦氏叢書》卷首，〈王伯申手札〉）可謂知言。棟以善《易》名；其治《易》也，

以漢說爲宗之思。

虞翻認爲《易》道主變，故有九六之變，陰陽爻變，蓍策之變，卦原之變，互反之變，旁通之變，始於初爻之變，與權變等，而惠棟以《易》爲始來說明天地萬物變化之本源，於《繫辭上傳》「形而上者謂之道，形而下者謂之器。」惠棟《周易述》注曰：

> 《易說》:《易》无形畔，《易》變而爲一，一變而爲七，七變而爲九，九者氣變之究也。乃復變爲一，一者形變之始。清輕者上爲天，故形而上者謂之道；濁重者下爲地，故形而上者謂之器。〔註 30〕

《易》者無形畔，「《易》變而爲一，一變而爲七，七變而爲九。」知其《易》變爲一，在變而爲七、爲九，又「九者氣變之究也。乃復變爲一，一者形變之始。」以「一」爲形變之始，「九」爲氣變之究，依其文之理而推，「九」即形變之究，但氣變之始係「《易》」或「一」？筆者以爲「一」既曰形變之始，爲形體初始發顯之際，形體爲有形之物，再則《易》者無形畔，但「《易》變而爲一」其變不是形之變，因形之變始於「一」，其變應爲氣之變，故推知《易》爲氣變之始，「一」爲形變之始，而「九」爲氣變與形變之究。其疏又曰：

> 〈乾〉息至二則升〈坤〉五，故清輕者上爲天，〈乾〉爲道，故形而上者謂之道；〈坤〉消至五，則降〈乾〉二，故濁重者下爲地，〈坤〉爲器，故形而下者謂之器也。〔註 31〕

以荀爽乾升坤降之說而言道與器之別，乾卦陽爻息長至二爻，而當升至五爻之位，五爻之坤當降而至二爻之位，清輕者上爲天，形上者曰「道」、曰「乾」，濁重者下爲地，形下者曰「器」、曰「坤」。又「〈乾〉元亨利貞」惠棟疏曰：

> 〈乾〉〈坤〉，陰陽之本，故首〈乾〉〈坤〉。元，始。亨，通。利，和。貞，正。子夏義也。元，始。《釋詁》文。亨者，〈乾〉〈坤〉交也。〈乾〉天〈坤〉地，天地交爲泰。〈序卦〉曰：「泰者，通也。」

於鄭玄之所謂『爻辰』，虞翻之所謂『納甲』，荀諝之所謂『升降』，京房之所謂『世應』『飛伏』，與夫『六日七分』『世軌』諸說，一一爲之疏通證明；汪中所謂『千餘年不傳之絕學』者也。以吾觀之，此其矯誣，與陳摶之『〈河圖〉〈洛書〉』有何差別：然彼則因其宋人所誦習也而排之，此則因其爲漢人所倡道也而信之；可謂大惑不解。然而當時之人蔽焉，輒以此相尚。」梁啓超撰：《清代學術概論》（臺北：水牛出版社，1971 年），頁 53～54。

〔註 30〕〔清〕惠棟撰：《惠氏易學》（臺北：廣文書局，1981 年），頁 367。

〔註 31〕同註 30，頁 369。

故知亨爲通也。《說文》曰：「利從刀。和，然後利，從和省。」《文言》曰：「利者，義之和也。」又曰：「利物足以和義。」故知利爲和也。貞，正也者，〈師〉彖傳文。〈乾〉初謂初九也。初，始也。元亦始也。何休注《公羊》曰：「元者，氣也，天地之始。」故傳曰：「大哉〈乾〉元！萬物資始。」《說文》曰：「元從一。」故《春秋》一年稱元年。《說文》又曰：「唯初太始，道立於一，造分天地，化生萬物。」董子對策曰：「謂一爲元者，視太始而欲正本，是〈乾〉初爲道本」，故曰元也。〔註32〕

乾爲陽之本，坤爲陰之本，又乾爲道、坤爲器，形上之道曰乾，形下之器曰坤，陽之本於形上之道，陰之本於形下之器，惠棟以乾坤爲道器之分，但乾坤相交而生萬物，綜合上述之理路，《易》无形畔，爲氣變之始，在變而爲「一」之前，已有清輕上爲天之道，曰乾，及濁重下爲地之器，曰坤，乾坤爲陰陽之本，經由陰陽之氣相互摩盪而化生萬物，「一」、「七」、「九」即爲萬物之形變、氣變的過程。

惠棟承襲漢代卦氣思想，將卦爻與氣候結合，循環反復、生生不息，見《繫辭傳》「〈乾〉〈坤〉毀，則无以見《易》，《易》不可見，則〈乾〉〈坤〉或幾乎息矣。」惠棟《周易述》注曰：

〈乾〉成則〈坤〉毀，謂四月也。〈坤〉成則〈乾〉毀，謂十月也。〈乾〉〈坤〉毀，无以見《易》，謂六日七分也。幾，近；息，生也。謂〈中孚〉至〈復〉，〈咸〉至〈姤〉也。〔註33〕

此即虞翻「十二月消息卦」以乾值四月、小滿，坤值十月、小雪，再複加孟喜「六日七分」之說，而以乾卦值四月，乾卦成而陽氣極盛，陰氣衰毀，坤卦值十月，此時陰氣盛行而陽氣崩毀，由中孚卦至復卦爲陽生，咸卦至姤卦爲陰生，《易》雖不可見，但於乾、坤近於息，因乾坤爲陰陽之本，乾坤之成毀爲陰陽之消長，倘若無乾無坤，則《易》不可見，《易》理之體現於乾坤作用之中。

虞翻之《易》創造獨立卦變思想，承襲孟喜、京房等卦氣說，魏伯陽之月體納甲說，以此開展漢代將《易》與氣結合之氣化整體宇宙觀，然此思想遞嬗延傳至宋代張載、邵雍，明代王夫之，清代惠棟等，皆可見將《易》與

〔註32〕《惠氏易學》，頁1～2。
〔註33〕同註32，頁366。

氣融合之思。

張載以「乾起知於易，坤效法於簡」闡明「太和」之道於《易》之展現，「太虛即氣」係於論說《易》學思想中發顯，以天地上下皆有氣之存在；邵雍以一氣流行於天地之間，能出入有無生死之間，將氣與先天《易》說結合，以四正卦闡明天地宇宙之變化；王夫之以乾坤兩卦爲《易》之體，而其餘六十二卦爲易之用，乾卦、坤卦又爲陰陽二氣，然「太極」即無以尙加之境，「太極」爲陰陽渾合之體；惠棟以《易》爲氣變之始，而形變爲一、七、九，九即爲氣變、形變之究，然以乾爲道、坤爲器，清輕者上爲天，濁重者下爲地，乾坤又爲陰陽之本，故在「一」形變之始之前，可推知已有乾坤陰陽之氣，是故更可印證「《易》爲氣變之始」的一脈理路。縱觀可知由漢代至清代多有學者於治《易》、學《易》之途，以氣來詮解其理，然更可見其脈絡及其各別所執獨特思想架構與模式。

第十章　虞翻《易》學氣論思想之價值與特色

虞翻依經立注，以象解《易》，其中運用許多《易》學體例來幫助解經的正當性，有互體、連互、互反、旁通、半象、兩象易等，另外虞翻對於宇宙生成的進程思想除了表現在「《易》有太極，是生兩儀，兩儀生四象，四象生八卦。」〔註1〕的注解文字外，也將此生化的思想展現在卦爻間的「卦變說」，「卦變」是將氣論思想具體展現在《易》學體系的開始，以「乾坤生六爻」、「消息卦生雜卦」來建構《易》學體系之宇宙生成論。

故清代張惠言《周易虞氏義．自序》：「翻之言《易》，以陰陽消息，六爻發揮、旁通、升降、上下，歸於乾元用九而天下治。依物取類，貫穿比附，始若瑣碎，及其沈深解剝，離根散葉，暢茂條理，遂於大道，後儒罕能通之。翻之學既世，又且見馬、鄭、荀、宋氏書，考其是否，故其義爲精，又古書亡而漢魏師說可見者十餘家，然唯鄭、荀、虞三家，略有梗概可指說，而虞又教備。然則求七十子之微言，田何、楊叔、丁將軍之所傳者舍虞氏之注，其何所自焉。」〔註2〕張惠言道出虞翻的《易》學世界乃起於「乾元」，「乾元」先於「天地」、「乾坤」而存有陽氣，在此基礎之下開展出八卦、六十四卦，因此可知卦爻間存氣，而此氣在卦爻中即陰陽二氣。另徐芹庭在《易學源流．虞翻集兩漢易學之大成》中也舉出虞翻的十八個《易》學特色〔註3〕，

〔註1〕〔唐〕李鼎祚輯：《周易集解》（臺北：臺灣商務印書館，2004年），頁363。

〔註2〕〔清〕張惠言撰：《張惠言易學十書．周易虞氏義．自序》（臺北：廣文書局，1977年），頁11頁。

〔註3〕「本《說文》、《爾雅》、《方言》，以求《易》之本義一也；博徵於群經、諸子，以融《易》義二也；旁徵於史事三也；取《易經》卦爻辭以釋《易》之理象

對虞翻《易》注有專著之王新春更闡明虞翻《易》學的五大特色：「本家傳孟氏一系的卦氣說，以詮說和彰顯天地間四時的遞嬗、陰陽的消長，乃是虞氏易學終始一貫的核心內容。」〔註 4〕、「依『月體納甲說』，藉月相之盈虧，以進一步詮說和彰顯陰陽消息盈虛之理，爲虞氏易學中僅次於前者的又一重要內容。」〔註 5〕、「提揭了一系統的卦變說，以辟卦（即消息卦）統攝另五十二卦，視後者係由前者變來，從而爲《易》的『變易』之義增添了一種新的註腳，這是虞氏易學的又一大特色。」〔註 6〕、「透過『旁通』一說，朗顯了陰陽相互涵攝與夫物象一隱一顯、對待互涵之妙，這又是虞氏《易》學的一大特色。」〔註 7〕、「空前絕後地大量運用眾多的卦之『逸象』以及各種『互體』、『連互』之象和『半象』以釋卦詮《易》，則是虞氏易學最爲突出的特色，也正因此之故，使其成爲易學發展史上易學象學的典型代表。」〔註 8〕在虞翻大量運用《易》學體例來詮釋《周易》經傳的同時，可看出虞翻本體宇宙思想及對應天地的卦爻體系。

第一節　易即太極

虞翻《易》注曰「《易》有太極，是生兩儀」〔註 9〕，從文字上可理解爲「易」包含「太極」，而後生兩儀，但又曰「謂《易》在天下，包絡萬物」〔註 10〕、「《易》出乾入坤，上下無常，周流六虛」〔註 11〕，「太極，太一也」

四也；宗「十翼」以詮《易》五也；明爻位之律則，以闡《易》理之精微六也；以既濟定位，發易學之微言七也；明變通之意，以闡變易之理八也；明消息卦氣之大義，闡天地消息之眞機九也；以巽行權，幽贊孔子之玄意十也；存諸家之《易》註十一也；建立《易》之批評論，用糾諸家之失十二也；發「同義」之例，以啓觸類旁通之門十三也；集象數之大成，擴《易》義於無窮十四也；又觀宇宙之大用，而歸本於人事十五也；行夏之時，以發孔子之微旨十六也；用納甲之義，明消息盈虛之至理十七也；用卜筮之法，以極大《易》之神奇十八也。」徐芹庭《易經源流·虞翻集兩漢易學之大成》（北京：中國書店，2008 年），頁 378～379。

〔註 4〕王新春：《周易虞氏學》（臺北：頂淵文化事業有限公司，1999 年），頁 61。

〔註 5〕同註 4。

〔註 6〕同註 4，頁 62。

〔註 7〕同註 4，頁 62。

〔註 8〕同註 4，頁 62。

〔註 9〕《周易集解》，頁 363。

〔註 10〕同註 9，頁 318。

〔註 11〕同註 9，頁 325。

〔註 12〕與「易」在理路銓釋上皆有至高本體之涵義，但這個本體不是只存有不活動的本體，而是遍流天地宇宙殊異形類的本體，在卦爻中是出入乾坤，周流六虛的眞實存在，故從本體宇宙論來看虞翻所言之「易」即「太極」，但在虞翻《易》注中較常以「易」來說明本體的態樣，「太極」二字只出現在說明宇宙生成的過程，這是兩者所不同的地方。又「謂《易》廣大悉備，有天、地、人道焉，故稱『備』也。」〔註 13〕闡明「易道」遍布於天、地、人三才之間，故雖處於創生位階，卻是形上、形下流行不已，而「易」、「太極」是支持氣化的理序，是氣化之先，能貫穿於有形無形之間。

第二節　「太極生兩儀」中有「乾元」

「太極，太一也，分爲天地，故『生兩儀』也。」〔註 14〕、「『兩儀』謂乾坤也」〔註 15〕闡明在「太極」之下可二分爲天與地，天地即乾坤，但「太極」又稱「太一」，在「太極」與「兩儀」中間又有「一」的存在，故謂「『一』謂乾元，萬物之動，各資天一陽氣以生」〔註 16〕，因此得知「乾元」即一，在此之時已存「陽氣」，更可驗證虞翻在《易》注中以陽先陰後，陽尊陰卑，有乾陽爲主的思想，係因在天地陰陽未分之前已先存有「乾元」，「乾元」即「天一」、「一」且存陽氣，但與「太極生兩儀」的「兩儀」之間的關係又爲何？「乾元」在「兩儀」之前已存在，換言之，先有「天一」才有「天地」，先有「乾元」才有「乾坤」，因此可理解成「天一」分判而成「天地」，「乾元」分別而爲「乾坤」，在「太極生兩儀」的理路進程中虞翻更精細的提出「乾元」、「天一」、「陽氣」的出現，故萬物之幾是由乾元之陽氣來發動。又「易」的作用爲「至神」，「乾」有「神」之用，由此更可證明「乾元」中的「乾」與兩儀中的「乾坤」有位階上的不同，「乾元」產生於「太極」與「兩儀」間，是「太一」與「乾坤」中的「一」的位階，「一」已存有陽氣，稱爲「乾元」，是更接近本體「易道」、「太極」的氣化階段。

〔註 12〕《周易集解》，頁 349。
〔註 13〕同註 12，頁 323。
〔註 14〕同註 12，頁 349。
〔註 15〕同註 12，頁 349。
〔註 16〕同註 12，頁 360。

第三節　「四象」與「八卦」同時而成

「『兩儀』謂乾坤也，乾二、五之坤成坎、離、震、兌，震春兌秋，坎冬離夏，故『兩儀生四象』」〔註17〕說明乾卦二爻與五爻與坤卦相互易位，彼此變成坎卦與離卦，離卦三至五爻互體而成兌，坎卦二至四爻互體而成震，故春夏秋冬四象皆備。「乾二、五之坤，則生震、坎、艮；坤二、五之乾則生巽、離、兌，故『四象生八卦』」〔註18〕後文敘述與前文所言實際上是同時產生，當「乾二、五之坤」時即爲「坤二、五之乾」，前後文差別只是在前文僅說出變易後新的卦體離卦中有「離、兌」，而後文爲「離、兌、巽」，坎卦中有「坎、震」，後文爲「坎、震、艮」，但實際上乾坤兩儀生「四象」與「八卦」的時序，以虞翻的解釋是同時產生的，並沒有先後之別，故當春夏秋冬四象具備之際，八卦已同時應運而生。

「乾陽物，坤陰物，純陽純陰之時，未有文章，陽物入坤，陰物入陽，更相雜，成六十四卦，乃有文章，故曰『文』。」〔註19〕說明乾爲陽物，坤爲陰物，在乾坤分明的「純陽純陰」之際，是未有文章，換言之，在天地未交之前萬物不生，但此處需說明虞翻《易》注中僅此處言「純陽純陰」，而在陰陽二爻中常以「伏」說明陽下伏陰，陰下伏陽，皆非「純陽純陰」之狀，而此處的「純陽純陰」是指未成六十四卦之前的狀態，是「兩儀」之乾坤、天地分明之際，與已經形成六十卦的乾坤陰陽是不同的階段。而「咸，感也，坤三之上成女，乾上之三成男，乾坤氣交以相與，止而說，男下女，故『通，利貞，取女吉』。」〔註20〕在乾坤之陰陽二氣相交後，方生萬物。因此虞翻的思想中，以「易」、「太極」爲本體遍在，而在乾坤、天地未交之前尚有「乾元」之陽氣，乾坤氣交，天地萬物才具備。

第四節　「卦變說」爲《易》之大義

虞翻以「乾坤生六子」開展卦爻間的生化次序，又以「十二消息卦」生「雜卦」將六十四卦完整呈現，但在消息卦生雜卦中又再次說明所有卦爻皆由乾坤二卦所生，故乾坤二卦是所有卦的生卦之源，對應虞翻的宇宙生成

〔註17〕《周易集解》，頁349。
〔註18〕同註17，頁349。
〔註19〕同註17，頁395。
〔註20〕同註17，頁159。

論，以乾坤相交來建構世界的理序則爲一致，虞翻解《易》之始是由「卦變」開始，雖「卦變說」中卦體歸納上既可歸於「二陽四陰之卦」、「二陰四陽之卦」，又可歸於「四陰二陽之卦」、「四陽二陰之卦」，或卦爻的來由有二說，配對歸納不盡理想，但虞翻在六十四卦的演變創生上是開啓新的生卦之說，故虞翻解《易》、注《易》不論運用多種《易》學體例，都是在「卦變說」的基礎下開展出來的，因此可說乾坤爲卦爻間的本原，卦變說是生成六十四卦的宇宙生成法則，而後再利用「逸象說」比附象徵天地宇宙間飛潛動植的各種殊象，以完成整全的氣論思想。

第五節　重視時空對應

氣論思想在時間上更有「過去、現在、未來」與「氣種有定」一氣相貫的無限性，空間上涵攝「東、西、南、北、中」與「同類相感」各方位的普遍性，虞翻「卦氣說」是將卦爻與節候氣息變化相互對應，以「四正卦」值月、主四時，「十二消息卦」值月，其中包含時空的存在，「易謂日月在天成八卦之象，縣象著明，莫大日月是也。」〔註 21〕虞翻認爲一般人皆重視日相運轉，但月相更迭亦可代表整體時空的轉變，故「月體納甲說」從月相盈缺對應八卦、天干、方位，因此可知「卦氣說」及「月體納甲說」都是卦與氣的相互對應，是虞翻承繼前人之說，用以說解《易》理的方法。

虞翻認爲要「變通趨時」才能盡利天下民，因此對於「時」的調配尤爲重視，如「水行往來，朝宗于海，不失其時，如月行天，故習坎爲孚也。」〔註 22〕、「重言『君德』者，大人善世不伐，信有君德，後天而奉天時，故詳言之。」〔註 23〕、「艮止則止，震行則行，故不失時。」〔註 24〕行爲處世需動靜得宜，當行則行，當止則止，以順應天時爲基本原則，故表現在卦爻中則有陰陽爻時得位與否的問題，此外，虞翻的「爻位貴賤吉凶說」與「人事貴賤爻位說」更是時間與空間在卦爻間的具體展現。

〔註 21〕《周易集解》，頁 368。
〔註 22〕同註 21，頁 148。
〔註 23〕同註 21，頁 19。
〔註 24〕同註 21，頁 255。

第六節　積善成聖

所謂的「聖人」是「聖人養賢以及萬民，賢之能者稱聖人矣」〔註 25〕，虞翻對於人的分類有一般民眾、賢人、聖人三類，而聖人之境是人皆可至，如由乾坤感通而進德脩業，說明乾坤不是閉門修行，需經陰陽二氣相摩相盪，彼此學習肯認，而能增益德行，「陽稱『直』，乾，其靜也專，其動也直，故『直其方』。『方』謂闢，陰開爲方，坤，其靜也翕，其動也闢，故『方其義也』。陽息在二，故『敬以直內』，坤位在外，故『義以方外』。」〔註 26〕、「君子以朋友講習，震爲寬，仁爲行，謂居寬行仁，德博而化也。」〔註 27〕藉著乾坤有直方之性，說明乾坤陰陽需持敬行義，並由與朋友互動講習，居寬行仁，德博而化，而養性修身，「乾神似天，坤鬼似地，聖人與天地合德，鬼神合吉凶」〔註 28〕、「天地感而萬物化生，聖人感人心而天下和平，故『利生』」〔註 29〕一般人氣質才性混濁不通，聖人是由外在教化習染而使氣性清暢通達，表現在卦爻間則是六爻不正的卦體經過「動而之正」而成「既濟定」，既濟卦是六爻皆得位的卦體，因此虞翻以既濟卦爲卦體變動的終極目標，有如人們經修養成聖，換言之，經後天工夫修養，人人有爲聖人的潛質，聖人氣性清通而與天地之氣相通，故聖人能與天地合德，鬼神合吉凶，達至天人是一的境界。

〔註 25〕《周易集解》，頁 246。
〔註 26〕同註 25，頁 34～35。
〔註 27〕同註 25，頁 19。
〔註 28〕同註 25，頁 318。
〔註 29〕同註 25，頁 371。

引用文獻

一、古籍文獻

（一）經　部

易　類

《京氏易傳》，〔漢〕京房撰，臺北：臺灣商務印書館《四部叢刊》初編據天一閣刊本影印，1976 年。

《周易鄭注》，〔漢〕鄭玄注，〔宋〕王應麟輯，〔清〕丁杰等校訂，臺北：新文豐出版社《叢書集成新編》，1985 年。

《周易注》，〔漢〕鄭玄撰，臺北：藝文印書館《叢書集成三編》之《黃氏逸書考》，1972 年。

《易緯八種》，〔漢〕鄭玄注，臺北：新興書局，1966 年。

《周易正義》，〔魏〕王弼、〔晉〕韓康伯注，〔唐〕孔穎達疏，臺北：藝文印書館《十三經疏》，2001 年。

《周易集解》，〔唐〕李鼎祚輯，臺北：臺灣商務印書館，2004 年。

《漢上易傳》，〔宋〕朱震撰，北京：九州出版社，2012 年。

《易外別傳》，〔元〕俞琰撰，成都：四川人民出版社《諸子集成》，1998 年。

《周易啓蒙翼傳》，〔元〕胡一桂撰，臺北：臺灣大通書局《通志堂經解》，1972 年。

《易學象數論》，〔清〕黃宗羲撰，北京：九州出版社，2007 年。

《周易内傳》，〔清〕王夫之撰，臺北：廣文書局《易學叢書》，1971 年。

《船山易學》，〔清〕王夫之撰，臺北：廣文書局《易學叢書》，1971 年。

《惠氏易學》，〔清〕惠棟撰，臺北：廣文書局，1981 年。

《張惠言易學十書》，〔清〕張惠言撰，臺北：廣文書局，1977 年。

《易圖略》，〔清〕焦循撰，上海：上海古籍出版社《續修四庫全書》據上海圖書館藏清江都焦氏刻雕菰樓易學本影印，1995 年。

《焦循之易學》，〔清〕焦循撰，楊家駱主編，臺北：鼎文書局《國學名著珍本彙刊》，1965 年。

《虞翻周易注》，〔清〕孫堂撰，臺北：成文出版社《求無備齋易經集解》，1976 年。

《周易虞氏略例》，〔清〕李鋭撰，上海：上海古籍出版社《續修四庫全書》據復旦大學圖書館藏清光緒十九年刻聚學軒叢書本影印原書 1995 年。

《虞氏逸象考正》，〔清〕紀磊撰，上海：上海古籍出版社《續修四庫全書》據復旦大學圖書館藏民國十二年吳興劉氏嘉業堂刻吳興叢書本影印，1995 年。

《方氏易學五書》，〔清〕方申撰，上海：上海古籍出版社《續修四庫全書》據南菁書院叢書，1995 年。

《學易筆談》，〔清〕杭辛齋撰，臺北：廣文書局，1971 年。

書　類

《尚書注疏》，舊題〔漢〕孔安國傳，〔唐〕孔穎達正義，臺北：藝文印書館《十三經注疏》2001 年。

詩　類

《毛詩注疏》，〔漢〕毛公撰，（東漢）鄭玄箋，〔唐〕孔穎達疏，臺北：中華書局《四部備要》中華書局據阮刻本校刊，1965 年。

禮　類

《周禮注疏》，〔漢〕鄭玄注，〔唐〕賈公彥疏，臺北：藝文印書館《十三經注疏》，2001 年。

春秋類

《春秋左傳注疏》，〔周〕左氏撰，〔晉〕杜預注，〔唐〕孔穎達疏，臺北：藝文印書館《十三經注疏》，2001 年。

孝經類

《孝經注疏》，〔唐〕唐玄宗御注，〔宋〕邢昺疏，臺北：藝文印書館《十三經注疏》，2001 年。

五經總類

《經典釋文》，〔唐〕陸德明撰，北京：中華書局，1985 年。

《經學歷史》，〔清〕皮錫瑞著，周予同注釋，北京：中華書局，2004 年。

四書類

《論語注疏》,〔魏〕何晏注,〔宋〕邢昺疏,臺北:藝文印書館《十三經注疏》,2001 年。

《孟子》,〔漢〕趙岐注,〔宋〕孫奭疏,臺北:藝文印書館《十三經注疏》,2001 年。

小學類

《說文解字注》,〔漢〕許慎撰,〔清〕段玉裁注,臺北:臺灣商務印書館《四部叢刊》影上海商務印書館縮印日本岩崎氏藏宋刊本,1975 年。

(二)史 部

正史類

《史記》,〔漢〕司馬遷撰,〔南朝宋〕裴駰集解,〔唐〕司馬貞索隱,〔唐〕張守節正義,臺北:藝文印書館,2005 年。

《新校本漢書》,〔漢〕班固撰,〔唐〕顏師古注,臺北:鼎文書局,1981 年。

《新校本後漢書》,〔宋〕范曄撰,〔唐〕李賢等注,臺北:鼎文書局,1981 年。

《三國志集解》,〔晉〕陳壽撰,〔南朝宋〕裴松之注,〔清〕盧弼集解,臺北:藝文印書館。

《新校本晉書》,〔晉〕陳壽撰,〔南朝宋〕裴松之注,臺北:鼎文書局,1981 年。

《宋書》,〔南朝梁〕沈約撰,臺北:藝文印書館,1955 年。

《新校本南齊書》,〔南朝梁〕蕭子顯撰,臺北:鼎文書局,1983 年。

《隋書》,〔唐〕魏徵等撰,臺北:藝文印書館,1955 年。

《舊唐書》,〔五代〕劉昫等撰,臺北:藝文印書館,1955 年。

《新唐書》,〔宋〕歐陽修等撰,臺北:藝文印書館,1955 年。

《宋史》,〔元〕脫脫等撰,臺北:鼎文書局,1979 年。

雜史類

《國語》,(三國吳)韋昭注,臺北:臺灣商務印書館《景印文淵閣四庫全書》,1983 年。

傳記類

《高士傳》,〔晉〕皇甫謐撰,臺北:藝文印書館《古今逸史》,1968 年。

《宋元學案》,〔清〕黃宗羲撰,黃百家纂輯,全祖望修定,何紹基等校刊,臺北:廣文書局,1971 年。

《疑年錄》,〔清〕錢大昕撰,上海:上海古籍出版社《續修四庫全書》據南京圖書館藏清嘉慶二十三年刻本影印，1997 年。

地理類

《水經注校證》，〔北魏〕酈道元著，陳橋驛校證，北京：中華書局，2007 年。

《會稽志》，〔宋〕施宿等撰，臺北：臺灣商務印書館《景印文淵閣四庫全書》，1983 年。

《(嘉慶) 廣西通志》，〔清〕謝啓昆修，胡虔纂，上海：上海古籍出版社《續修四庫全書》據華東師範大學圖書館藏清嘉慶六年刻本影印，1997 年。

《(道光) 廣東通志》，〔清〕阮元修，陳昌齋等纂，上海：上海古籍出版社《續修四庫全書》據商務印書館 1934 年影印清道光二年 (1822) 刻本影印，1997 年。

目錄類

《三國藝文志》，〔清〕姚振宗撰，上海：上海古籍出版社《續修四庫全書》據民國 5 年張氏刻適園叢書本影印，1997 年。

《直齋書錄解題》，〔宋〕陳振孫撰，北京：中華書局，1985 年。

《四庫全書總目提要》，〔清〕永瑢等撰，臺北：臺灣商務印書館，1968 年。

（三）子　部

儒家類

《荀子集解》，〔唐〕楊倞注，〔清〕王先謙集解，臺北：世界書局，2000 年。

《潛夫論箋校正》，〔漢〕王符撰，〔清〕汪繼培箋，彭鐸校正，北京：中華書局 1997 年。

《張子正蒙注》，〔宋〕張載撰，〔清〕王夫之注，臺北：世界書局，1962 年。

道家類

《老子道德經》，〔魏〕王弼注，臺北：文史哲出版社，1997 年。

《莊子集解》，〔清〕王先謙撰，臺北：世界書局，2006 年。

《老子指歸譯注》，〔漢〕嚴遵著，王德有譯注，北京：商務印書館，2006 年。

《周易參同契分章通眞義》，〔漢〕魏伯陽撰，〔五代〕彭曉注，成都：四川人民出版社《諸子集成》補編據正道道藏本影印，1997 年。

《神仙傳》，〔晉〕葛洪撰，臺北：新文豐出版社《叢書集成新編》，1985 年。

道教類

《太平經合校》，王明編，北京：中華書局，1997 年。

法家類

《管子校正》，〔唐〕尹知章注，〔清〕戴望校正，臺北：世界書局，1972 年。

兵家類

《孫子集註》,〔漢〕曹操等注,臺北:臺灣商務印書館《四部叢刊》影印上海商務印書館縮印江南圖書館藏明嘉靖刊本,1976 年。

術數類

《焦氏易林》,〔漢〕焦延壽撰,臺北:新文豐出版社《叢書集成新編》,1985 年。

《太玄集注》,〔漢〕揚雄撰,〔宋〕司馬光集注,劉韶軍點校,北京:中華書局,2005 年。

《皇極經世書》,〔宋〕邵雍撰,臺北:臺灣中華書局《四部備要》中華書局據通行本校刊,1965 年。

《元包數總義》,(南宋)張行成述,臺北:新文豐出版社《叢書集成新編》,1985 年。

雜家類

《淮南子》,〔漢〕劉安撰,臺北:臺灣商務印書館《四部叢刊》初編子部據上海商務印書館縮印影鈔北宋本,1976 年。

《淮南子》,〔漢〕劉安撰,〔漢〕高誘註,〔清〕莊逵吉校,臺北:中國子學名著集成編印基金會影清嘉慶甲子(九年)姑蘇聚文堂重刊莊逵吉本,1978 年。

《淮南天文訓補注》,〔清〕錢塘撰,臺北:藝文印書館《百部叢書集成》據清道光錢熙祚校刊指海叢書影印,1968 年。

《白虎通疏證》,〔清〕陳立撰,吳則虞點校,北京:中華書局,1997 年。

《夢溪筆談》,〔宋〕沈括撰,臺北:臺灣商務印書館,1970 年。

《王氏談錄》,〔宋〕王欽臣撰,鄭州:大象出版社《全宋筆記》,2003 年。

《困學紀聞》,〔宋〕王應麟撰,臺北:中國子學名著集成編印基金會《中國子學名著集成珍本》初編據明萬曆癸卯(31 年)吳獻台重刊本影印、鄧邦彥手書題記,1978 年。

《義門讀書記》,〔清〕何焯著,京都:中文出版社,1982 年。

《讀書雜志》,〔清〕王念孫撰,臺北:世界書局據同治庚午十一月金陵書局重刊本影印,1988 年。

《諸子平議》,〔清〕俞樾撰,臺北:世界書局,1991 年。

類書類

《北堂書鈔》,〔唐〕虞世南撰,〔明〕陳禹謨補註,臺北:臺灣商務印書館《景印文淵閣四庫全書》,1983 年。

《太平御覽》,〔宋〕李昉等撰,臺北:大化書局,1977 年。

叢書類

《玉函山房輯佚書》,〔清〕馬國翰撰,臺北:文海出版社,1967 年。

(四) 集　部

總集類

《文選》,〔南朝梁〕蕭統選,〔唐〕李善注,臺北:藝文印書館,2003 年。

二、近人專著(按人名姓氏筆畫排列)

〔日〕小野澤精一、福永光司、山井涌編;李慶譯:《氣的思想——中國自然觀與人的觀念的發展》,上海:上海人民出版社,2007 年。

于大成撰:《淮南鴻烈論文集》,臺北:里仁書局,2005 年。

于首奎撰:《兩漢哲學新探》,成都:四川人民出版社,1988 年。

孔令妃等編:《中國歷代官制》,濟南:齊魯書社,2005 年,。

王新春撰:《周易虞氏學》,臺北:頂淵文化事業有限公司,1999 年。

王新春撰:《易學與中國哲學》,北京:人民出版社,2012 年。

朱伯崑著:《易學哲學史》,臺北:藍燈文化事業股份有限公司,1991 年。

牟宗三撰:《周易的自然哲學與道德涵義》,臺北:文津出版社,1998 年。

牟鍾鑒撰:《呂世春秋與淮南子思想研究》,濟南:齊魯書社,1987 年。

余桂元撰:《中國的著名寺廟宮觀與教堂》,臺北:臺灣商務印書館,1994 年。

余敦康撰:《漢宋易學解讀》,北京:華夏出版社,2006 年。

吳榮光著;李宗顥補遺;林梓宗點校:《歷代名人年譜》,北京:北京圖書館出版社,2002 年。

呂凱撰:《鄭玄之讖緯學》,臺北:臺灣商務印書館,1982 年。

周立升撰:《西漢易學與道家思想》,上海:上海文化出版社,2001 年。

周桂鈿撰:《董學探微》,北京:北京師範大學出版社,1989 年。

周桂鈿撰:《王充評傳》,南京:南京大學出版社,1993 年。

尚秉和撰;陳金生點校:《焦氏易詁》,臺中:文听閣出版社《民國時期經學叢書》第一輯據民甲戌年(1934)刊本影印,2008 年。

尚秉和撰;殷子和整理:《周易尚氏學》,北京:九州出版社,2011 年。

屈萬里撰:《先秦漢魏易例述評》,臺北:聯經出版事業公司,1984 年。

林忠軍撰:《《易緯》導讀》,濟南:齊魯書社,2002 年。

金春峰撰:《漢代思想史》,北京:中國社會科學出版社,2006 年。

姜廣輝主編:《中國經學思想史》,北京:中國社會科學出版社,2003 年。

韋政通撰：《董仲舒》，臺北：東大圖書股份有限公司，1993 年。
孫以楷撰：《道家與中國哲學（漢代卷）》，臺北：人民出版社，2005 年。
孫紀文撰：《淮南子研究》，北京：學苑出版社，2005 年。
徐元誥撰；王樹民、沈長雲點校：《國語集解》，北京：中華書局，2002 年。
徐芹庭撰：《易經源流》，北京：中國書局，2008 年。
徐芹庭撰：《易圖源流》，北京：中國書局，2008 年。
徐復觀撰：《兩漢思想史》，上海：華東師範大學出版社，2001 年。
高亨撰：《周易大傳今注》，濟南：齊魯書社，2010 年。
高懷民撰：《宋元明易學史》，桂林：廣西師範大學出版社，2007 年。
高懷民撰：《兩漢易學史》，桂林：廣西師範大學出版社，2007 年。
康發祥撰：《三國志補義》，北京：北京圖書出版社，2004 年。
張其成撰：《象數易學》，北京：中國書局，2003 年。
張善文撰：《象數與義理》，臺北：洪葉文化出版社，1997 年。
張善文撰：《歷代易家考略》，臺北：頂淵文化事業出版社，2006 年。
梁啓超撰：《清代學術概論》，臺北：水牛出版社，1971 年。
陳奇猷著：《呂氏春秋校釋》，臺北：華正書局，2004 年。
陳拱撰：《王充思想評論》，臺中：東海大學，1968 年。
陳鼓應撰：《管子四篇銓釋——稷下道家代表作解析》，北京：商務印書館，2006 年。
陳錫勇先生撰：《老子校正》，臺北：里仁書局，2003 年。
陳攖寧撰：《道教與養生》，北京：華文出版社，1989 年。
黃沛榮先生撰：《易學乾坤》，臺北：大安出版社，1998 年。
黃盛雄撰：《王符思想研究》，臺北：文史哲出版社，1982 年。
黃暉撰：《論衡校釋》，北京：中華書局，2006 年。
湯一介撰：《魏晉南北朝時期的道教》，臺北：東大出版社，1991 年。
馮友蘭撰：《中國哲學史新編》，北京：人民出版社，2004 年。
黑格爾著；賀麟、王太慶譯：《哲學史講演錄》，臺北：臺灣商務印書館，1959 年。
姜亮夫編：《歷代人物年里通譜》，臺北：世界書局，1993 年。
楊淑瓊著：《虞翻《易》學研究——以卦變和旁通爲中心的展開》，新北市：花木蘭出版社《中國學術思想究輯刊》初編第一冊，2008 年。
楊樹達撰：《周易古義》，上海：上海古籍出版社，2007 年，。
楊樹達撰：《淮南子證聞》，上海：上海古籍出版社，2006 年。

劉大鈞等著：《象數精解》成都：巴蜀書舍，2004 年。

劉文英撰：《王符評傳》，南京：南京大學出版社，1993 年。

劉玉建撰：《兩漢象數易學研究》，南寧：廣西教育出版社，1996 年。

劉沅撰：《史存》，成都：巴蜀書社《槐軒全書》，2006 年。

劉家立撰：《淮南集證》，臺北：廣文書局，1978 年。

劉國棟注譯；黃沛榮先生校閱：《新譯周易參同契》，臺北：三民書局，2010 年。

鄭良樹撰：《淮南子斠理》，臺北：嘉新水泥公司文化基金會，1969 年。

鄭萬耕撰：《揚雄及其太玄》，臺北：藍燈文化事業股份有限公司，1992 年。

盧央撰：《京房評傳》，南京：南京大學出版社，2008 年。

鍾肇鵬撰：《中國古代佚名哲學名著評述》，濟南：齊魯書社，1985 年。

鍾肇鵬撰：《讖緯論略》，臺北：洪葉文化出版社，1994 年。

羅光撰：《中國哲學思想史》（兩漢、南北朝篇），臺北：臺灣學書局，1985 年。

蘇輿撰；鍾哲，點校：《春秋繁露義證》，北京：中華書局，2002 年。

顧頡剛編著：《古史辨》，上海：上海書局據樸社 1935 年版影印，1935 年。

三、單篇論文（按時間先後排列）

簡博賢撰：〈虞翻周易注研究〉，《孔孟學報》，第 34 期，1977 年 9 月。

李周龍撰：〈虞翻易說探原〉，《孔孟學報》，第 56 期，1988 年 9 月。

鍾肇鵬撰：〈從《道德指歸》看嚴遵的思想（上）〉，《哲學與文化》第 26 卷第 1 期（總 296 期），1991 年 1 月。

周立升撰：〈虞氏易學旁通說發微〉，《中華易學》，1996 年 6 月。

陳鼓應撰：〈漢代道家易學鉤沉〉，《文史哲學報》，第 57 期，2002 年 12 月。

王俊彥先生撰：〈王廷相的「性者、氣之生理」論〉，《中國文化大學中文學報》2004 年 3 月。

楊淑瓊撰：〈虞翻「易」學中「旁通」之作用〉，《鵝湖》，2004 年 4 月。

裴占榮撰：〈虞仲翔先生年譜〉，北京：北京圖書館出版社《近代著名圖書館館刊薈萃續編》2005 年。

高溥懋撰：〈王弼易注與虞翻易注之比較〉，《古今藝文》，2005 年 8 月。

陳福濱撰：〈導言：中國哲學氣論專題〉，《哲學與文化》，2006 年 8 月。

陳麗桂撰：〈先秦儒道的氣論與黃老之學〉，《哲學與文化》，2006 年 8 月。

陳雅萍撰：〈淺談虞翻易學成就——月體納甲說與中國曆算法〉，《中正高工學報》，2008 年 6 月。

四、學位論文（按時間先後排列）

劉爲博撰：《嚴遵《老子指歸》研究》，臺北：國立臺灣師範大學國文研究所碩士論文，2000 年。

廖婉利撰：《虞翻易學思想研究》，高雄：國立高雄師範大學國文研究所碩士論文，2003 年。

周德良撰：《《白虎通》研究——《白虎通》暨《漢禮》考》，桃園：國立中央大學中國文學研究所博士論文，2004 年。

陳德興撰：《兩漢氣化宇宙論之研究》，臺北：輔仁大學中國文學研究所博士論文，2004 年。

陳明彪撰：《牟宗三的漢代易學觀述評》，臺北：國立臺灣師範大學國文研究所博士論文，2006 年。

紀喬蓓撰：《王充《論衡》氣論思想研究》，臺北：中國文化大學中國文學研究所碩士論文，2008 年。

蕭又寧撰：《董仲舒《春秋繁露》氣論思想研究》，臺北：中國文化大學中國文學研究所碩士論文，2009 年。

楊婉羚撰：《《淮南鴻烈》氣論思想研究》，臺北：中國文化大學中國文學研究所碩上論文，2009 年。

林曉呈撰：《《白虎通德論》的氣論思想研究》，臺北：中國文化大學中國文研學究所碩士論文，2011 年。